U1021007

21 世纪高职高专财经类能力本位型规划教材

商业银行经营管理

主　编　胡良琼　李远慧
副主编　李文新　谢光义　罗　玲

北京大学出版社
PEKING UNIVERSITY PRESS

内 容 简 介

本书采用全新体例编写，除附有大量金融案例外，还增加了知识链接、案例分析等模块。此外，每个项目后还附有习题及实训项目等供读者练习。通过对本书的学习，读者可以掌握商业银行的基本知识、基本理论和操作技能，具备从事商业银行各业务岗位操作和商业银行基层网点管理的能力。

本书是根据课堂教学经验编写出来的，深入浅出，通俗易懂，可作为高职高专经济管理类专业、财政金融类专业的教材和学习指导书，也可供银行从业人员业务培训与自学使用，还可作为备考从业和执业资格考试人员的参考用书。

图书在版编目(CIP)数据

商业银行经营管理/胡良琼，李远慧主编. —北京：北京大学出版社，2012.10

(21 世纪高职高专财经类能力本位型规划教材)

ISBN 978-7-301-21294-3

Ⅰ. ①商…　Ⅱ. ①胡…②李…　Ⅲ. ①商业银行—经营管理—高等职业教育—教材　Ⅳ. ①F830.33

中国版本图书馆 CIP 数据核字(2012)第 227460 号

书　　名：商业银行经营管理

著作责任者：胡良琼　李远慧　主编

策 划 编 辑：王红樱

责 任 编 辑：刘健军

标 准 书 号：ISBN 978-7-301-21294-3/F・3348

出　版　者：北京大学出版社

地　　址：北京市海淀区成府路 205 号　100871

网　　址：http://www.pup.cn　http://www.pup6.cn

电　　话：邮购部 62752015　发行部 62750672　编辑部 62750667　出版部 62754962

电 子 邮 箱：pup_6@163.com

印　刷　者：三河市北燕印装有限公司

发　行　者：北京大学出版社

经　销　者：新华书店

787mm×1092mm　16 开本　13.5 印张　305 千字

2012 年 10 月第 1 版　2014 年 6 月第 2 次印刷

定　　价：27.00 元

前　言

本书为北京大学出版社“21世纪高职高专财经类能力本位型规划教材”之一。为适应21世纪职业技术教育发展的需要，培养金融行业具备商业银行基础理论及商业银行实际管理操作知识的专业技能管理应用型人才，编者结合当前商业银行的经营管理与商业银行发展的具体问题编写了本书。

本书共分为9个项目，主要包括商业银行概述、商业银行资本管理、商业银行负债管理、商业银行现金资产管理、商业银行贷款业务管理、商业银行证券投资管理、商业银行中间业务与表外业务管理、商业银行财务分析以及商业银行风险管理。

本书可按照48～68学时安排，推荐学时分配：项目1为4～6学时，项目2为6～8学时，项目3为8～10学时，项目4为6～8学时，项目5为6～8学时，项目6为4～6学时，项目7为8～10学时，项目8为4～8学时，项目9为2～4学时。教师可根据不同的专业灵活安排学时，课堂重点讲解每项目主要知识模块，项目中的知识链接、案例分析、习题和实训项目等模块可安排学生课后阅读和练习。如专业已经设置了金融学概论、证券投资和银行会计等课程，可以重点学习本书项目1～项目7，选学其他项目内容。

本书突破了已有相关教材的知识框架，注重理论与实践相结合，采用全新体例编写。内容丰富，案例翔实，并附有多种类型的习题供读者选用。

本书由湖北三峡职业技术学院经济管理学院金融保险教研室《商业银行经营管理》编写组编写。胡良琼副教授、李远慧副教授任主编，李文新老师、谢光义老师、罗玲老师任副主编，全书由湖北三峡职业技术学院胡良琼、李远慧负责统稿。本书具体编写分工为：李远慧编写项目1，罗玲编写项目2和项目9，李文新编写项目3、项目4和项目5，胡良琼编写项目6，谢光义编写项目7和项目8。北京大学出版社第六事业部的全体老师对本书的编写工作也提供了很大的帮助，在此一并表示感谢！

本书在编写过程中，参考和引用了国内外大量文献，在此谨向相关作者表示衷心感谢！由于编者水平有限，本书难免存在不足和疏漏之处，敬请各位读者批评指正。

编　者

2012年5月

目　录

项目 1 商业银行概述

工作任务描述

以前，大多数社会公众是这样认识商业银行的：这是一个能够存钱、取钱的地方，是企业贷款的地方，对个人及家庭来说是保险柜，对企业公司来说是加油站。随着现代经济的发展和金融业的进步，商业银行的功能已不仅仅局限于吸收公众存款、发放企业贷款，它已经越来越多地进入我们的日常生活。商业银行是怎样产生和发展的？发展现状及前景怎样？其定义如何界定？性质和功能有哪些？组织结构如何？本项目围绕这些内容进行介绍，旨在让学生初步认识商业银行。

工 作 任 务	工 作 要 求
弄清商业银行的的概念，认识商业银行是如何产生和发展起来的，了解商业银行的现状，分析商业银行的发展前景	(1) 弄清商业银行的产生和发展的历史 (2) 弄清商业银行的概念 (3) 了解商业银行的现状及发展前景
搜集不同类型的商业银行的信息资料，识别其性质和职能	(1) 通过搜集到的商业银行信息资料，分析比较不同商业银行的性质 (2) 弄清商业银行的职能和作用
调查商业银行各种不同的组织结构形式	(1) 熟悉商业银行外部组织结构的类型 (2) 能分析商业银行的组织要素，了解国际上商业银行各种不同的组织结构形式

知识概览

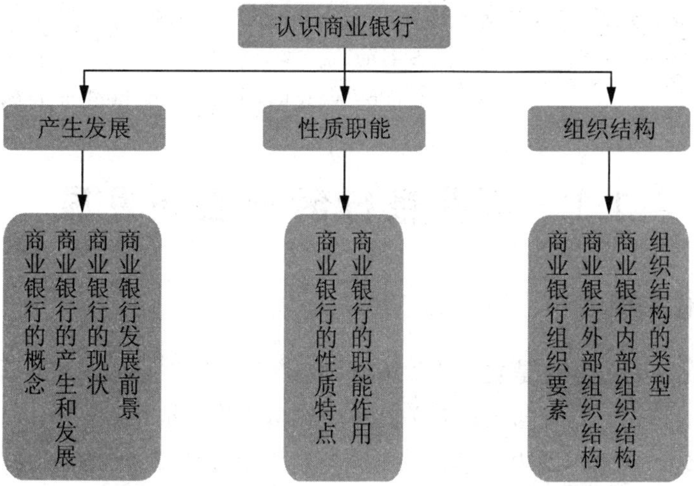

学习目标

知识目标	能力目标	学习重点和难点
(1) 认识商业银行，了解商业银行的起源和发展、商业银行的现状 (2) 明确商业银行的概念，特征及职能作用 (3) 了解商业银行的组织结构	(1) 了解商业银行产生与货币商品经济的关系 (2) 能够弄清商业银行的性质特征和职能作用 (3) 了解商业银行的组织结构	(1) 商业银行的概念及其发展历程 (2) 商业银行的职能和作用 (3) 商业银行外部组织的形式

导入案例

中世纪的时候，世界上只有两种人有钱，一种是贵族，另一种是主教。因此，银行是不必要的，因为根本没有商业活动。到了 17 世纪，一些平民通过经商致富，成了有钱的商人。为了安全，他们都把钱存放在国王的铸币厂里。这里要注意的是，那个时候还没有纸币，所谓存钱就是指存放黄金。因为那时实行"自由铸币"制度，任何人都可以把黄金拿到铸币厂里，铸造成金币所以铸币厂允许顾客存放黄金。

但是很不幸，这些商人没意识到铸币厂是属于国王的，如果国王想动用铸币厂里的黄金，任何人都根本无法阻止。1638 年，英国的国王查理一世同苏格兰贵族爆发了战争，为了筹措军费，他就征用了铸币厂里平民的黄金，美其名曰贷款给国王。1649 年，查理一世被克伦威尔砍了头，这就是著名的英国资产阶级革命。虽然被征用的黄金最终都还给了原来的主人，但是商人们感到铸币厂不再安全了。于是，他们把钱存到了金匠那里。金匠就为存钱的人开立了凭证，以后拿着这张凭证就可以取出黄金。

很快商人们就发现，需要用钱时根本不需要取出黄金，只要把黄金凭证交给对方就可以了。再后来，金匠恍然大悟，原来自己开立的凭证居然具有货币的效力！他们抵抗不了诱惑，就开始开立"假凭证"。但是神奇的是，只要所有客户不是同一天来取黄金，"假凭证"就等同于"真凭证"。这就是现代银行中"准备金制度"的起源，也是"货币创造"机制的起源。银行体系可以将信用货币的数量放大，实物货币就做不到这一点。

17 世纪 60 年代末，现代银行雏形诞生。

这里要注意的是，金匠属于那个时代的个体户，是民间人士，同政府没有关系。所以世界上最早的银行都是私人银行，最早的银行券都是私人发行的。

(资料来源：http://www.lcadmag.com.cn/html/earticle/20090519/243.html.)

1.1　商业银行的产生和发展

1.1.1　商业银行的概念

在我国历史上，白银一直是主要的货币材料之一。"银"往往代表的就是货币，而"行"则是大商业机构的称谓，办理与银钱有关的大金融机构称为银行。

对商业银行这一概念，国内外学者从不同角度作出了许多方面的阐述，大致上可理解为商业银行是以经营工商业存、放款为主要业务，并以获取利润为目的的货币经营企业。商业银行的定义应包括以下要点：第一，商业银行是一个信用授受的中介机构；第二，商业银行是以获取利润为目的的企业；第三，商业银行是唯一能提供“银行货币”(活期存款)的金融组织。综合来说，对商业银行这一概念可理解为，现代商业银行是以获取利润为经营目标，以多种金融资产和金融负债为经营对象，具有综合性服务功能的金融企业。我国 2003 年新修定的《中华人民共和国商业银行法》(以下简称《商业银行法》)规定：商业银行是指依照本法和《中华人民共和国公司法》设立的吸收公众存款、发放贷款、办理结算等业务的企业法人。

1.1.2 商业银行的演变

早期的银行都是商业银行。商业银行的产生是与货币商品经济的发展相联系的，是货币商品经济发展到一定阶段的产物。前资本主义的货币兑换业是商业银行形成的基础，大体上分为 3 个阶段：第一阶段，出现了货币兑换业和兑换商。第二阶段，增加了货币保管和收付业务，即由货币兑换业演变成货币经营业；第三阶段，兼营货币保管、收付、结算、放贷等业务，这时货币兑换业便发展为银行业。

近代最早的银行是 1171 年建于意大利的威尼斯银行。此后，1609 年在阿姆斯特丹、1619 年在汉堡、1621 年在纽伦堡等城市也相继建立了银行。当时这些银行主要的放款对象是政府，并带有高利贷性质，因而不能适应资本主义工商业发展的要求。最早出现的按资本主义原则组织起来的股份银行是 1694 年成立的英格兰银行，标志着资本主义现代银行制度开始形成以及商业银行的产生，是现代商业银行的鼻祖。到 19 世纪后半期，西方各国都相继设立了中央银行。早期的银行以办理工商企业存款、短期抵押贷款和贴现等为主要业务。现在，西方国家银行的业务已扩展到证券投资、黄金买卖、中长期贷款、租赁、信托、保险、咨询、信息服务以及电子计算机服务等各个方面。

商业银行形成主要通过两种途径：第一种途径是由旧式的高利贷银行转变而来，这是早期商业银行产生的主要途径。第二种途径是根据资本主义经济发展的需求，从股份公司的形式组建而成。大多数的现代商业银行都是按这一方式建立起来的。

我国银行业的产生可追溯到 1000 多年前的唐代，当时出现了一些兼营银钱的机构，如邸店、质库等。在 7～10 世纪初期的唐朝，已经出现了办理金融业务的独立机构，但经营范围比较单一。明朝中叶出现的钱庄和清朝产生的票号，实际都具有银行的性质。这类采取封建式组织管理形式的金融机构都是独资或合资经营的，很少有分支机构，资金力量薄弱、业务范围小，与股份银行在业务经营和管理方式等方面有着很大的差别。宋代有钱馆、钱铺，明代有钱庄、钱肆，清代有票号、汇票庄等。这些机构虽还称不上是真正的银行，但已具备了银行的某些特征。

知识链接 1-1

“中国银行业鼻祖”故事将被搬上荧屏

新华网太原 9 月 21 日电(记者颜昊　刘翔霄)此间举办的第十届平遥国际摄影大展期间，晋商历史题材电视连续剧《日升昌票号》20 日上午在世界文化遗产平遥古城内的“日升昌”票号旧址启动筹拍仪式。

“日升昌”原是一家颜料行，于清道光四年(公元 1824 年)转为票号，成为中国第一家专营银钱汇兑、存放款业务的私人金融机构。“日升昌”曾以“天下第一”、“汇通天下”而闻名，其分号遍及全国各大城市。后来随着近代银行业的兴起及清政府的衰落，逐渐退出历史舞台。电视剧《日升昌票号》将再现先人大胆开办汇兑业的传奇故事，以“日升昌”创办、鼎盛、衰败的发展历程为题材，塑造票号创办人雷履泰等人物形象，体现诚信为本的晋商经营理念。

据介绍，剧本前期创作花费2年多时间，电视剧集合了担任过电视剧《乔家大院》总制片人的孟凡耀等国内一流制片人、编剧，由中视影视制作公司制作完成。“日升昌”位于平遥城内西大街路南，票号旧址至今保存完好，为省级文物保护单位。

中国的第一家民族资本银行是1897年成立的中国通商银行。中华人民共同成立后，我国的商业银行包括国有商业银行(如中国工商银行、中国农业银行、中国银行、中国建设银行)、全国性的股份制银行(如交通银行、中信银行、中国光大银行、华夏银行、招商银行、兴业银行、民生银行、浙商银行和恒丰银行等十多家)、城市商业银行(如上海银行、各地的城市商业银行等)。

综上所述，可以得出这样的结论：第一，商业银行是由货币经营业演变而来的，而历史上的货币经营又是在货币兑换业的基础上逐渐形成的，可以说，货币经营业是商业银行的先驱；第二，商业银行的形成与旧式的高利贷发放者密不可分，这是早期商业银行产生的主要途径；第三，商业银行是根据资本主义经济发展的需求，以股份公司的形式组建而成。大多数的现代商业银行都是按这一方式建立起来的。

尽管世界各国经济发展水平不同，其商业银行产生与发展的条件不同，但商业银行的发展基本上是遵循以下两种传统。

一是英国式融通短期资金传统。英美等国商业银行的贷款业务至今仍以短期自偿性商业贷款为主。这种传统的优点是能够较好地保持银行的安全性和清偿力，缺点是银行业务的发展受到了一定的限制。

二是德国式综合银行传统。这一传统的主要特点是商业银行不仅提供短期商业性贷款，而且提供长期贷款，甚至可以投资于企业股票与债券，参与企业的决策与发展，为企业的兼并与重组提供财务咨询、财务支持等投资银行服务。至今，不仅德国、瑞士、奥地利等少数欧洲国家坚持这一传统，而且美国、日本等国的商业银行也有向综合银行发展的趋势。这种传统的优点是利于银行开展全面的业务经营活动，为企业提供全方位的金融服务，缺点是会加大银行的经营风险，因而对银行的经营管理提出了更高的要求。

知识链接 1-2

新中国成立前我国银行的状况，见表1-1。

表1-1 新中国成立前我国银行状况

名称	成立时间	享有的特权及地位
中央银行 “银行的银行”	1928年11月	经理国库，发行兑换券，铸发国币，经募公债
中国银行	1905年户部银行1912改名	发行货币，经理外汇收支
交通银行	1908年	发展实业的特许银行
中国农民银行	1935年	发行货币
邮政储金汇业局	1930年	吸收储蓄，汇兑资金
中央信托局	1935年	买办军火
中央合作金库	1946年	发展合作事业

1.1.3　我国的商业银行

1. 我国商业银行的现状

20 世纪 80 年代以来，受金融自由化、电子化和信息化的影响，全球商业银行的经营方式和竞争格局一直处于迅速的发展变革之中。与此不同的是，中国商业银行组织体系的形成、市场化竞争的兴起、经营管理方式和竞争格局的演变，则主要是由渐进的经济金融体制改革所推动的。

20 世纪 80 年代以来，中国实行改革开放政策，为金融业的发展注入了强大的生机与活力。从重建金融体系、实现金融宏观调控到全面展开金融部门的市场化改革，中国的金融改革走过了一条不平凡的发展之路。伴随着整体金融体制改革发展的步伐，中国商业银行业从无到有，不断壮大和规范，演绎着生机勃勃的改革篇章。

(1) 组建“专业银行”，标志着中国商业银行体系雏形的出现。80 年代初期，人民银行“一统天下”、中央银行与商业银行“不分彼此”的格局被打破，形成了由中国银行、中国建设银行、中国工商银行和中国农业银行四大行组成的专业银行体系，这是中国商业银行体系的最初形态。

(2) 商业银行概念诞生，四大专业银行逐步改造成国有独资商业银行。改革初期，中国没有“商业银行”这一概念。80 年代中后期，整个国民经济发展和经济体制改革对银行业和金融业提出了更高的要求，专业银行运作中存在的不少弊端也逐渐暴露，中国开始考虑建立体制较新、业务较全、范围较广、功能较多的银行，从而出现“综合性银行”的提法和“银行企业化”的口号。而真正形成商业银行的概念，把商业银行作为一种分类标准、作为一种体制选择、作为一个行业来对待是在 90 年代初期。从 1994 年前后开始，在中国的银行体系中不再有“专业银行”这一类别，起绝对支撑作用的工、农、中、建被改造为国有独资商业银行。

(3) 设立一批新型商业银行，丰富和完善商业银行体系。1987 年国家重新恢复交通银行，招商银行等一批新兴商业银行随即产生，目前为止，已先后设立了 10 家新型的全国性商业银行，包括交通银行、招商银行、中信实业银行、中国光大银行、华夏银行、中国民生银行、广东发展银行、深圳发展银行、福建兴业银行、上海浦东发展银行(已剔除合并了的中国投资银行和被关闭的海南发展银行)。十多年来，这些股份制商业银行迅速发展壮大，现在这 10 家银行的总资产已占全国商业银行总资产的 1/10 以上。另外，还组建了一批城市商业银行，如北京银行、上海银行、湖北银行、宁波银行等及港、澳、台银行(如中国银行香港分行、招商银行香港分行、台北富邦银行、澳门永亨银行等)。

(4) 中国银行业监督管理委员会(以下简称银监会)还批准设立了一批外资商业银行。例如，花旗中国银行、汇丰中国银行、渣打中国银行、美国银行、恒生银行、华侨银行、荷兰银行、巴黎银行、美国运通银行、蒙特利尔银行、满地可银行等。

同时，中国商业银行的体制变革对整个国家的金融体制改革产生了深刻影响，促成了中国金融体制向现代金融制度转型。新兴股份制商业银行所进行的银行法人治理结构改革探索带来了中国商业银行产权制度的变革和内部经营管理体制与内控机制的重大变化，从而引起中国银行体制乃至整个金融体制的变革，并积极促进整个经济体制向市场化方向转型。

2. 我国商业银行目前面临的问题

(1) 商业银行之间发展不均衡，银行业市场结构呈现比较明显的垄断特征，市场竞争还不太充分。在我国目前的商业银行体系中，尽管有 100 多家中资银行，但能跻身于世界 1 000 家大银行的只有四大国有独资商业银行和极少数股份制商业银行，其他商业银行无论是资本规模还是资产规模都普遍弱小。

(2) 银行业的国际竞争力不足，商业银行的综合实力和竞争能力相对较弱。从 1 000 家大银行排名看，我国银行业在税前利润、利润增长率、资本收益率、资产收益率等反映经营效益的指标排名中都属于相对较低水平。

(3) 我国商业银行的业务发展目前仍处于传统金融业务阶段，未能完全实现向现代金融业务的转变。在世界银行业综合化经营趋势不断强化的助推下，目前发达国家的商业银行已经实现了从传统金融业务向融存款、贷款、投资、证券、保险业务一体化发展的现代金融业务的转移。与之相比，基于历史原因和体制约束，我国银行业从传统金融业务向现代金融业务的转变可能还需要一段较长的时间，这有可能进一步拉大我国银行业与世界银行业的发展距离，不利于我国银行业国际竞争力的提高。

总体而言，与发达国家的银行业比较，我国银行业整体上呈现国有独资商业银行“大而不强”，股份制商业银行“不强不大”的发展格局，并存在着许多抑制我国银行业综合竞争能力提高的问题。

1.1.4　国际商业银行业务发展的趋势

1. 零售业务

零售业务发展的重点从资产业务转向中间业务，以拓展银行非利息收入。零售业务的重点最初集中在消费信贷方面，包括住房抵押贷款、耐用消费品贷款等。随着住房和耐用消费品需求已基本满足，商业银行开始利用消费者手中闲置的资金发展中间业务，如代理外汇投资、股票投资、基金投资等，以满足客户多方面需求。

服务方式从分支机构转向电子银行服务，电子银行服务包括自动柜员机(ATM)、电话银行及网上银行等。根据美国一项对银行在不同分销途径的每宗交易成本比较的研究，网上交易成本只有分行交易的 1/10。零售业务网上交易与 ATM 的结合是大势所趋，并将成为网点少的银行的竞争工具。

2. 公司业务

为企业提供财务管理服务成为今后银行公司业务的重心，其重点是现金管理。高附加值的财务管理服务主要包括确定和量化风险敞口，建立避险策略；衍生产品交易；为公司的现金集中、轧差等流动性管理提供技术支持及相关服务；信息、咨询相关的服务，如交易、支付账户的实时余额报告，外汇交易市场研究分析，货币市场投资决策等；将流动性管理和资产风险管理结合，在增强客户资产流动性和赢利性的同时，也增强安全性。

3. 中间业务

西方国家商业银行中间业务的范围涵盖传统的银行业务、信托业务、投资银行业务、共同基金业务和保险业务。中间业务收入已成为其经营收入的主要来源。花旗银行和摩根银行的中间业务收入达到总收入的 80%以上。今后国际银行业中间业务发展将呈现“五大转变”：

(1) 分业经营向混业经营转变。商业银行与非银行金融机构的界限日益模糊，中间业务的发展已涉及股票、证券、保险等领域。

(2) 不占用或不直接占用客户资金向占用客户资金转变。有些中间业务在提供服务时，银行可以暂时占用客户的委托资金而扩大资金来源，使资产负债表的数值发生变化，推动资产负债业务的发展，形成中间业务和资产负债业务的互动。

(3) 接受客户委托向银行出售信用转变。商业银行在办理信用签证、承兑、押汇等业务时，将提供银行信用，银行收取的手续费既是银行经营管理效益的体现，也是信用出售的补偿。

(4) 不承担风险的收取手续费向承担风险转变。商业银行办理中间业务需要运用资金并承担一定风险，如各类担保、承诺、代保管、承兑、押汇等。这时银行收取的手续费除劳务补偿外，还包括利息补偿和风险补偿。

(5) 传统业务向创新业务转变。商业银行出于规避风险、增强资产流动性和提高竞争能力以及赢利水平等目的，实现传统业务的突破，范围涉及管理、担保、融资、衍生金融工具等众多领域，如从事票据发行便利、货币或利率互换、期货期权等业务。

4. 金融创新

西方银行金融创新主要包括金融衍生产品、银行资产证券化和表内业务创新 3 方面。金融衍生品的发展大致可分 3 类：为套期保值而设计的衍生品，如浮动利率债券、利率上下限、远期、期权、利率掉期等；为增加资产流动性而设计的衍生品，如贷款权兑换交易、资产转让合同等；为扩大投资和进行产业投资而设计的衍生品，如可转换为公司股票的贷款、债券等。证券化金融工具已从传统的表内证券化(如抵押债券)发展到表外证券化(抵押保证或资产保证的证券)。表内业务创新：一是存款工具创新，如货币市场互助基金、可转让支付命令(negotiable order of withdrawal，Now)账户等；二是支付工具创新；三是资产业务创新，如可转让贷款证券、分享股权贷款、弹性偿还贷款等；四是融资工具创新，如各类股票、债券、信托工具与组合融资工具等。

知识链接 1-3

美国商业银行经营范围的简要回顾

自美国独立战争到 20 世纪 30 年代的 100 多年间，美国的金融业一直实行自由银行制度，混业经营。虽然联邦政府开始管理金融事务，但银行的市场准入和业务范围仍然相当宽松；同时，证券业已成长起来，其交投异常活跃。美国这段时期的金融业混业经营，极大地促进了经济的发展。

1929 年美国纽约股市崩溃，造成大批商业银行破产。1930 年，美国议会成立了银行调查委员会，对商业银行同时经营证券业务和保险业务的情况进行调查。经调查，该委员会认为，商业银行经营证券业务和保险业务，不仅造成短期负债与长期资产(股票、债券等)之间严重失衡，而且刺激商业银行在证券市场的大规模投资冲动，从而影响了商业银行经营的稳定性，对存款人而言存在严重损害，因此不宜混业经营。1933 年美国颁布了《格拉斯-斯蒂格尔法》，把商业银行业务与证券业务、保险业务区别开来，实行分业经营，商业银行不得经营证券业务，不得为自身投资而购买股票，购买公司债券也有严格限制。

随着自 20 世纪 80 年代以来席卷全球的金融自由化浪潮和美国金融业在国际市场竞争能力的下降，美国金融监督当局采取了一些宽松措施，以提高美国银行的竞争力。例如，1980 年美国国会批准了《放松存款机构管理和货币管制法》，1982 年施行的《加恩-圣日曼法》等一些法律，改变了原有的金融监管框架，赋予了商业银行较大的经营范围和空间。再如，1987 年美国联邦储备银行允许银行控股公司可以包销地方债券、商业票据和抵押证券；美国联邦储备委员会于 1989 年 1 月又批准了花旗银行、大通银行、摩根银行、银行家信托公司、太平洋安全银行等5家银行的申请，允许它们包销企业债券，逐步考虑放开不许银行包销企业股票的限制。然而美国80年代以来的金融改革对各类金融机构来说是不平衡的。美国金融监管当局放松了对非银行金融机构的限制，允许它们经营商业银行的传统业务，甚至允许美国的某些工商企业通过兼并非银行金融机构开展广泛的金融业务，而商业银行仍然受到分业经营的限制。

20世纪90年代，全球经济一体化和金融国际化的步伐进一步加快，历来对商业银行经营范围限制较少的西欧银行业务的综合化全能化趋势继续发展。由于这些银行可以广泛经营商业银行业务、证券业务和保险业务，逐渐在国际金融市场的竞争中体现出多元化经营的明显优势，如德国的商业银行可以从事全面的金融业务。据统计，在20世纪80年代初，德国最大的商业银行——德意志银行的证券业务已达300多亿马克，成为德国最大的证券交易商。英国经过1986年的伦敦“大爆炸”，传统金融业的分业经营格局发生了重大变化，商业银行开始涉足证券业务，证券资产在其总资产中的比重迅速上升。仿照分业经营而构建的日本金融体制也逐步放松了限制商业银行经营非银行金融业务的限制。

1.2 商业银行的性质和职能

1.2.1 商业银行的性质和特征

1. 商业银行的性质

1) 商业银行是企业，具有企业的一般性质

商业银行是企业，具有企业的一般特征。例如，必须具备业务经营所需的自有资本，并达到管理部门所规定的最低资本要求；必须照章纳税；实行自主经营、自担风险、自负盈亏、自我约束；以获取利润为经营目的和发展动力。

2) 商业银行是特殊的企业——金融企业

商业银行的经营对象不是普通商品，而是货币、资金，商业银行业务活动的范围不是生产流通领域，而是货币信用领域。商业银行不是直接从事商品生产和流通的企业，而是为从事商品生产和流通的企业提供金融服务的企业。

3) 商业银行是特殊的银行

商业银行作为特殊银行，首先在经营性质和经营目标上，商业银行与中央银行和政策性金融机构不同。商业银行以营利为目的，在经营过程中讲求盈利性、安全性和流动性原则，不受政府行政干预。其次商业银行与各类专业银行和非银行金融机构也不同。商业银行的业务范围广泛、功能齐全、综合性强，尤其是商业银行能够经营活期存款业务，它可以借助于支票及转账结算制度创造存款货币，使其具有信用创造的功能。

2. 商业银行的经营原则

《商业银行法》第四条规定：“商业银行以安全性、流动性、效益性为经营原则，实行自主经营、自担风险、自负盈亏、自我约束。”修正前的《商业银行法》将商业银行的经营原则规定为效益性、安全性、流动性；修正后的《商业银行法》将商业银行的经营原则规定为安全性、流动性、效益性。这一变动，即将安全性规定为商业银行三性原则中的首要经营原则。在商业银行的三性原则(效益性、流动性、安全性)中，效益性就是为银行股东获得尽可能多的收益，是商业银行经营目标的要求，占有核心地位；流动性就是资产分配要注意流动性，避免出现没有现金给用户提存或无法满足正常的贷款需求。通常可以根据负债的流动性来安

排相应资产的流动性，即银行能随时满足客户提款等方面的要求的能力，包括资产的流动性和负债的流动性。资产的流动性是指资产在不受价值损失的条件下具有迅速变现的能力。为了保持资产的流动性，需采取一级准备和二级准备。负债的流动性是指银行以较低的成本随时获取资金的能力，保持负债的流动性可通过增加一些主动负债(借入负债)的方法。安全性是指银行管理经营风险、保证资金安全要求的安全性，就是资产分配要安全，避免出现资不抵债的情形导致银行破产。安全性目标要求银行在经营活动中必须保持足够的清偿能力，经得起重大风险和损失，能随时应付客户提存，使客户对银行保持坚定的信任。这三性要求有统一性又有矛盾，比如流动性强、安全性高但盈利能力弱。只能从现实出发，统一协调寻求最佳的均衡点。

银行经营的三性原则之间的关系是效益性是目的，安全性是根本，而流动性是前提条件。一般而言，流动性强、安全性高的资产其效益性则较低，而效益性较强的资产，则流动性较弱、风险较大、安全性较差。由于 3 个原则之间的矛盾，使商业银行在经营中必须统筹考虑三者关系，综合权衡利弊，不能偏废其一。一般应在保持安全性、流动性的前提下，实现盈利的最大化。

3. 商业银行的法律地位

《商业银行法》第二条规定，本法所称的商业银行是指依照本法和《中华人民共和国公司法》设立的吸收公众存款、发放贷款、办理结算等业务的企业法人。明定了商业银行的企业法人地位。该法还规定，商业银行以其全部法人财产独立承担民事责任，此乃商业银行作为企业法人的题中之意。商业银行以其全部法人财产独立承担民事责任：①银行承担有限责任；②银行以其全部法人财产承担有限责任；③银行独立承担有限责任，国家以其出资额承担有限责任，不承担无限连带责任。银行作为法人，在法律上具有法人的资格、主体资格。

4. 现代商业银行的本质特征

商业银行通常具有下列主要特征。

(1) 经营大量货币性项目，要求建立健全严格的内部控制。

(2) 从事的交易种类繁多、次数频繁、金额巨大，要求建立严密的会计信息系统，并广泛使用计算机信息系统及电子资金转账系统。

(3) 分支机构众多、分布区域广、会计处理和控制职能分散，要求保持统一的操作规程和会计信息系统。

(4) 存在大量不涉及资金流动的资产负债表，表外业务要求采取控制程序进行记录和监控。

(5) 高负债经营，债权人众多，与社会公众利益密切相关，受到银行监管法规的严格约束和政府有关部门的严格监管。

1.2.2　商业银行的职能

商业银行的职能是由其性质所决定的，主要有以下 4 个基本职能。

1. 信用中介职能

信用中介是商业银行最基本、最能反映其经营活动特征的职能。这一职能的实质是通过银行的负债业务把社会上的各种闲散货币集中到银行里来，再通过资产业务将其投向经济各部门；商业银行是作为货币资本的贷出者与借入者的中介人或代表来实现资本的融通并从吸收资金的成本与发放贷款利息收入、投资收益的差额中获取利益收入，形成银行利润。商业银行成为买卖“资本商品”的“大商人”，通过信用中介的职能实现资本盈余和短缺之间融通，并不改变货币资本的所有权，改变的只是货币资本的使用权。

2. 支付中介职能

商业银行除了作为信用中介融通货币资本以外，还执行着货币经营的职能。通过存款在账户上的转移代理客户支付，在存款的基础上为客户兑付现款等，成为工商企业、团体和个人的货币保管者、出纳者和支付代理人。形成经济过程中以商业银行为中心无始无终的支付链条和债权债务关系。

3. 信用创造职能

商业银行在信用中介职能和支付中介职能的基础上，产生了信用创造职能。商业银行是能够吸收各种存款的银行，以及用其所吸收的各种存款发放贷款，在支票流通和转账结算的基础上，贷款又转化为存款。在这种存款不提取现金或不完全提现的基础上增加了商业银行的资金来源，最后在整个银行体系形成数倍于原始存款的派生存款。长期以来，商业银行是各种金融机构中唯一能吸收活期存款，开设支票存款账户的机构。商业银行通过自己的信贷活动创造和收缩活期存款，而活期存款是构成贷款市场货币供给量的主要部分，因此，商业银行就可以把自己的负债作为货币来流通，具有了信用创造功能。

4. 金融服务职能

随着经济的发展，工商企业的业务经营环境日益复杂化，银行间的业务竞争也日益剧烈化。由于银行联系面广，信息比较灵通，特别是电子计算机在银行业务中的应用，使其具备了为客户提供信息服务和咨询服务的条件。工商企业生产和流通专业化的发展，又要求把许多原来的属于企业自身的货币业务转交给银行代为办理，如发放工资、代理支付其他费用等。个人消费也由原来的单纯钱物交易发展为转账结算。现代化的社会生活从多方面给商业银行提出了金融服务的要求。在强烈的业务竞争压力下，各商业银行也不断开拓服务领域，通过金融服务业务的发展进一步促进资产负债业务的扩大，并把资产负债业务与金融服务结合起来，开拓新的业务领域。在现代经济生活中，金融服务已成为商业银行的重要职能。

1.3 商业银行的组织形式与组织结构

商业银行组织是商业银行所有员工和经营管理活动的精神、行为的物质基础，是其各种构成要素得以相互依存和相互作用、进而发挥其功能的有机系统载体，决定着商业银行的兴衰存亡。因此，加强和优化对商业银行的组织管理是商业银行目前面临的重大课题和商业银行管理者的根本责任。

1.3.1 商业银行的外部组织形式

1. 外部组织形式的结构方式

从全球的经验来看，银行业务的发展基本上是沿着地域、产品和客户这 3 个维度进行的，与此相对应，银行的组织结构基本也是以这三者的关系来进行组织的。在过去的半个世纪中，随着市场竞争环境的变化，经历了以地域为中心到以产品为中心的组织结构，再朝着以客户为中心的组织结构发展。

(1) 以地域为中心的组织结构，最典型的就是分支银行制，按银行机构设置和管理。银行的管理是按照区域进行的，在每一个区域由最高负责人负责该地区所有业务的开展。

(2) 以产品为中心的组织结构，是按照银行的业务和产品来设置部门机构，银行的业务开展是以产品线为主导的，每一条产品线都有一个最高的负责人负责该产品线所有的业务在银行所涉足的区域内的运营。国际性银行由于其活动范围广泛，同时也存在按照地区或国家设置的机构，但是在实际的经营中，产品线的负责人拥有业务决策权力，而区域负责人只拥有协调的权力，即在产品和区域两维中，决策权力的分配是以产品线为主，以区域为辅。这种组织结构以花旗集团、汇丰银行、德意志银行等国际性银行的矩阵式管理为典型。

(3) 以客户为中心的组织结构，是按照不同客户群来设置部门机构，银行的业务开展是以按照客户设置的战略业务单位为主导的，每一个客户战略业务单位都是相对独立的运作主体，可以存在产品和地区的子战略业务单位。这种组织结构刚刚产生，尚未完全成熟，也尚未被广泛采用，典型的例子是荷兰银行 2002 年开始实施的战略业务单位模式。

2. 外部组织结构的内容

外部组织形式在当前的经济形势下，受国际、国内政治、经济、法律等多因素的影响，世界各国商业银行的组织形式基本有单一银行制、分支银行制和集团银行制。

1) 单一银行制

单一银行制是指不设立分行，全部业务由各个相对独立的商业银行独自进行的一种银行组织形式，这一体制主要集中在美国。单一银行制度有以下优点：

(1) 可以限制银行业的兼并和垄断，有利于自由竞争。

(2) 有利于协调银行与地方政府的关系，使银行更好地为地区经济发展服务。

(3) 由于单一银行制富于独立性和自主性，内部层次较少，因而其业务经营的灵活性较大，管理起来也较容易。

单一银行制的缺点也很明显：

(1) 单一制银行规模较小，经营成本较高，难以取得规模效益；

(2) 单一银行制与经济的外向发展存在矛盾，人为地造成资本的迂回流动，削弱了银行的竞争力。

(3) 单一制银行的业务相对集中，风险较大。随着电子计算机推广应用的普及，单一制限制银行业务发展和金融创新的弊端也愈加明显。

2) 分支银行制

分支银行制又称总分行制。实行这一制度的商业银行可以在总行以外普遍设立分支机构，分支银行的各项业务统一遵照总行的指示办理。分支银行制按管理方式不同又可进一步划分为总行制和总管理处制。总行制即总行除了领导和管理分支银行处以外，本身也对外营业；而在总管理处制下，总行只负责管理和控制分支银行，本身不对外营业，在总行所在地另设分支银行或营业部开展业务活动。

分支银行制有很多优点：实行这一制度的商业银行规模巨大、分支机构众多，便于银行拓展业务范围、降低经营风险；在总行与分行之间可以实行专业化分工，大幅度地提高银行工作效率，分支行之间的资金调拨也十分方便；易于采用先进的计算机设备广泛开展金融服务，取得规模效益。

分支银行制度也有一些缺点：容易加速垄断的形成,实行这一制度的银行规模大、内部层次多，从而增加了银行管理的难度。

但就总体而言，分支银行制更能适应现代化经济发展的需要，因而受到各国银行界的普遍认可，已成为当代商业银行的主要组织形式。

3) 集团银行制

集团制银行又称持股公司制银行，是指由少数大企业或大财团设立控股公司，再由控股公司控制或收购若干家商业银行。

银行控股公司分为两种类型：一是非银行性控股公司，是通过企业集团控制某一银行的主要股份组织起来的。该种类型的控股公司在持有一家银行股票的同时，还可以持有多家非银行企业的股票。二是银行性控股公司，是指大银行直接控制一个控股公司，并持有若干小银行的股份。

目前，集团制银行已成为美国商业银行最基本的组织形式。集团银行制的优点是能够有效地扩大资本总量，增强银行实力，提高银行抵御风险的能力，弥补单一银行制的不足；缺点是容易引起金融权力过度集中，并在一定程度上影响了银行的经营活力。

1.3.2 商业银行的内部组织形式

我国商业银行的内部组织形式主要分为 4 个系统：决策系统、执行系统、监督系统和管理系统。决策系统包括股东大会、董事会；执行系统包括行长(总经理)、副总经理(副行长)；监督系统由监事会及银行的稽核部门组成；管理系统包括全面管理、财务管理、人事管理、经营管理、市场营销管理。

1. 商业银行的机构及职责

(1) 股东大会：是商业银行的最高权力机构。商业银行的股份可分为优先股和普通股。

(2) 董事会：是由股东大会选举产生的董事组成，代表股东执行股东的建议和决定。

(3) 监事会：其职责是代表股东大会对全部经营管理活动进行监督和检查。

(4) 行长(总经理)：是商业银行的行政主管，是银行内部的行政首脑，其职责是执行董事会的决定，组织银行的各项业务经营活动，负责银行具体业务的组织管理。

(5) 总稽核：是董事会的直接代表，负责银行日常营业账务项目及操作方法的核对工作。

(6) 职能部门：是商业银行以行长(总经理)为中心的经营管理体系中执行日常业务的机构。

2. 商业银行内部组织机构职责

一国商业银行内部机构的设置要受该国商业银行的制度形式、经营环境等各种因素的制约，即使在一个国家采取同一制度形式的商业银行由于经营规模、经营条件等方面存在的差异，各商业银行内部机构的设置也会有所不同。但就总体来说，商业银行内部组织机构一般分为三大机构，即决策机构、监督机构、执行机构。下面以股份制商业银行为例介绍其内部组织机构的设置。

1) 决策机构的产生和权力

商业银行的决策机构包括股东大会和董事会。股东大会是商业银行最高权力和决策机构，由全体普通股东组成。商业银行的任何重大决策都需经过股东大会通过才有效，其权力是通过法定的投票表决程序选择和任免董事、赞成或否决决策事项，从而间接地影响商业银行的经营管理来实现的。

股东大会一般由董事会组织召开，董事长是股东大会的主席。如果部分股东要求召开股东大会，须经董事会研究决定。如果监事会认为必要，可以直接召开股东大会。召开股东大会时，股东有权听取商业银行的一切业务报告，有权对商业银行的经营管理质询。但是每个股东的表决权是由其持有的股份决定的，持有多数股份的大股东对商业银行的经营决策有决定性影响，而一般股东对经营决策的影响并不大，因此，股东大会的表决权实际上是操纵在少数几个大股东手里。

董事会由股东大会选举产生，并代表股东执行股东大会的决议。董事会的职责：一是确定商业银行的经营目标和经营政策；二是选聘商业银行的高级管理人员；三是设立各种委员会如执行委员会、审计委员会、贷款委员会、稽核委员会等，以贯彻董事会的决议，监督银行的业务经营活动。

2) 监督机构的职责

商业银行的监督机构包括股东大会选举的监事会和董事会下设的稽核委员会。监事会由股东大会选举产生，执行对董事会、行长及整个商业银行管理的监督权。监事会的职责是检查执行机构的业务经营和内部管理，并对董事会制定的经营方针和决策、制度及其执行情况进行监督检查，并督促限期改正。

3) 执行机构的职责

商业银行的执行机构包括行长、副行长及各职能部门。行长是商业银行的执行总管，是商业银行内部的首脑。行长一般由具有经营管理商业银行的专门知识和组织才能、忠于职守、善于决策的人士担任。行长的职责是执行董事会的决议；组织商业银行的各种经营活动；组织经营管理班子，提名副行长及各职能部门的经理等高级职员的人选，并报董事会批准；定期向董事会报告经营情况；招聘和解雇有关员工，并对员工实行奖惩等。

商业银行的职能部门可以分为两个层次：

第一个层次是业务部门。负责分行层次业务经营的拓展，以最大限度地满足不同层次、不同类型客户的不同需求，有不断细化的趋势。

(1) 零售银行业务部，主要负责零售银行业务的拓展，服务的客户对象包括大众客户、高端客户以及特殊类型的客户。

(2) 公司银行业务部，主要负责公司类型的客户，满足其投融资、结算等方面的需求。

(3) 银行同业业务部，主要负责与商业银行、证券公司、保险公司、信托公司等之间的业务。

(4) 国际银行业务部，主要开展国际投融资、进出口融资以及外币相关业务。

(5) 电子银行业务部，主要负责自助金融服务、电话银行业务、手机银行业务以及网上银行业务。

(6) 银行柜台营业部，主要负责在银行柜台处理的现金业务和非现金业务。

第二个层次是业务支持与保障部门，主要负责各种业务品种的开发和管理，为业务、市场拓展部门和一线柜台提供支持。业务支持部门有整合成两类部门的趋势：一类部门管理网点的日常事务，成为一个综合的大部门；另一类部门投入更多的精力用于新业务、新产品的开发和管道工作，专业化色彩较浓。具体如下所述。

(1) 支行管理部(或支行服务部)，主要负责统筹银行分布在各部门对支行的常规性管理和服务，从而可以将银行其他业务管理部门从常规性管理事务中解放出来从事更加富有创造性的工作。

(2) 放款部(或营业部、交收部)，独立于信贷审批部门和会计部门，负责放款出账等操作，一般清算、核算和出纳管理职能也放在这个部门。

(3) 工作研究部，主要是对工作制度、业务流程、操作规范进行研究、评估和改进。银行市场研发部附带有这方面的职能，但实际上这方面的工作量相当大，由一个专门部门进行工作研究以配合银行的系统再造、业务流程重组已显得非常必要。

(4) 押汇中心，实际上已发展成负责国际业务单证处理的操作部门。银行国际业务部门兼有押汇中心的操作职能和业务拓展部门的拓展职能，只能是一种过渡时期的选择。

(5) 风险管理部，国外银行的风险管理部主要负责为银行经营中可能遇到的各种风险设置风险控制指标、风险控制量化参数和风险控制对策，与银行的风险管理部职能有较大差异。银行风险管理部实际上履行的是国外商业银行中票据及抵押品管理部和信贷复核部的职能，信贷风险管理的职能只尽到了一部分。

(6) 会计部，负责全行所有会计业务管理，但不负责核算、清算和稽核等事务，这些事务分别归放款部或稽审部门。

(7) 计划财务部，负责全行总体业务数据、财务数据的分析、财务预算、内部费用管理、资金管理和考核等工作。其下属有管理会计组，负责对业务从收益性、风险性以及结构情况等方面进行分析。

(8) 信贷管理部，对贷款既作实质性审查，也作形式性审查。

(9) 人力资源管理部。

(10) 法律事务部，除法律事务外，还负责部分贷后保全工作。有些银行法律事务职能是放在其他部门，如办公室、公共关系部、放款部等。

(11) 总务部，国外一般将总务、后勤、保卫等部门职能集成到一起。

国外商业银行分支体系结构一般由2～3个层次构成，如德国银行分支体系结构如下所述。

(1) 管理中心或总部，该行在世界各地设有4个管理中心，4个管理中心的权限一样，每天都要汇兑全系统的经营情况，24小时交替对全球分支机构进行管理。

(2) 总行，在管理中心领导下，对分行的业务进行管理。

(3) 分行，其特点是机构越往下走，业务范围、权限、客户越小。当前，全球掀起一股扁平化浪潮，分支机构管理层次减少，管理幅度增大，结构相应演变为管理中心或总部、分行、网点，或进一步演变为总部、分行(网点)。

知识链接 1–4

中外商业银行组织结构案例

1. 花旗银行的组织结构模式

花旗银行的前身是纽约城市银行(City Bank of New York)，成立于 1812 年。历经两个世纪的潜心开拓后，花旗银行与旅行者集团在 1998 年合并组成了新公司“花旗集团”。目前，花旗集团已经成为全球最大的金融服务机构，为一百多个国家约两亿消费者、企业、政府及机构提供品种繁多的金融产品及服务，包括消费者银行和信贷、企业和投资银行、保险、证券经纪及资产管理服务。

1) 以客户为中心，采取纵横交叉的矩阵式组织结构

2002 年 6 月，花旗集团开始采用新的矩阵式结构进行重组，重组的中心内容是细分市场，进一步围绕客户寻求产品、地域之间的平衡；目标是向客户提供具有花旗特质的金融品牌，如具有全球影响力的“花旗银行”，确保在各区域市场上能够占据领先位置。花旗集团的全部业务被划分为三大块，如图 1.1 所示。

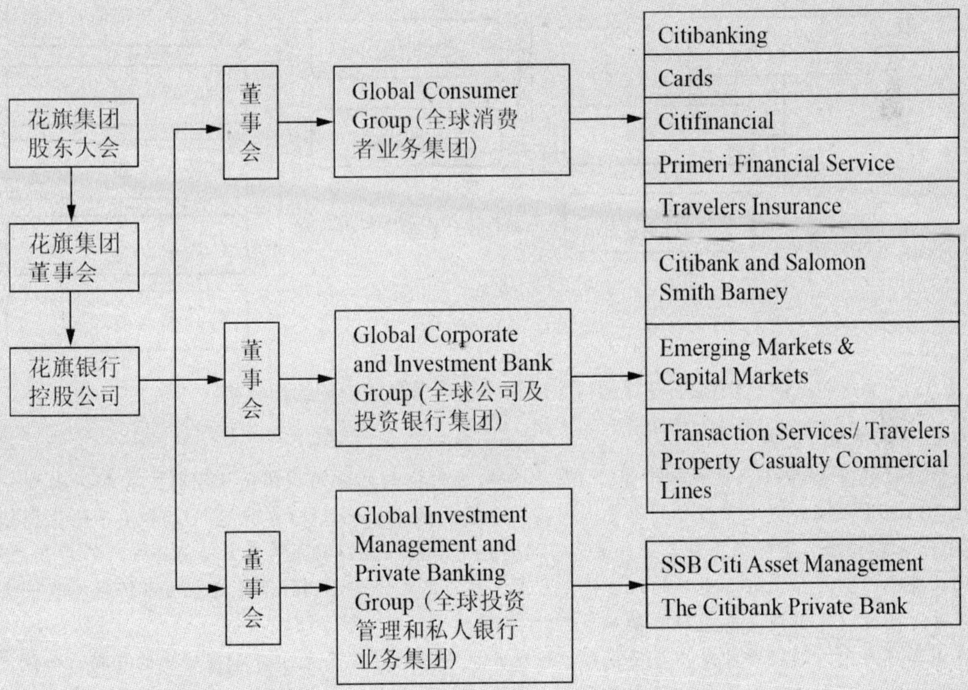

图 1.1　花旗银行组织结构图①

花旗集团所有业务被进一步划分到全球几大区域：北美、亚太、拉美、中东、欧洲和非洲。以其全球消费者业务集团为例，其内部组织结构如图 1.2 所示，集团内部分设业务管理部门和职能管理部门，这种矩阵式结构由“纵轴”产品线和“横轴”职能部门组成，轴心是客户群。矩阵的“横轴”职能部门为团队提供有着不同从业背景的专业人员，“纵轴”上的品牌经理被赋予相应的权力，可以充分获取不同部门的全面信息，在避免了人力重叠、收集信息效率低下等问题后，能以较小的成本更加灵敏地对市场变化做出反应。通过这样的线面结合的组织架构，既能保证在各地市场上品牌的理念得到很好的理解，从而全面推进具有统一“花旗品质”的产品，又能充分照顾到各区域市场的差异，形成了其“国际化的本地银行”的优势。

① 根据花旗银行年报绘制。

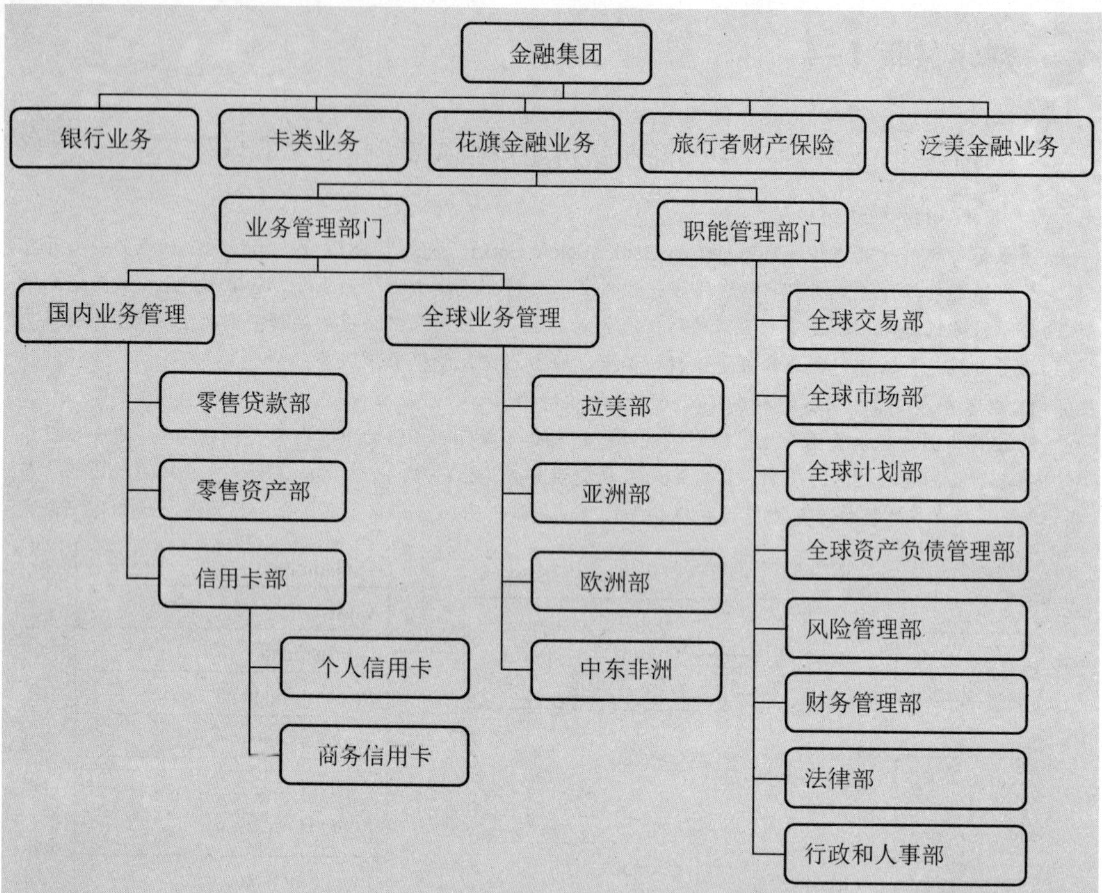

图 1.2　花旗银行全球消费者业务集团内部组织结构

2) 二维双重报告关系制

地区分行的业务部门分管和职能部门分管必须同时向横向划分的集团区域国际主管和纵向划分的集团相应部门主管或业务线主管报告并负责，即将同一层面的专业化板块(各职能部门)和上下垂直型领导关系(总分行)紧密结合，实行双重命令链，使员工同时接受双重领导，摈弃两者中任何一方可能存在的不足。总行的业务部门在产品上拥有更多的话语权，区域主管则更多的是协调好产品进入该市场后的政策法规及文化差异等问题以保证产品能很好地融入市场。

在以客户为中心的经营理念指导下花旗银行既强调垂直领导关系又十分重视横向的支持、协调、辅助和监督。一般而言，总行内部每一业务层面的负责人在重要业务或管理问题上须与首席执行官直接沟通，及时汇报、听取指示；而后者也给予前者必要的支持和协助，有时甚至直接参与市场营销和公关协调各方面的关系。即使在分支机构，其主要负责人通常亦兼任主要业务板块的领导工作从而形成了纵横之间的紧密结合，以增强团队的合作。此外，在业务发展过程中有时客户会提出涉及不同业务线的产品或服务需求，此时银行根据需要，由不同板块的客户经理和产品经理临时组成客户关系经理小组共同为客户服务。这种团队作用的发挥一般也是通过纵横“双道命令系统”来实现的。它打破了条与条之间的阻隔加强了各部门之间的协作配合，能在不增加机构和人员编制的前提下将不同部门的专业人员集中在一起较好地解决急难问题，从而也较好地解决业务创新中银行内部组织结构相对稳定和工作任务多变之间的矛盾。

2. 国有商业银行的组织结构模式

1) 1984—1994 年的专业化改革阶段，组织结构带有很强的计划经济色彩

总行、一级分行、二级分行是管理层，行使管理职能，在纵向上按行政区域和级别设置机构，而不是依据市场、客户和效益划分。在横向上按照业务、产品设置部门，一个部门只负责为客户提供一种服务或产品；经营体制上体现“三极管理、一级经营”；人力资源管理套用政府行政级别。

② 1994—2003 年的国有独资商业银行改革阶段

在纵向结构上国有商业银行组织结构研究实现了省级分行和所在市一级分行的“省市分行合并”，尝试省分行直接管理县级支行的直管模式，并撤销合并了大量网点。在横向结构安排上，业务部门的设置逐步向以客户为中心转变。

3) 2004 年开始的国有银行股份制改造

以中国工商银行股份有限公司为例，改造后的组织结构如图 1.3 所示。

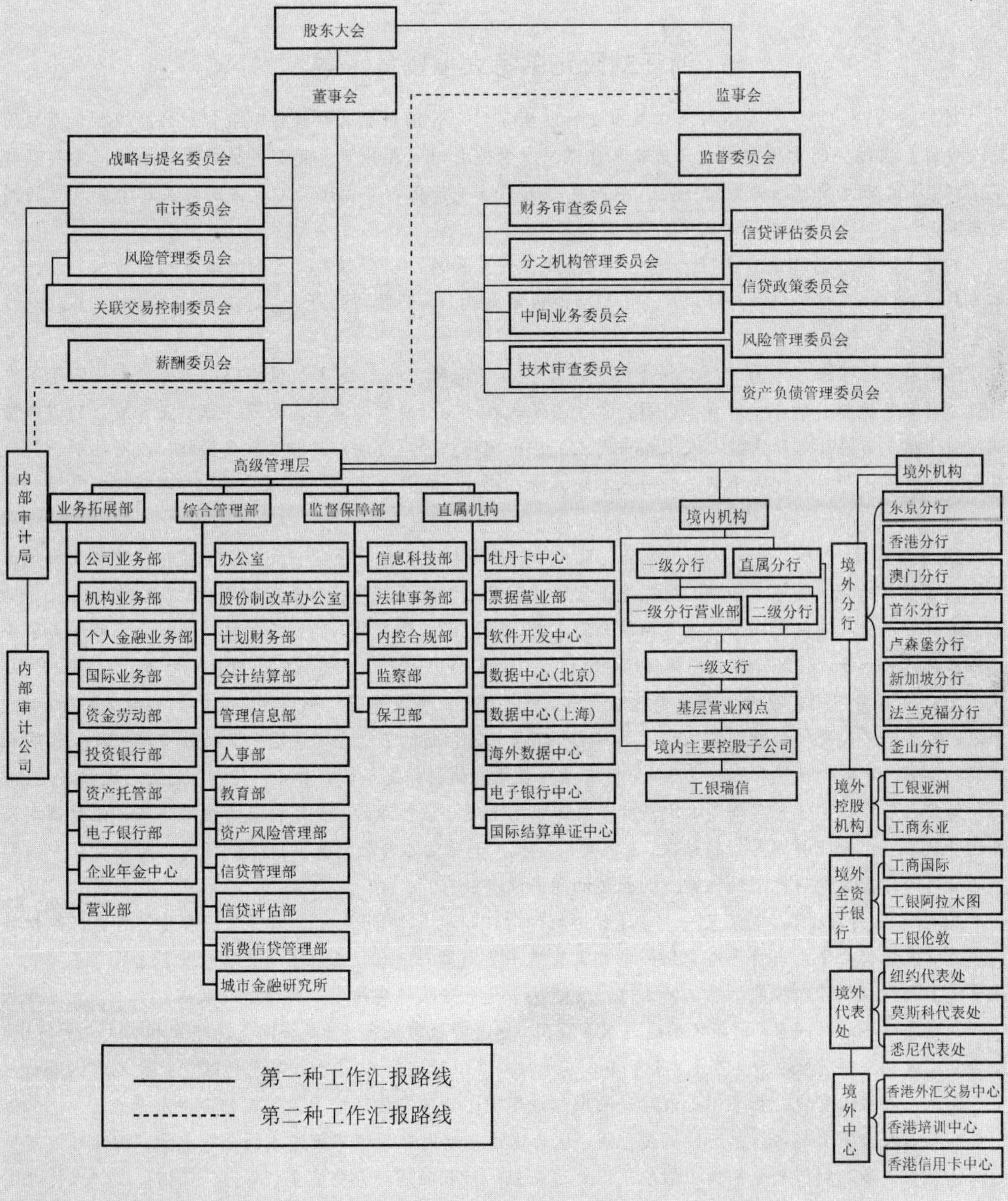

图 1.3 中国工商银行股份有限公司组织机构图①

① 资料来源：2005 年中国工商银行股份有限公司年报。

请思考：

1. 比较两个银行的组织机构图，分析它们的不同点。
2. 根据花旗银行的组织结构模式，分析其对中国商业银行组织结构的改革有何借鉴意义。

案例分析

浙江刘氏兄弟特大骗贷贪污案

2002 年 7 月 17 日，某银行浙江某市支行发生了信贷管理科原客户经理刘某贪污公款 2 100 万元的特大案件。在过去的两年中，刘某与其兄合谋，以伪造公司营业执照、变造审贷文件等手段，总共骗取了该行 2 100 万元贷款，并豪赌一空。从而也暴露出该支行在内部管理与控制方面存在着十分严重的问题与漏洞。

刘某大学毕业后到该市支行工作，不到半年便崭露头角，以全行第二名的成绩考入支行机关。1998 年 4 月，他担任了信贷科客户经理。为了帮助他经商失败而又好赌博的哥哥，答应为其办贷款，从此一步步走向深渊。

他们首先办了一家名为“顺发物资经营公司”(以下简称“顺发公司”)的假公司，并从假证贩子手中买到公司营业执照、财务专用章、公司公章及法人代表“王云发”的私章，以及一张“王云发”的假身份证。由于该支行营业部开户经办人未按中国人民银行《账户管理办法》的相关规定操作，没有要求出具公司营业执照副本原件，就给予顺发公司基本结算账户账号。在开立了这个基本结算账户以后，骗贷活动开始了。

2000 年 5 月 12 日，刘某从自己办公室里拿了贷款审批表、借贷合同一式四联贷款转存凭证及原先正常贷款审批表的领导签字复印件，把原先正常贷款审批表中有关领导签字复印到空白的贷款审批表上，伪造了 100 万元贷款审批复印件，又在借款合同上盖上私刻的“已审核”的印章，并从支行办公室骗盖了银行公章及行长私章，经该行营业部审核后，顺利地以顺发公司的名义从支行骗出贷款 100 万元，期限 1 年。

2001 年 4 月下旬，眼看 1 年的贷款期限马上就要到了，刘某哥哥无钱可还，他们只好继续向银行借。于是，兄弟俩又一次轻松贷到了 100 万元，稍有不同的是，新的贷款合同最后一页必须有单位授权代理人陈某的签名。刘某对照样本摹写了几次，竟有几分乱真，加上有关人员审看并不仔细，便又一次蒙混过关。

刘某之后供认，他先后作案 8 次，有 7 次是采用上述手法。同时，为了掩盖作案的事实，他对顺发公司的贷款不登记台账并毁匿贷款档案，并且用移花接木的手法在贷款信息系统上将顺发公司的贷款分散到其他公司的账上。使得他们的作案行为长达两年而没有败露。

2002 年 7 月 17 日，刘某又一次拿着伪造好的贷款审批表(审批记录)、贷款合同和贷转存凭证等材料到办公室盖银行公章。当负责盖章的办事员龚某随手盖完第一个章，正准备接下去往贷款合同上盖章时，她感觉上面授权代理人陈某的签名不太像，便随手拿起电话找陈某核实，案情就此败露。

在这两年多的时间里，刘某兄弟通过虚设公司，伪造贷款审批表、贷款合同上的印章和有关人员签字，先后 8 次成功骗得贷款 2 560 万元，除了 460 万元被刘某以贷还贷外，2 100 万元巨额贷款被兄弟俩豪赌一空，竟无一次被人发现。如果不是最后一次偶然被发现，案值可能还会更大，案情会更加严重。

这起惊天大案引起该行总行的高度重视，认为这是一起内部管理不善造成的金融大案，相继对该支行的两任行长、多名副行长分别作出撤职或记大过处分，行长助理、办公室主任等 15 名相关工作人员也因为把关不严、审核不细、违规操作等受到行政记过及罚款等处分。

试分析：

(1) 试用本项目学习的理论分析商业银行组织结构机制的重要性。

(2) 分析本案例，论述商业银行经营的三性原则之间的关系。

小　　结

商业银行是在商品交换与市场经济的发展中孕育和发展起来的，它是为满足生产与扩大再生产、汇划清算与内外贸易、货币融资与资本市场、金融产品与中介服务等需求而发展形成的一种金融组织。经过几百年的演变，商业银行已成为各国经济活动中主要的资金集散机构和金融服务机构，并成为各国金融体系中重要的组成部分。我国目前的商业银行主要有四大专业银行、全国性商业银行、地方城市商业银行和外资商业银行等。商业银行具有信用中介、支付中介、信用创造和金融服务四大职能。各国银行业体系的具体结构表现出很大的不同，但其功能基本一致。商业银行外部组织结构是沿着地域、产品和客户这三个维度进行的，与此相对应，商业银行的组织结构也基本以这三者的关系进行组织。组织结构随着市场竞争环境的变化，经历了从以地域为中心的组织结构到以产品为中心的组织结构，向着以客户为中心的发展。商业银行的外部组织形式分为单一银行制、分支银行制和集团银行制。商业银行内部组织机构一般分为三大机构，即决策机构、监督机构、执行机构。

习　　题

一、单项选择题

1．当前，西方发达国家商业银行最主要的组织形式是(　　)。
A．私人银行　　B．合伙组织的银行　　C．国家商业银行　　D．股份制银行

2．1694年，(　　)的建立，标志着西方现代商业银行制度的建立。
A．英格兰银行　　B．汉堡银行　　C．威尼斯银行　　D．阿姆斯特丹银行

3．从目前经营制度和业务范围看，(　　)是实行分业银行制度的典型。
A．英国　　B．德国　　C．美国　　D．中国

4．(　　)银行的成立，标志着现代商业银行的产生。
A．英国　　B．英格兰　　C．丽如　　D．东方

二、多项选择题

1．商业银行的功能主要有(　　)。
A．信用中介与支付功能　　B．社会福利与慈善功能
C．信用创造与政策功能　　D．服务性功能
E．政策调节与社会调节功能

2．商业银行的发展趋势是(　　)。
A．服务范围日益扩大和银行业务全球化　　B．高新技术广泛应用
C．证券化趋势明显和金融监管放松　　D．盈利水平越来越高
E．经营风险逐渐加大

3．商业银行的经营原则是(　　)。
A．安全性　　B．社会性　　C．流动性
D．政策性　　E．盈利性

4．商业银行的组织结构包括(　　)。

A．决策系统　　B．稽核系统　　C．执行系统　　D．监督系统

5．按组织形式划分，目前商业银行主要存在的组织形式：(　　)。

A．单一制银行　　B．总分行制银行　　C．持股公司制银行　　D．集团制银行

三、名词解释

商业银行　　三性原则

四、判断题

1．货币经营业一旦从事存款业务便转化成为商业银行。　　(　　)

2．在准备金制度和现金结算的条件下，商业银行可以创造信用量。　　(　　)

3．从某种程度上讲，单一制银行与商业银行的发展趋势是一致的。　　(　　)

4．商业银行资金的流动性具有刚性特征。　　(　　)

五、简答题

1．商业银行是怎样产生和发展的？

2．如何认识现代商业银行的性质和职能？

3．商业银行的外部组织形式和内部结构有哪些？

实 训 项 目

1. 实训内容

深入当地某商业银行，了解商业银行的组织形式和结构情况，调查商业银行通过哪些途径履行其三性原则：效益性、流动性、安全性，以及商业银行实施安全性管理的常用方法。

2. 实训要求

(1) 实训项目以协作小组形式完成。每小组 3～4 人为宜，确定小组负责人。

(2) 事先制订调研计划。计划内容要详细周密、切实可行。

(3) 实地调研，掌握第一手资料。

(4) 自主学习与协作学习相结合，体现小组团队合作精神。

(5) 撰写调研报告。报告内容要体现出调查分析的过程以及得出的基本结论。

项目 2 商业银行资本管理

工作任务描述

商业银行和一般企业一样，在经营过程中需要投入一定的资本，资本的多少影响着银行的规模增长能力、风险抵御能力和市场竞争能力。商业银行的资本由哪些内容组成，怎样筹集资本，对商业银行资本充足率的最低规定标准是多少，怎样计算资本的充足率以及怎样根据某个银行的实际情况提高其资本充足率等，都是本项目要解决的问题。

工作任务	工作要求
认识商业银行的资本的构成	(1) 理解商业银行资本的含义 (2) 区别商业银行资本与一般企业的资本 (3) 掌握商业银行资本的构成 (4) 认识商业银行资本的性质和作用
学习《巴塞尔协议》及其补充，计算银行资本充足率	(1) 通过学习 1988 年的《巴塞尔协议》及新资本协议，理解协议的主要精神 (2) 学习计算资本充足率的公式，能根据给定的资料计算商业银行的资本充足率 (3) 根据资料计算商业银行的风险加权资产
了解我国商业银行的资本管理办法，我国商业银行提高资本充足率的措施	(1) 熟悉我国对商业银行资本充足率管理的规定 (2) 了解我国商业银行提高资本充足率的措施 (3) 能根据商业银行的内外环境选择最合适的筹资方式

知识概览

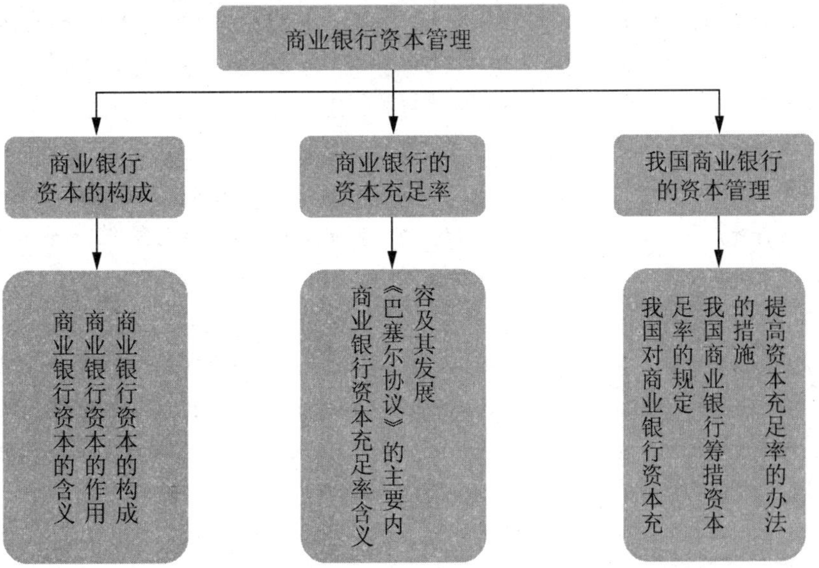

学习目标

知识目标	能力目标	学习重点和难点
(1) 认识商业银行的资本构成 (2) 了解《巴赛尔协议》的主要内容	(1) 能计算商业银行的资本充足率 (2) 根据具体情况选择适当的资本筹措形式	(1) 了解我国商业银行资本的构成 (2) 计算商业银行的资本充足率

导入案例

我国中小商业银行资本管理的演进

我国商业银行资本管理经历了从无到有、从狭义到广义、从软约束到硬约束、从低级到高级的演变和发展过程。而对于中小商业银行资本管理历史演进的回顾，恰恰正是对我国金融体系改革背景下中小商业银行不断发展壮大画卷的真实再现。

从我国金融体制改革的发展历程看，我国商业银行资本管理理念的建立和发展划分为 3 个阶段：

第一阶段，1949—1978 年。在该阶段，计划经济下的银行基本上是财政的出纳，资本和资本管理的观念基本没有。在这一体制下，中国人民银行集中央银行、政策性银行和商业银行职能于一身，几乎垄断了所有金融业务。银行基本不需要经营，更谈不上资本和资本管理了。中国经济中的金融资产只限于货币，企业的主要融资来源是国家预算拨款。企业投资的基本部分包括固定资产投资和流动资金常年占用部分，都由预算拨付，只有企业临时性的周转资金才通过中国人民银行的短期信贷解决。

第二阶段，1978—1999 年。经济体制改革之后，上述金融体制也开始松动，我国逐渐建立了竞争性的商业银行体系。商业银行逐渐由被动的贷款规模控制向建立资产负债比例管理的概念演进，风险管理开始提上日程。

这一阶段主要分为两个时期，第一个时期是 1979—1992 年，主要针对"大一统"体制统得过死的弊病，初步构建起新的金融体系。此时以中国人民银行为领导、四大国有专业银行为主体，其他银行和非银行金融机构并存和分工协作的多形式、多功能、多层次而又颇具中国特色的金融机构体系形成。由于主体的多元化把竞争逐步引入银行业市场，商业银行逐渐开始树立存款立行的思想。

第二个时期是 1992—1998 年。这一阶段国内商业银行逐渐从存款立行向贷款立行转化，而在资本管理方面仅仅是开始起步。1991 年开始逐步改革信贷资金管理体制，实行限额下的资产负债比例管理和风险管理；1996 年实行以资产负债比例管理为基础的贷款规模管理和风险管理；1998 年取消信贷规模，商业银行全面实行资产负债比例管理和风险管理，使国内商业银行实现自主经营、自担风险、自求资金平衡迈出了具有决定意义的一步，商业银行开始有了一定的资本管理意识。

第三阶段，1998 年至今。国有银行改革加速和中小商业银行快速发展，资本约束强化，资本管理的重要性不断提高，商业银行上市、引进外资战略参股、次级债发行等作为重要的资本补充方式取得了相当大的突破，商业银行资本管理意识不断增强，资本管理水平逐步提高。2004 年 3 月银监会正式实施《商业银行资本充足率管理办法》，通过综合 1988 年《巴塞尔协议》和考虑了市场风险的 1996 年初十签署的《资本协议关于市场风险的补充规定》，对我国原有的商业银行资本充足率管理办法进行了极大改良。

(资料来源：沈思．我国中小商业银行资本管理的演进．中国金融家，2005，09 期.)

2.1　商业银行资本构成概述

任何以营利为目的的企业，在业务发展初创时期以及今后进行业务经营时都需要筹集并投入一定量的资本金，以对抗企业经营中的风险及为企业创造利润。在经营过程中商业银行与其他企业一样，必须要有资本金，在现代商业银行的监管框架下，资本能力的大小决定了银行的规模增长能力、风险抵御能力和市场竞争能力。

2.1.1　商业银行资本概述

1. 商业银行资本的含义

商业银行资本就是指银行投资者为了正常的经营活动及获取利润而投入的货币资金和保留在银行的利润。资本比例增加，银行的安全性也随之提高。从本质上看，属于商业银行的自有资金才是资本，它代表着投资者对商业银行的所有权，同时也代表着投资者对所欠债务的偿还能力。但实际上，一些债务也被作为银行资本金的组成部分，如商业银行持有的长期债券等。

2. 商业银行资本与一般企业资本的区别.

(1) 资本所包含的内容不同。企业的资本等于资产总值减去负债总值的净值，即所有者权益或者产权资本，也可称为自有资金。商业银行的资本既包括所有者权益部分的资本，也包括一定比例的债务资本，如呆账准备金、坏账准备金，在资产负债表中的资产方，但以“－”来表示。

(2) 资本在全部资产中所占比例不同。现代企业都具有负债经营的特点，即经营中都依赖一定的外援资金。但由于企业发展的性质和特点不同，资本在全部资产中所占比例也不同。按照国际惯例，一般性企业的负债率在66%左右，即自有资金应保持在34%左右；商业银行作为特殊的金融企业，其 80%～90%的资金是从客户手中借来的，也就是说，商业银行的资本金占其全部资产的比例一般为10%～20%，如此也就形成了商业银行高负债经营的状况。

(3) 固定资产的形成能力与其资本金的数量关联性不同。一般企业的固定资产既可以由其资本金形成，也可以由各种借入资金、商业银行的贷款来形成，与资本金的关联性不大；商业银行固定资产的形成能力却与其资本金的数量有着非常明确的关联关系。银行的固定资产是商业银行形成较好的业务经营能力的必要物质条件，这些设施的资金占用时间较长，只能依赖于自有的资本。

2.1.2　商业银行资本的作用

资本是商业银行防范风险损失的最后准备，为商业银行提供了经营的基础与物质条件，同时也是金融监管当局监管商业银行的重要手段。商业银行的资本在其日常经营和保证长期生存能力中起到了关键的作用。

(1) 在存款流入之前，资本为银行注册、组建和经营提供了所需资金。一家新银行需要启动资金来购买土地、盖新楼或租场地、装备设施、甚至聘请职员。

(2) 资本增强了公众对银行的信心，消除了债权人(包括存款人)对银行财务能力的疑虑。银行必须有足够的资本，才能使借款人相信银行在经济衰退时也能满足其信贷需求。

(3) 资本为银行的增长和新业务、新计划及新设施的发展提供资金。当银行成长时需要额外的资本来支持其增长并且承担提供新业务和建新设施的风险。大部分银行最终的规模超过了创始时的水平，资本的注入使银行在更多的地区开展业务，建立新的分支机构来满足扩大了的市场和为客户提供便利的服务。

(4) 资本作为规范银行增长的因素有助于保证银行实现长期可持续的增长。管理当局和金融市场要求银行资本的增长大致和贷款及其风险资产的增长一致。因此，随着银行风险的增加，银行资本吸纳损失的能力也会增加，银行的贷款和存款如果增长得太快，市场和管理机构会给出信号，要求其放慢速度或者增加资本。

(5) 资本在银行兼并的浪潮中起了重要作用。根据规定，发放给一个借款人的贷款限额不得超过银行资本的15%，因此，资本增长不够快的银行会在争夺大客户的竞争中会失去市场份额。

2.1.3 商业银行资本的构成

商业银行的资本由核心资本(一级资本)和附属资本(二级资本)组成。

1. 核心资本

核心资本主要由股本和公开储备两部分组成。

1) 股本

股本又称股权资本、股东产权或所有者权益，是银行投资人(股东)实际投入到银行的资本。股本又可分为两部分。

(1) 普通股。商业银行发行普通股是增加资本的重要手段。通过发行普通股可以广泛吸收社会资金，使银行资本足够雄厚，以保护存款人和其他债权人不受损失。但如果募集的股本超过需求量，将会影响股东权益，使原有股东的每股收益减少。

(2) 优先股。优先股是一种定向发售的，性质介于普通股和债券之间的股票。一方面，像债券一样，优先股通常只支付固定股息；另一方面，像普通股一样，没有定期支付股息和到期偿还本金的义务。发行优先股可以增加银行资本，因此也是构成股本的重要手段，

优先股的弊端：一是优先股不能从税前赢利中扣除，这使得优先股筹资的成本比采用可以从税前赢利中扣除利息的债务的筹资成本高；二是优先股股息支付义务先于普通股，且比较固定。

2) 公开储备

公开储备是指通过保留盈余或其他盈余方式在资产负债表上明确反映的储备。主要由3个部分组成。

(1) 资本公积，包括资本溢价、法定财产重估增值和接受捐赠资产价值在内的资本项目。

(2) 盈余公积，是商业银行按照规定从税后利润中提取的，是商业银行自我发展的一种积累，包括法定盈余公积金(达到注册资本金的 50%)和任意盈余公积金。盈余公积属于银行利润的累计结存数，是一种有特定用途的留存收益，主要用于弥补亏损、转增资本等。

(3) 未分配利润，指银行留待以后年度分配或待分配的净利润，在其未分配前与实收资本和公积金具有同样的作用。

2. 附属资本

附属资本包括商业银行的贷款呆账准备金、坏账准备金、投资风险准备金、5 年及 5 年期以上的长期债券。

(1) 贷款呆账准备金，是商业银行在从事放款业务过程中，按规定以贷款余额的一定比例提取的，用于补偿可能发生的贷款呆账随时的准备金。

(2) 坏账准备金，是按照年末应收账款余额的3‰提取，用于核销商业银行的应收账款损失。

(3) 投资风险准备金，按照规定，我国商业银行每年可按上年末投资余额的3‰提取。如达到上年末投资余额的1%时可实行差额提取。

(4) 5年及5年以上的长期债券，属于金融债券的一种，是由商业银行发行并还本付息的资本性债券，用来弥补商业银行的资本金不足。

2.1.4 我国银行的资本构成

我国银行资本的构成情况以1993年7月1日实行的《金融保险企业财务制度》、《金融企业会计制度》为界限，在政策上有所不同。1993年以前，我国银行资本金主要由国家财政拨款、银行积累资金和待分配盈余等3个途径形成。1993年以后，根据新的财务制度对商业银行资本金的规定：各方投资者投入商业银行的资本金以及由这些资金增值等原因形成的资本公积、盈余公积和利润分配形成商业银行的所有者权益，代表着投资者在商业银行的权益，供商业银行在存续期内长期使用。商业银行可以采用吸收现金、实物、无形资产或发行股票等方式筹集资本金，并按有关规定入账。根据2004年中国人民银行公布的《商业银行资本充足率管理办法》，我国银行的资本构成有以下内容。

1. 核心资本

核心资本包括实收资本或普通股、资本公积、盈余公积、未分配利润。

2. 附属资本

附属资本包括重估储备、一般准备、优先股、可转换债券、长期次级债券。

此外，根据《巴塞尔协议》的要求与我国商业银行的具体情况，我国还规定了商业银行资本金的扣除项目，形成资本净额。扣除项目有在其他银行资本中的投资、已对非银行金融机构资本中的投资、已对工商企业的参股投资、已对非自用不动产的投资以及呆账损失尚未冲减的部分。

知识链接 2-1

2008年我国的四大国有商业银行的资本构成见表2-1。

表2-1 2008年我国四大国有商业银行的资本构成 单位：亿元

	中国工商银行	中国农业银行	中国银行	中国建设银行
资本总额	6 071.36	2 905.41	4 939.01	4 675.62
资本构成	—	—	—	—
实收资本	3 340.19	2 600	2 538.39	2 336.89
占总资本百分比(%)	55.02	89.49	51.40	49.98
资本公积	1 122.43	172.92	661.66	902.41
占总资本百分比(%)	18.49	5.95	13.40	19.30
盈余公积	246.50	11.87	234.29	269.22
占总资本百分比(%)	4.06	0.41	4.74	5.76
未分配利润	721.46	120.22	834.27	595.93
占总资本百分比(%)	11.88	4.14	16.895	12.75

(资料来源：各银行年报)

2.2 商业银行的资本充足率概述

2.2.1 商业银行的资本充足率

资本充足率(capital adequacy ratio，CAR)，又称资本风险(加权)资产率，(capital to risk assets ratio，CRAR)，是指资本总额与加权资产总额的比例。资本充足率是金融管理当局为维持商业银行抵御风险的能力、保证整个银行体系的安全稳定作出的关于商业银行应随着业务经营的进行所必须保持的最低资本金比率。资本充足率反映商业银行在存款人和债权人的资产遭到损失之前，该银行能以自由资本承担损失的程度。规定该项指标的目的在于抑制风险资产的过度膨胀，保护存款人和其他债权人的利益，保证银行等金融机构正常运营和发展。各国金融管理当局一般都有对商业银行资本充足率的管制，目的是监测银行抵御风险的能力。

2.2.2 《巴塞尔协议》与商业银行资本充足率

1988 年，由西方十国集团中央银行和金融监管机构组成的巴塞尔银行管理与监督实施委员会在瑞士通过了《关于统一国际银行的资本计算和资本标准的协议》，又称《巴塞尔协议》。该协议是国际上第一个有关商业银行资本计算和标准的协议，是国际金融界在资本控制上的“神圣公约”。该协议第一次建立了一套完整的国际通用的、以加权方式衡量表内与表外风险的资本充足率标准，有效地扼制了与债务危机有关的国际风险。

1. 《巴塞尔协议》的目的

1988 年 7 月达成的《巴塞尔协议》，其目的主要有两个：一是制定统一的资本充足率标准，以消除国际银行间的不平衡竞争；二是通过制定统一的商业银行资本与风险资产的比率及一定的计算方法和标准，为国际银行业的监管提供一个有利的工具，以保证各国金融体系的稳定与安全。

2. 1988 年的《巴塞尔协议》的主要内容

该协议包括 4 个方面的内容。

(1) 资本的分类。也就是将银行的资本划分为核心资本(或一级资本)和附属资本(或二级资本)两类，对各类资本按照各自不同的特点进行明确的界定。

(2) 风险权重的计算标准。报告根据资产类别、性质以及债务主体的不同，将银行资产负债表的表内和表外项目划分为 0%、20%、50%和 100%四个风险档次。银行资本与加权风险资本的比例不得低于 8%，其中一级资本与加权风险资本的比例不得低于 4%。此外，一般储备与一般呆账准备金的比例不得超过风险资产的 1.25%，以未实现的证券潜在收益形式存在的资产重估储备需打 55%的折扣。风险权重划分的目的是为衡量资本标准服务。同时，巴塞尔协议还很重视表外业务给银行带来的风险，在其资本充足性的框架中，将表外科目中所有项目的本金数乘以与其风险度相适应的转换系数，将所得数值按表内同等性质的项目进行加权，从而获得相应的风险资产额。

(3) 1992 年资本与资产的标准比例和过渡期的实施安排。

(4) 各国监管当局自由决定的范围。

《巴塞尔协议》的核心内容是前两项。根据该协议，商业银行的资本充足率要达到8%，其中核心资本要达到4%。也正因为如此，许多人直接就将《巴塞尔协议》称为规定资本充足率的协议。

3.《巴塞尔协议》对世界银行业的影响

《巴塞尔协议》反映出报告制定者监管思想的根本转变。

(1) 监管视角从银行体外转向银行体内。此前的协议都注重如何为银行的稳定经营创造良好的国内、国际环境，强调政府的督促作用以及政府间的分工协作，对银行体本身尤其是对银行防范风险屏障的资本没有作出任何有实际意义和可行标准的要求。而《巴塞尔协议》则直指主要矛盾和矛盾的主要方面，从资本标准及资产风险两个方面对银行提出明确要求。

(2) 监管重心从母国与东道国监管责权的分配转移到对银行资本充足性的监控。《巴塞尔协议》规定银行必须同时满足总资本和核心资本两个比例要求，总资本和核心资本都必须按明确给定的标准计量和补充。《巴塞尔协议》出台以前，各国虽然也对资本金规定了规模要求，但并没有对资本的内涵和外延作出明确规定，这使银行可以轻易地通过会计处理增加银行账面资本金，并实际加大资产与负债的落差，进而加大银行的经营风险。

(3) 注重资本金监管机制的建设。资本金监管的生命力在于它突破了单纯追求资本金数量规模的限制，建立了资本与风险两位一体的资本充足率监管机制。

《巴塞尔协议》的制定者真正认识到资本是防范风险、弥补风险损失的防线，因而必须将其与风险的载体(即资产)有机相联。而资产的风险程度又与资产的性质相关。《巴塞尔协议》以不同的风险权重将不同风险的资产加以区分，使得同样规模的资产可以对应不同的资本量，或者说同样的资本量可以保障不同规模的资产。资本的保障能力随资产风险权重的不同而异，体现出报告的动态监管思想。

(4) 过渡期及各国当局自由度的安排表明，报告真正认识到国际银行体系健全和稳定的重要，各国银行的监管标准必须统一。而这种安排则充分考虑到了银行的国别差异，以防止国际银行间的不公平竞争。

《巴塞尔协议》的推出意味着资产负债管理时代向风险管理时代过渡。由于监管思想的深刻、监管理念的新颖、考虑范围的全面以及制定手段和方法的科学合理，该协议成了影响最大、最具代表性的监管准则。此后围绕银行监管产生的核心原则或补充规定等，都是在报告总体框架下对《巴塞尔协议》的补充和完善。尽管巴塞尔委员会并不是一个超越成员国政府的监管机构，发布的文件也不具备法律效力，但各国的监管当局都愿意以报告的原则来约束本国的商业银行。

4. 商业银行资本充足率的计算

1) 资本充足率的公式

资本充足率的计算公式如下：

$$资本充足率=(资本-资本扣除项)/风险加权资产\times 100\%$$

银行的资产分为现金、证券、贷款、固定资产、无形资产等，各类资产风险不同。为了反映资产的风险度，保障银行资产运营的安全性、效益性，不同风险资产设置了不同的风险系数，以各种风险资产数额乘以风险系数再加总所得之数称为加权风险资产。

根据1988年通过的《巴塞尔协议》规定，商业银行资本与加权风险资本的比例不得低于8%，其中一级资本与加权风险资本的比例不得低于4%。

2) 风险加权资产的计算

在资本充足率计算公式中，风险权重占据了一个很重要的位置，不同的风险权重可能使银行在资本、资产总额相同条件下的资本比率不同。风险加权资产为对应资产负债表上的资产乘以相应风险系数求和所得到的带有风险的资产额。商业银行计算各项贷款的风险加权资产时，应首先从贷款账面价值中扣除专项准备，其他各类资产的减值准备也应从相应资产的账面价值中扣除。

依据《商业银行资本充足率管理办法》，各类表内资产风险系数见表2-2(共分为0%、20%、50%、100% 4个档次)。

表2-2　表内资产风险权重表

项　目	权　重/%
a.现金类资产	
aa.库存现金	0
ab.黄金	0
ac.存放人民银行款项	0
b.对中央政府和中央银行的债权	
ba.对我国中央政府的债权	0
bb.对中国人民银行的债权	0
bc.对评级为AA-及以上国家和地区政府中央银行的债权	0
bd.对评级为AA-以下国家和地区政府中央银行的债权	100
c.对公用企业的债权(不包括下属的商业性公司)	
ca.对评级为AA-及以上国家和地区政府投资的公用企业的债权	50
cb.对评级为AA-以下国家和地区政府投资的公用企业的债权	100
cc.对我国中央政府投资的公用企业的债权	50
cd.对其他公用企业的债权	100
d.对我国金融机构的债权	
da.对我国政策性银行的债权	0
db.对我国中央政府投资的金融资产管理公司的债权	
dba.金融资产管理公司为收购国有银行不良贷款而定向发行的债券	0
dbb.对金融资产管理公司的其他债权	100
dc.对我国商业银行的债权	
dca.原始期限4个月以内(含4个月)	0
dcb.原始期限4个月以上	20
e.对在其他国家或地区注册金融机构的债权	
ea.对评级为AA-及以上国家或地区注册的商业银行或证券公司的债权	20
eb.对评级为AA-以下国家或地区注册的商业银行或证券公司的债权	100
ec.对多边开发银行的债权	0
ed.对其他金融机构的债权	100
f.对企业和个人的债权	
fa.对个人住房抵押贷款	50
fb.对企业和个人的其他债权	100
g.其他资产	100

另外，表外资产应先通过“信用转换系数”衡量其转变为表内资产的风险程度，然后再乘以表内相应资产的风险加权系数，计算加权风险资产。信用转换系数见表 2-3。

表 2-3　表外资产风险权重表

项　　目	信用转换系数
等同于贷款的授信业务	100%
与某些交易相关的或有负债	50%
与贸易相关的短期或有负债	20%
承诺	
原始期限不足 1 年的承诺	0
原始期限超过 1 年但可随时无条件撤销的承诺	0
其他承诺	50%
信用风险仍在银行的资产销售与购买协议	100%

例如，一家银行的总资本规模为 100 万美元，表内总资产为 1 500 万美元，该银行的资产负债表内外项目资产见表 2-4 和表 2-5。

表 2-4　资产负债内项目资产　　单位：万美元

资产负债表内项目	资产数量	风险权重	风险加权资产
现金	75	0	0
短期政府债券	300	0	0
国内银行存款	75	20%	15
家庭住宅抵押贷款	75	50%	37.50
企业贷款	975	100%	975
资产负债表内总资产	1500		1027.50

表 2-5　资产负债表外项目资产　　单位：万美元

表外项目	账面价值×转换系数	对等信贷额资产	风险权重	风险加权资产
银行提供的备用信用证	150×1.00	150	20%	30
对企业的长期信贷承诺	300×0.50	150	100%	150

该银行的风险加权总资产为 1027.5＋180＝1207.5 万美元。

知识链接 2-2

《巴塞尔协议》的补充发展

巴塞尔银行委员会成立于 1974 年底，其秘书处设在总部，位于瑞士巴塞尔的国际清算银行，简称巴塞尔委员会。巴塞尔委员会目前已成为事实上的银行监管的国际标准制定者。《巴塞尔协议》的出台源于前联邦德国 Herstatt 银行和美国富兰克林国民银行(Franklin National Bank)的倒闭。这是两家著名的国际性银行，它们的倒闭使监管机构在惊愕之余开始全面审视拥有广泛国际业务的银行监管问题。Herstatt 银行和富兰克林国民银行倒闭的第二年，即 1975 年 9 月，第一个巴塞尔协议出台。从 1975 年 9 月第一个巴塞尔协议到1999年6月《新巴塞尔资本协议》(或称《新巴塞尔协议》)第一个征求意见稿的出台，再到2006年新协议的正式实施，时间跨度长达30年。几十年来，巴塞尔协议的内容不断丰富，所体现的监管思想也不断深化。

1.《新巴塞尔资本协议》的基本内容及特点

《新巴塞尔资本协议》强调三大支柱。

第一个支柱是银行的最低资本金的问题。在新框架中，委员会认为“压倒一切的目标是促进国际金融体系的安全与稳健”，而充足的资本水平被认为是服务于这一目标的中心因素。因此，对资本充足率提出最低要求仍然是新框架的基础，被称为第一大支柱。新协议对此增加了两个方面的要求。第一是要求各银行建立自己的内部风险评估机制，特别是大的银行，要求他们运用自己的内部评级系统，决定自己对资本的需求，但这一定要在严格的监管之下进行。另外，委员会提出了一个统一的方案，即“标准化方案”，建议各银行借用外部评级机构特别是专业评级机构对贷款企业进行评级，根据评级决定银行面临的风险有多大，并为此准备多少的风险准备金。一些企业在贷款时，由于没有经过担保和抵押，在发生财务危机时会在还款方面发生困难。通过评级银行可以降低自己的风险，事先预备相应的准备金。资本充足率仍将是国际银行业监管的重要角色。新协议进一步明确了资本金的重要地位 。

第二个支柱是加大对银行监管的力度。监管约束第一次被纳入资本框架之中，其基本原则是监管机构应该根据银行的风险状况和外部经营环境，要求银行保持高于最低水平的资本充足率，对银行的资本充足率有严格的控制，确保银行有严格的内部体制，有效管理自己的资本需求。银行应参照其承担风险的大小，建立起关于资本充足整体状况的内部评价机制，并制定维持资本充足水平的战略；同时监管者有责任为银行提供每个单独项目的监管。监管者的责任包括决定银行管理者和董事会是否有能力决定自己的资本需求，是否对不同的风险有不同的应对方法。监管当局应对银行资本下滑的情况及早进行干预。

第三个支柱是市场对银行业的约束。新框架第一次引入了市场约束机制，让市场力量来促使银行稳健、高效地经营以及保持充足的资本水平。新框架指出，稳健的、经营良好的银行可以以更为有利的价格和条件从投资者、债权人、存款人及其他交易对手那里获得资金，而风险程度高的银行在市场中则处于不利地位，它们必须支付更高的风险溢价、提供额外的担保或采取其他安全措施。市场的奖惩机制有利于促使银行更有效地分配资金和控制风险。新的巴塞尔协议要求市场对金融体系的安全进行监管，要求银行及时披露信息、加大透明度，也就是要求银行提供及时、可靠、全面、准确的信息，以便市场参与者据此作出判断。新框架指出，银行应及时公开披露包括资本结构、风险敞口、资本充足率、对资本的内部评价机制以及风险管理战略等在内的信息，披露的频率为至少一年一次。委员会还将于1999年底之前公布有关信息披露的指导文件。通过新的巴塞尔协议，市场对银行的约束能够更加有利。

2.《新巴塞尔资本协议》对我国银行业风险资本监管的意义

1) 新的最低资本要求使中国银行行业资本金不足的问题更加突出

我国四大国有银行的资本金不足问题尤其明显，银行不良资产的累积是重要原因。按照市场规则，解决资本金不足的根本途径还是控制高风险的资产和业务，提高资产质量。在逐渐走向开放的国内金融市场中，资本金不足会影响我国银行与外资银行竞争的能力。

2) 内部评级法的提出促使我国着手建立完善的银行内部风险评级体系

内部风险评级体系是新资本协议的核心之一，而这也是中国银行业风险管理较为薄弱、发展较为落后的环节。与先进的国际性银行相比，我国许多商业银行在评级方法、评级结果检验和评级制度建设上都存在着相当的差距。新协议的出台可为解决这些问题，更好地管理银行风险资本提供起点和基础。

3) 对银行风险管理范围的扩充引导从单一的信用风险管理转向全面风险管理

当前，我国的银行风险管理还是以信用风险管理为主，对市场风险和操作风险的监管缺乏重视，也缺少经验。在考察银行资本充足水平时，应综合考虑新协议提出的三类风险，推行全面风险管理的理念，真实反映银行资本的风险状况，为风险监督决策提供更可靠的依据。

2.3　我国商业银行资本的管理

对我国商业银行的资本进行有效的管理、提高商业银行的资本充足率、合理调整资本结构、降低商业银行的风险，既是商业银行抵御风险的需求，也是我国金融行业稳定发展的前提。

2.3.1　我国《商业银行资本充足率管理办法》对资本充足率的规定

1. 改变附属资本的计算范围

在《商业银行资本充足管理办法》中专项准备不再计入附属资本，但同时将可转债和长期次级债务纳入附属资本。但是，长期次级债务纳入附属资本的金额不得超过核心资本的50%。

2. 调整了风险资产的权重

《商业银行资本充足管理办法》使用外部信用评级公司的评级结果确定商业银行境外债权的风险权重；取消了对国家特大型企业、国家大型企业、非银行金融机构的优惠风险权重；取消了土地房屋产权、居住楼宇、动产物业抵押贷款的优惠风险权重。

3. 计提市场风险资本

新《商业银行资本充足管理办法》规定交易总头寸高于表内外总资产的10%或超过85亿人民币的商业银行必须计提市场风险资本，并规定了包括利率风险、股票风险、外汇风险、商品风险以及期权风险在内的市场风险的计算标准法。

资本充足率的计算公式如下：

资本充足率＝(资本－扣除项)/(风险加权资产＋12.5倍的市场风险资本)

知识链接 2–3

中国商业银行资本充足率的现状

中国商业银行的资本充足率大多刚刚达到8%的规定标准，有些甚至比标准还低。自1998年以来，中国采取了注资、剥离不良资产等一系列措施来充实和提高四大国有商业银行的资本充足率。由于四大国有商业银行存在国家对其承担无限责任的产权制度，伴随银行资产的扩张，资本充足率问题又随之凸现。2000年，四大国有商业银行的平均资本充足率进一步下降到4.63%，2002年底，四大国有商业银行平均资本充足率为6%。除中国银行的资本充足率达8.20%外，其余3家银行均低于《巴塞尔新资本协议》8%的监管标准。2003年底，国家为中国建设银行和中国银行注入450亿美元的资本金。2005年4月国家又为中国工商银行注资150亿美元。随着2003年和2005年国家对3家国有商业银行进行的财务重组共注资600亿美元，使这3家国有商业银行的资本充足率水平得到大幅度提升，分别达到12%、8.60%和9.10%。中国建设银行在资本充足率提高的同时还获得IPO资格，并募集92亿美元。

相对而言，非国有的商业银行很多仅仅才超过8%的警戒线，仍处于比较危险的边缘。比如，2005年，浦发银行资本充足率仅仅8.04%。甚至有些商业银行严重低于《巴塞尔新资本协议》要求的水平。比如，2005年深圳发展银行资本充足率才3.70%。

根据上述国内商业银行资本充足率现状可以想象，中国银行业全面对外开放时，中国商业银行资本金缺口有多大。根据新规定，要达到8%的最低资本要求，则资本金缺口在1.7万亿元左右；如果要达到10%的稳健水平，则资本金缺口在2万亿元左右。按照《巴塞尔新资本协议》的计算方法，我国商业银行的资本充足率将更低，资本充足率问题更严重。

2.3.2 增加商业银行资本的方法

商业银行的资本筹措是满足银行对其资本金需要量的重要环节，主要方法有从银行外部筹措和从银行内部筹措两种方式。

1. 从银行外部筹措资本

商业银行大量的资本是从外部筹措的，其方式主要包括发行股票、资本性债券与票据。

1) 发行普通股

这种筹措方式对商业银行来说具有以下优点。

(1) 有固定的股息负担，商业银行具有主动权和较大的灵活性。

(2) 没有固定的返还期，不必向股东偿还本金，银行可以相对稳定地使用这部分资本。

(3) 发行比较容易。尽管收益不固定，但一般情况下其收益率要高于优先股和附属债券，而且股息收益随通货膨胀的增加而增加，因而具有保值功能，所以普通股更容易为投资者所接受。

不过，商业银行通过发行普通股筹资也有缺陷。

(1) 影响原有股东对银行的控制权与获得的收益率。因为通过普通股筹资将增加银行普通股股东的数量，稀释了原有股东所拥有的控制权和收益率。从而使原有股东、特别是原有大股东对银行的控制权减弱。并且由于新增资本并不会立即带来银行赢利增加，就使得每股所分得的股息减少，因而银行通过普通股筹资时，可能会遭到原有银行股东的反对。

(2) 普通股的发行成本与资金成本相比较高，会给银行带来一定的经营管理上的压力。一般地说，由于普通股的影响较大，各个国家的有关管理当局对普通股票的发行限制较为严格，需要满足各种有关条件，这就导致银行的资本发行成本较大。另外由于普通股的风险较大，在正常经营状况下，银行对普通股股东支付的股利通常要高于对债券和优先股收益的支付。

2) 发行优先股

从银行经营管理者的角度看，通过发行优先股筹措资本至少有以下优点。

(1) 既可以使银行筹措到所需资金，又可以避免由于新增股东而分散对银行的控制权和减少普通股股东的收益率，并有利于减缓普通股股价的下跌。

(2) 其股息不是绝对固定的债务负担。当银行当年利润不足以派息时，某些类型的优先股，如“非累积性的优先股”，则可以不必支付股息(并且也无权在下期赢利中要求支付)，而在进行破产清算时，如果银行没有剩余资金，也可以不必偿还这部分资本。同时，发行优先股的成本较低，对银行经营管理压力相对较小。

(3) 可以使银行获得财务杠杆效应。这种筹措资本的方式在商业银行经营状况较好时，可使普通股的收益增加，进而给普通股股东带来更高的收益。

优先股可以为商业银行的普通股股东带来明显的好处，一旦需要增加资本金时，银行首先想到的是增加优先资本，如优先股。

但银行通过发行优先股筹集资本也有缺点。

(1) 优先股的使用减少了银行经营的灵活性。由于多数类型优先股的股息是比较固定的，不论银行的经营状况如何，银行都要对优先股本的股东支付股利。在银行赢利状况不好的情况下，将会使银行负担加重。

(2) 一般来说，优先股的股息支付要求比资本性债券和票据的收益支付要求更高，因此，发行优先股的资金成本比发行资本型债券和票据的资金成本要高。加之许多国家规定，银行对优先股支付的股息是税后列支，而其他债务资本的利息可以在银行税前列支，这使得优先股的实际成本率大大高于其他债券资本的实际成本率。

(3) 银行过多地发行优先股会降低银行的信誉。这类资本属于债务型资本，或多或少地带有借入资本的性质与特征，对商业银行的保障程度不高。如果发行得过多，致使普通股在银行资本总量中所占比重下降，商业银行的信誉就会受到削弱。因此，商业银行一般不敢过分加大优先股在银行资本金中的比例，而金融监管当局也会对其加以控制，以保证银行业的稳健经营。

3) 发行资本票据和债券

通过发行资本票据和债券筹资的有利之处如下所述。

(1) 与发行优先股一样，通过发行资本型票据和债券筹集资本，对原有普通股股东的控制权与收益率的影响不大。并且在银行经营状况较好时，可以为普通股股东带来财务杠杆效应，使普通股股东的收益率有较大的增长。

(2) 通过发行资本型票据和债券筹集资本，其资本发行成本和银行的经营成本都比较低。一般各国金融管理当局对资本型票据和债券的发行和管理限制较少，发行手续比较简便、发行成本较低。并且银行通过资本型票据和债券筹集的资金，一般可以不必保持存款准备金和参加存款保险，这就使商业银行的经营成本相对降低，而其所需支付的利息可以在银行税前列支，又进一步降低了银行的经营成本。

该方式也有 定的局限性。

(1) 与股票资本尤其是普通股股票相比，资本型票据和债券这类债务型资本不是商业银行的“永久性”资本，有其一定的偿还期限，因此也就限制了银行对这类资本的使用。

(2) 资本型票据和债券的利息是银行的一种固定负担，如果银行赢利状况不好，商业银行不仅不能对其支付利息，而且过大的债务负担容易导致银行破产，因此这种筹资方式的经营风险比较大。基于此种原因，各国银行管理当局对这类债务型资本在商业银行的资本总额中所占的比例均有严格的规定，有的甚至还将其排斥在银行资本金之外。因此银行不能过多地采用这种方式来筹集资本金。

2. 从银行内部筹措资本

从银行内部筹措资本主要是通过留存盈余的方式进行的。留存盈余指商业银行的税后利润扣除优先股股息、普通股股息之后的余额。其优点如下所述。

(1) 商业银行只需将银行的税后净利转入留存盈余账户即可增加银行资本金，从而节省了商业银行为筹措资本所需花费的费用，简单易行，因此被认为是商业银行增加资本金的最廉价的方法。

(2) 银行留存盈余作为未分配利润保存在银行，其权益仍为普通股股东。也就是说，银行股东在收到股息以后又将其投入银行，并且股东不必为这部分收入缴纳个人所得税。同时，由于不对外发行普通股股票，普通股股东不会因此而遭受控制权的损失。因而这种筹集资本金的方式在很多情况下对普通股东特别有利。

但是，银行留存盈余的权益人是普通股股东。因而这种募集资本金的方式牵扯到银行所有者的利益，是一个比较复杂、敏感的问题。另外，通过留存盈余方式增加银行资本金不会使普通股股东遭受控制权的损失，但是过多的留存盈余可能会带来银行普通股股价的下跌，致使投资者对投资于银行的市场价值产生怀疑，从而对银行未来发展造成影响。因此，商业银行需要根据具体情况来确定留存盈余的比例大小以及通过留存盈余获得银行资本金的合理数量。

3. 我国商业银行提高资本充足率的对策

目前，困扰我国商业银行的最大问题是银行资产的巨额呆坏账，导致整体资本充足率偏低。如何提高资本充足率、降低信用风险，可以说是我国银行业的当务之急。

1) 建立风险管理机制，提高风险防范能力

在中国经济转型的过程中，商业银行的可持续发展能力需要在公司价值最大化的理念下建立科学的风险管理机制。这是因为资本充足率与风险资产相联系，商业银行要提高资本充足率，有效控制信用风险是重要的途径。为此，应从以下两个方面着手解决：首先，完善风险管理的法律体系《商业银行法》应充分发挥其风险管理的功能，按照《巴塞尔新资本协议》的要求，从风险管理组织体系、内部风险评级以及不良资产管理等方面规范商业银行风险管理行为，鼓励商业银行向现代风险管理机制转变。其次，着手建立完善的银行内部风险评估机构。从国际性大银行的经验来看，内部评级对于信用风险的管理有重要作用，它可以为金融工具价格的决定提供重要依据、为管理者风险决策提供参考。

2) 加快对不良资产的处置，降低信用风险

中国商业银行由于其内在机制上的原因，导致了大量不良贷款的发生，背上了沉重坏账、呆账负担。中国银行业监督管理委员会统计，截至 2007 年第一季度末，中国商业银行不良贷款余额达 12 455.70 亿元，不良贷款率为 6.63%。其中，包括国有商业银行和股份制商业银行在内的中国主要商业银行不良贷款余额为 11 614.20 亿元，不良贷款率为 7.02%。中国商业银行存在的大量不良资产严重影响了其经营创利能力，制约着金融体制改革整体推进步伐。强化商业银行不良资产管理既是落实《巴塞尔新资本协议》的要求，主动适应资本约束的必然选择，又是实施全面风险管理的重要举措。对此，银行自身应该进一步建立科学的贷款评估体系，提高从业人员素质，减少不良贷款的产生。与此同时，拓展中间业务和表外业务，增加银行营业利润，用以化解和冲销现有不良资产。

知识链接 2-4

14 家上市银行稳健性排名：北京银行最好

对风险的控制是银行赢利增长的前提和保障。金融危机后，银行资产的稳健性成为投资者愈来愈关心的问题。

衡量银行的稳健性，即衡量其资产质量的好坏，主要参考指标包括银行的资本充足率(包括资本充足率和核心资本充足率)、不良贷款控制水平、拨备覆盖率水平以及流动性(包括贷款集中度以及存贷比等)。

根据这 4 项指标，《投资者报》数据研究部对 14 家上市银行的资产质量进行综合评估排名。最终，北京银行凭借其较高的资本充足率和核心资本充足率等综合指标，成为 14 家上市银行中资产质量最优、稳健性最强的银行，兴业银行以微弱差距位居次席。

1. 资本充足率：北京银行最高，深圳发展银行最低

衡量银行资产质量的一个重要指标是其资本充足率和核心资本充足率。

所谓的资本充足率，指资本总额与加权风险资产总额的比例。

银监会副主席王兆星 2009 年 12 月撰文明确表示，目前银监会要求中小银行的最低资本充足率为 10%，而对大型银行的最低资本充足率要求为 11%。

截至2009年年末，14家上市银行的平均资本充足率为11.27%。其中，北京银行资本最为充足，其资本充足率达到14.35%，核心资本充足率为12.38%。但深圳发展银行资本充足率最低，仅为8.88%，资本充足率一直困扰着其业务拓展。根据深圳发展银行年报，截至2009年年底，其核心资本充足率和资本充足率距离监管要求仍有一定的差距。

综合资本充足率和核心资本充足率，给予这两项指标各50%的权重，则在14家上市银行中，北京银行的资本最为充足，其次为南京银行，国有大行工商银行、建设银行、交通银行则分别居于第三位至第五位。

相对而言，深圳发展银行的资本充足率最低，华夏银行居于倒数第二，招商银行居倒数第三。

2. 不良贷款控制：兴业银行最优，南京银行最差

衡量银行的资产质量，除了资本充足率外，另一项重要的指标就是其不良贷款控制水平，这主要包括不良贷款同比增长率和不良贷款率两个子指标。

从不良贷款控制水平来看，2009年，14家上市银行的不良贷款率控制比较好，大多数银行都实现了不良贷款余额和不良贷款率的双降。

从不良贷款余额情况来看，截至2009年年末，14家上市银行中有10家银行的不良贷款余额同比出现下降，降幅最大的为工商银行，下降15.74%。此外，降幅超过10%的银行还有中国银行、建设银行和浦发银行。与之相对，宁波银行、深圳发展银行、南京银行和招商银行4家银行的不良贷款余额则不降反升。

此外，从不良贷款率来看，14家上市银行中，除深圳发展银行的不良贷款率维持在0.68%，较2008年没有改变之外，其余13家上市银行2009年的不良贷款率均出现了不同程度的下降。其中，兴业银行的不良贷款率最低，只有0.54%。相对而言，工商银行、中国银行、建设银行等国有大行的不良贷款率则偏高，均在1.50%左右。

综合不良贷款余额同比增幅和不良贷款率水平来看，截至2009年年末，上市银行不良贷款控制最好的是兴业银行，其不良贷款率在14家银行中最低，且不良贷款余额同比也下降了8.60%。此外，浦发银行、民生银行的不良贷款控制也不错，在14家银行中居于第二、三位。而南京银行的不良贷款控制最差，其2009年不良贷款余额大幅上升24%且不良贷款率也高于1%。

3. 拨备覆盖率：兴业最高，中信居末

银监会副主席王兆星曾撰文指出，目前，银监会把拨备覆盖率要求从过去的100%提高到130%，现在又进一步提高到150%，其意图在于在信贷扩张和银行赢利较好的时期，要求银行多将赢利转化为资本和拨备以抵御未来的潜在风险，使银行体系更加安全、稳健。

从拨备覆盖率来看，2009年14家上市银行中，除中信银行拨备覆盖率为149%外，其余13家银行的拨备覆盖率均超过150%。其中，兴业银行、招商银行、浦发银行、北京银行和民生银行5家银行的拨备覆盖率均超过200%，兴业银行拨备覆盖率最高，达到254.90%。

4. 流动性：建行最高，深圳发展银行最低

衡量银行资产质量高低的指标还有流动性，主要涉及的指标包括贷款集中度及存贷比。

存贷比即银行贷款占存款的比例。存贷比越高表明银行可供放贷的资金则越少，流动性也越差。目前监管层对存贷比设定的红线为75%。

截至2009年年末，除中信银行、深圳发展银行和民生银行的存贷比超过监管红线外，其余11家银行的存贷比均控制在75%以内。其中，中信银行的存贷比最高，为79.62%，北京银行的存贷比最低，仅为58.90%。

此外，银行的贷款集中度反映的是银行分散风险的能力。按照最大10家贷款客户的贷款比例排行，14家上市银行的贷款集中度北京银行最高，建设银行最低。

综合贷款集中度及存贷比两项反映银行流动性的指标，给予两个指标各50%的权重，则14家上市银行中，流动性最好的为建设银行，最差的为深圳发展银行。

5. 稳健性：北京银行居首，华夏垫底

银行在实现赢利增长的同时，控制好其潜在风险、提高稳健性是保证银行未来业绩持续增长的前提条件。因此，《投资者报》数据研究部将反映银行稳健性的四项指标进行了综合对比。

在评估体系中，考虑到不良贷款控制对赢利有直接影响，因此所设权重最高，为35%；资本充足的评

估占30%权重；拨备覆盖水平的评估所占权重略低，为25%；此外，贷款集中度和存贷比对赢利的影响相对间接，所设评估权重各为5%。

通过对银行资产质量的综合评估，《投资者报》数据部分析发现，目前，14家上市银行中，北京银行的稳健性最高，兴业银行以微弱差距居次席，华夏银行的稳健性最低。

其中，北京银行得分最高，主要依赖于其较高的资本充足率和核心资本充足率等综合指标；而华夏银行得分最低则因为其不良贷款比例偏高、核心资本充足率较低等多种因素。

14家上市银行2009年稳健性排行榜见表2-6。

表2-6　14家上市银行2009年稳健性排行榜

	指标	资本充足水平		不良贷款控制		拨备覆盖率	流动性风险		稳健性
	权重	15%	15%	10%	25%	25%	5%	5%	
证券代码	证券简称	资本充足率	核心资本充足率	2009年不良贷款同比增长率	不良贷款比例	不良贷款拨备覆盖	最大十家客户贷款比例	存贷比	综合评分
601169.SH	北京银行	14.35%	12.38%	−6.79%	1.02%	215.69%	44.42%	58.94%	7.33
601166.SH	兴业银行	10.75%	7.91%	−8.60%	0.54%	254.93%	38.71%	71.90%	7.33
600000.SH	浦发银行	10.34%	6.90%	−11.96%	0.80%	245.93%	25.04%	71.71%	6.63
600036.SH	招商银行	10.45%	6.63%	0.19%	0.82%	246.66%	28.82%	73.69%	6.11
600016.SH	民生银行	10.83%	8.92%	−6.12%	0.84%	206.04%	34.01%	76.77%	5.83
601009.SH	南京银行	13.90%	12.77%	24.10%	1.22%	173.74%	37.41%	64.00%	5.19
601398.SH	工商银行	12.36%	9.90%	−15.74%	1.54%	164.41%	20.90%	59.50%	4.90
601939.SH	建设银行	11.70%	9.31%	−13.77%	1.50%	175.77%	18.94%	60.24%	4.90
002142.SZ	宁波银行	10.75%	9.58%	43.01%	0.79%	170.06%	33.78%	69.40%	4.16
601328.SH	交通银行	12.00%	8.15%	−1.94%	1.36%	151.05%	22.15%	71.97%	3.95
601988.SH	中国银行	11.14%	9.07%	−14.55%	1.52%	151.17%	28.00%	70.30%	3.83
601998.SH	中信银行	10.14%	9.17%	11.95%	0.95%	149.36%	39.52%	79.62%	3.71
000001.SZ	深圳发展银行	8.88%	5.52%	26.71%	0.68%	161.84%	40.85%	79.08%	3.15
600015.SH	华夏银行	10.20%	6.84%	−0.25%	1.50%	166.84%	33.99%	70.97%	2.98
	平均值	11.27%	8.79%	1.87%	1.08%	188.11%	31.90%	69.86%	—

（资料来源：杨秀红．14家银行稳健性排名：北京银行最好．投资者报，2010，18期．）

知识链接2-5

资本充足率的影响因素分析

无论中外，银行的主要业务仍是信贷，信贷的主要风险仍是信用风险，因此，可以说信用风险是我国银行业面临的最大风险。

1．不良贷款对资本充足率的影响

中国商业银行不良贷款比率高、余额大，是造成风险资产过高、资本充足率低下的最主要原因。不良贷款的风险权重很高，由此得出的风险资产则相对较大，那么资本充足率可想而知就低了，而不良贷款风险最主要的就是信用风险。

大量的不良资产是影响国内商业银行资本充足率提高的一个重要因素。一直以来，不良资产问题是制约中国商业银行进一步加快发展速度、提升市场综合竞争能力的关键所在。由于不良贷款率一直居高不下，不良资产消化难度大、成本高的现实，使得国有商业银行在资金运用上捉襟见肘。作为资本扣减项的呆账贷款，其对资本充足率的影响举足轻重。较高的不良贷款比率会增大风险资产占比。大量呆账贷款的存在则直接抵消了资本的增加，降低了资本充足率，加大了银行的信用风险。

2. 风险资产结构和风险资产数量对资本充足率的影响

在中国商业银行中，信贷资产中对公贷款约占银行总信贷的90%左右，成为推动风险资产快速增长的主要动力。中国商业银行的资产投向比较单一，信贷资产占总资产的比重较高。其中中国的四大国有商业银行的贷款占整个资产的55%左右。高风险权重资产占比过大，资本补充又非常有限，导致资本充足率不断趋于下降。商业银行总规模不变的前提下，通过调整商业银行的资产组合，选择风险权数小的资产来达到相对缩小分母的目的，而提高商业银行的资本充足率。若资本充足率一定，那么就要选择风险资产的结构和调整风险资产的数量，以达到信用风险的最小，保证资本充足率的稳定。

资本充足程度直接决定了银行业金融机构的最终清偿能力和抵御各类风险的能力。受资本充足率调整的影响，各商业银行应合理调整信贷结构，向收益率高、风险权重低的资产倾斜，主要是对新增贷款严格把关，控制风险资产的增长速度，降低信用风险。

3. 资本金对资本充足率的影响

在国有商业银行的资本构成中，主要是核心资本，但这些核心资本又大部分占压在变现能力弱的固定资产上或用来发放风险大的中长期贷款，而且核心资本不多。中国国有商业银行的不良贷款率达20%～30%，已超过了现有银行的全部资本，应收利息总量也相当大。金融资产管理公司虽然收购了国有商业银行的一些不良贷款，但新的不良贷款又在不断产生。因此，可以说国有商业银行的资本金名存实亡。和核心资本相比，银行的附属资本相对很少，仅按规定提取少量的呆账准备金和发行少量的金融债券。

一家银行面临的风险越大，它所持有的资本就应越多。同时，资本是一个银行成长的调节器。从发达的金融市场看，银行监管机构和金融市场本身都要求银行贷款及其他风险资产的增长大体与资本的增长相匹配。存贷款增长过快的银行将从市场及监管当局那里收到信号，必须放慢发展速度或增加资本金，从而有助于保证每一家银行的成长和发展。资本和资本充足率是成正比关系的。因此，通过控制和保障商业银行的资本金的来源和数量，有效利用资本金，保证商业银行资本充足率达到安全标准，就可以有效地把信用风险控制在一定范围内。

(资料来源：http://baike.baidu.com/view/79846.htm)

案例分析

日本金融再生委员会1999年5月23日正式宣布，总部设立在大阪的地方银行——幸福银行破产，由政府接管。这是自日本金融破产法案生效以来第二家宣告破产倒闭并由金融再生委员会委任破产管理人的地方银行。金融当局表示，在稽核幸福银行的账户后发现，截至1998年9月，该银行资本亏损达到569亿日元，包括所持的证券的亏损；到1999年3月底，自有资金率只有0.50%。幸福银行有50年的历史，在日本国内有110家分支机构，2 000多名员工。过去三年一直亏损，日本金融监管部门曾要求该银行立即增加资本，该银行总裁江川笃明也提出动用私人财产挽救银行，但该银行终究还是逃脱不了倒闭的厄运。

试分析：从日本幸福银行的破产分析商业银行资本对银行生存的重要性。

小　　结

商业银行资本就是银行投资者为了正常的经营活动及获取利润而投入的货币资金和保留在银行的利润，是商业银行防范风险损失的最后准备，为商业银行提供了经营的基础与物质条件，同时也是金融监管当局监管商业银行的重要手段。商业银行的资本在其日常经营和保证长期生存能力中起到了关键的作用。1988年《巴塞尔协议》及其补充协议对商业银行资金充足率的最低要求作了基本的规定，我国《商业银行资本充足率管理办法》也对资本充足率作了规定。提高我国商业银行的资本充足率，是当前面临的重要任务。既要想方设法筹集银行资本，又要建立风险管理机制、降低信用风险，达到提高资本充足率的要求。

习　　题

一、单项选择题

1．资本的扣除项不包括下列哪一项(　　)。

A．在其他银行资本中的投资　　B．已对非银行金融机构资本中的投资

C．已对非自用不动产的投资　　D．呆账损失中已冲减的部分

2．权重为100%的风险资产有(　　)。

A．对评级为AA-及以上国家和地区政府投资的公用企业的债权

B．金融资产管理公司为收购国有银行不良贷款而定向发行的债券

C．对其他公用企业的债权

D．对个人住房抵押贷款

3．1988年通过的《巴塞尔协议》规定，商业银行一级资本与加权风险资本的比例不得低于(　　)。

A．12%　　B．8%　　C．4%　　D．5%

二、判断题

1．核心资本是由股本和公开储备两部分组成的。　(　　)

2．商业银行的资本越多，抵御风险的能力越强。　(　　)

3．资产总值减去负债总额后的净值叫做所有者权益。　(　　)

4．银行的长期负债也可作为资本金的组成部分。　(　　)

三、简答题

1．银行资本对银行的经营有什么作用？

2．银行资本筹集的主要渠道有哪些？

3．《巴塞尔协议》对世界银行业的影响有哪些？

4．影响我国商业银行资本充足率的因素主要有哪些？

四、论述题

假定某银行需要筹措 2 000 万美元的外部资本。该银行目前已经发行的普通股为 800 万股，总资产将近 10 亿美元，权益资本 6 000 万美元。如果该银行能够产生 1 亿美元的总收入，而经营费用超过 8 000 万美元。现在该银行可以通过三种方式来筹措所需要的资本：

第一种，以每股本 10 美元的价格发行 200 万股新股；

第二种，以 8%的股息率和每股 20 美元的价格发行优先股；

第三种，以票面利率为 10%来出售 2 000 万美元的次级债务资本票据。

如果银行的目标是使每股收益最大化，那么应选择何种方式来筹措所需的资本？

实 训 项 目

1．实训内容

以某个商业银行为例，了解该银行的资本构成情况，编制出该银行的资产负债表，计算该银行当前的资本充足率，找出提高该商业银行资本充足率合适的办法。

2．实训要求

(1) 实训项目以协作小组形式完成。每小组 3～4 人为宜，确定小组负责人。

(2) 事先制订调研计划。计划内容要详细周密、切实可行。

(3) 实地调研，掌握第一手资料。

(4) 撰写调研报告。报告内容要体现出调查分析的过程，提出切实可行的建议。

项目3　商业银行负债管理

工作任务描述

商业银行的负债业务是商业银行资产业务和其他业务的基础，商业银行的负债结构主要由存款业务和非存款业务两部分组成，存款始终是商业银行的主要负债和经常性的资金来源。本项目的主要任务包括商业银行的负债业务的认识、传统存款业务与创新存款业务的分析比较、如何管理存款业务与非存款业务，通过这些任务弄清负债业务的含义、掌握负债业务的构成、弄清传统存款业务与创新存款业务主要有哪些、熟悉存款成本的构成与定价、了解金融债券与存款的差异。

工作任务	工作要求
认识商业银行的负债业务	(1) 弄清负债业务的含义 (2) 掌握负债业务的构成
分析比较传统存款业务与创新存款业务的区别与内在联系	(1) 调查不同商业银行的存款业务 (2) 找出创新存款业务的创新点及发展趋势
知道如何管理存款业务与非存款业务	(1) 熟悉存款成本构成与定价 (2) 了解金融债券与存款的差异

知识概览

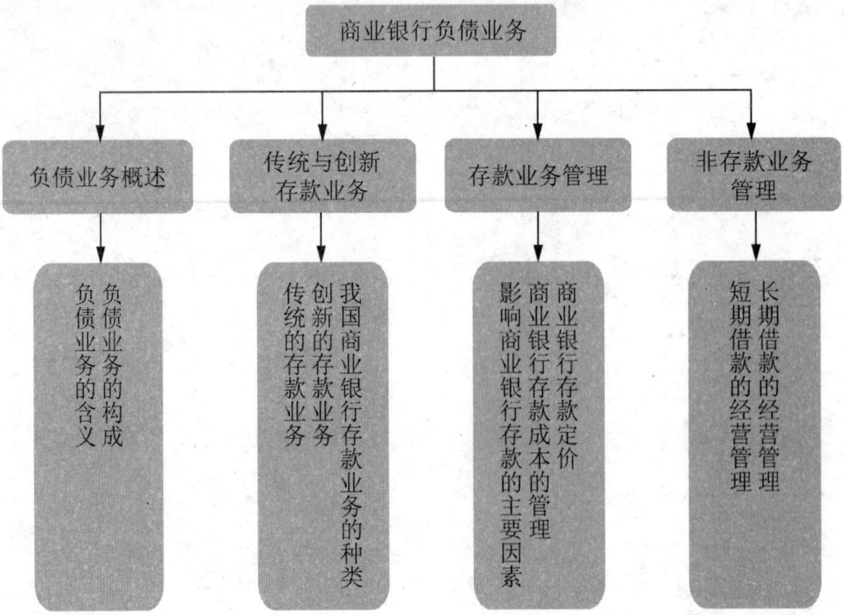

学习目标

知识目标	能力目标	学习重点和难点
(1) 认识商业银行的负债业务 (2) 掌握商业银行传统存款业务与创新存款业务 (3) 存款业务与非存款业务如何管理	(1) 了解商业银行负债业务的构成 (2) 熟悉商业银行的各种存款业务 (3) 掌握存款成本构成与定价、金融债券与存款的差异	(1) 商业银行负债业务的构成 (2) 传统存款业务 (3) 存款成本构成与定价

导入案例

历史上最大的银行倒闭案：华盛顿互惠银行

华盛顿互惠银行总部位于西雅图，是美国最大的储蓄银行，拥有 3 070 亿美元资产和 1 880 亿美元存款。其资产额远高于 1984 年遭关闭的伊利诺伊州大陆国民银行和 2008 年 7 月被政府接管的印地麦克银行，这两家银行的资产额分别为 400 亿美元和 320 亿美元。

美国联邦监管机构于 2008 年 9 月 25 日接手华盛顿互惠银行，并将其部分业务出售给摩根大通公司。成立于 1889 年的华盛顿互惠银行，因不堪次贷危机的重负，终于在其成立 119 周年纪念日这天成为美国历史上规模最大的银行倒闭案的主角。

分析人士认为，华盛顿互惠银行倒闭并不出人意料。该银行在次贷危机中损失惨重，信用评级机构标准普尔公司于 2008 年 9 月 24 日降低了其信用级别。自 9 月 15 日美国第四大投资银行雷曼兄弟公司申请破产保护、美国第三大投资银行美林公司被美国银行收购后，华盛顿互惠银行一直在急切地寻找买主或新的资金。

华盛顿互惠银行的住房贷款业务 2006 年开始出现问题。当年，华盛顿互惠银行房贷部门损失 4 800 万美元，而 2005 年该部门净收入则达 10 亿美元。2008 年 7 月，华盛顿互惠银行宣布今年第二季度损失 30 亿美元，这是该银行历史上最大的季度亏损额。

美国储蓄管理局于 2008 年 9 月 24 日表示，自 9 月 15 日以来，华盛顿互惠银行已有 167 亿美元存款被提取，令其没有足够的流动资金来偿还债务，并无法开展业务。

负责接手华盛顿互惠银行的美国联邦储蓄保险公司将该银行的存款业务和分支机构以 19 亿美元的价格出售给摩根大通公司。但外界目前尚不清楚这笔交易的确切结构。

联邦储蓄保险公司说，该交易不会对华盛顿互惠银行的储户和其他客户造成任何影响，也无须动用该公司的存款保险基金，从而消除了此前有关华盛顿互惠银行倒闭将耗尽存款保险基金的种种疑虑。2008 年 7 月印地麦克银行倒闭后，存款保险基金从去年底的 524 亿美元骤降至 452 亿美元，联邦监管机构因此受到多方指责。

通过收购，摩根大通公司将获得华盛顿互惠银行分布在美国 23 个州的 5 400 家分支机构。摩根大通说，此次收购将使其 2009 年每股收益增加 50 美分。这是摩根大通公司半年来第二次购买深受次贷危机困扰的金融机构。2008 年 3 月，在美国政府力促下，摩根大通公司收购了美国第五大投资银行贝尔斯登。

虽然摩根大通公司从收购华盛顿互惠银行的交易中得到好处，但这一美国历史上最大的银行倒闭案却使本已动荡不安的金融市场更加紧张。有分析人士指出，华盛顿互惠银行的倒闭提醒人们：几十年来最严重的金融危机还在延续。

(资料来源：http://view.szonline net/channel/content/2008/200809/20080927/101264.html.)

3.1 商业银行负债业务概述

3.1.1 商业银行负债业务的含义及意义

1. 商业银行负债业务的含义

商业银行的负债业务是指商业银行筹措资金、形成资金来源的业务，它是商业银行资产业务和其他业务的基础。实际上就是商业银行在业务经营活动中所产生的尚未偿还的经济义务。具体来说，是商业银行通过吸收存款、借款、发行金融债券等方式吸收资金形成商业银行资金来源的业务。

2. 商业银行开展负债业务的意义

1) 商业银行负债的数量和结构决定着商业银行资产的规模和结构

负债中存款规模的大小是商业银行资金实力强弱的主要标志，也是制约资产中贷款规模的决定性力量。同时，负债的期限结构也影响着资产的期限结构，按照期限结构对称原则，资产中贷款的短、中、长期期限结构也要与负债中存款期限结构对应，否则有可能结构不平衡，出现流动性风险。

2) 商业银行负债是商业银行实现利润的前提和基础

商业银行利润主要来源于存贷款利差，商业银行要扩大贷款规模，就要不断吸收存款，因此，负债是商业银行实现利润的前提条件及其生存发展的基础。

作为中介机构，商业银行一方面从社会上吸收闲散资金，形成存款；另一方面有把存款中的大部分贷款给客户，从中赚取利差。

3.1.2 商业银行负债业务的构成

商业银行的负债业务主要由存款负债和非存款负债两部分组成，如图 3.1 所示。

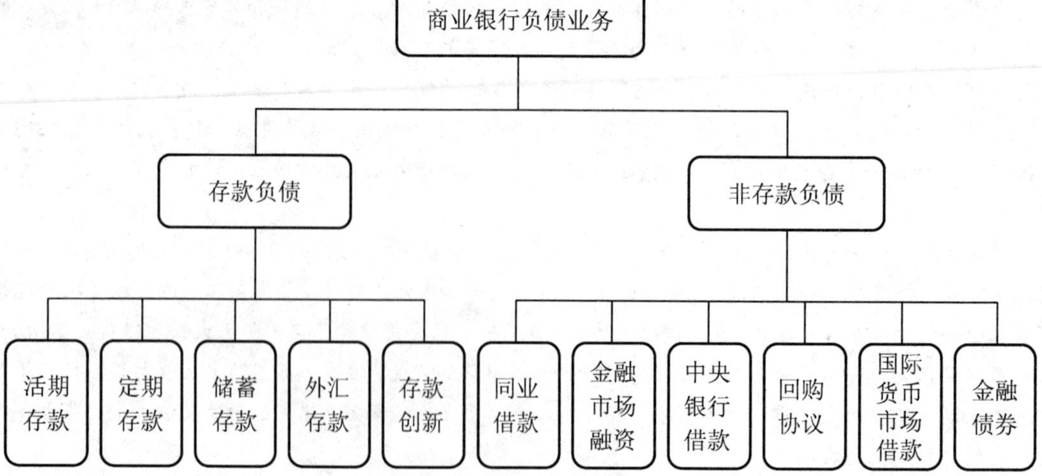

图 3.1 商业银行负债结构

1. 存款负债

存款负债是指商业银行所吸收的各种活期存款、定期存款和储蓄存款。存款负债是商业银行最主要的负债主体，约占负债总额的 70%。但是存款负债具有极大的不稳定性。因为存款是存款人暂时存放在银行的资金，何时存取、存取多少完全取决于存款人的意愿。存款是银行的被动负债，存款市场属于银行经营的买方市场。

存款负债的来源主要有以下几方面。

(1) 企业生产服务过程中暂时闲置的资金。

(2) 居民消费节余和待用资金。

(3) 派生存款，即由银行的资产业务所引致的存款。

(4) 其他存款来源，如政府部门和事业单位的周转资金、银行同业存款、代收款项等。

2. 非存款负债

非存款负债即借入负债，是商业银行主动通过金融市场或直接向中央银行融通资金。主要包括同业借款、中央银行借款、金融市场融资、国际货币市场借款、回购协议和金融债券等。

非存款负债是银行的主动负债，它属于银行经营的卖方市场。银行是否借入资金主要取决于银行经营的需要和银行经营者的主观决策。因而对银行经营者来说，借入负债比存款负债具有更大的主动性、灵活性和稳定性。

3.2 传统的存款业务与创新的存款业务

3.2.1 传统的存款业务

1. 活期存款

活期存款指无须任何事先通知，存款户即可随时存取和转让的一种银行存款。其形式有支票存款账户、保付支票、本票、旅行支票和信用证等。活期存款占一国货币供应的最大部分，也是商业银行的重要资金来源。鉴于活期存款不仅有货币支付手段和流通手段的职能，同时还具有较强的派生能力，因此，商业银行在任何时候都必须把活期存款作为经营的重点。但由于该类存款存取频繁、手续复杂、所费成本较高，因此西方国家商业银行一般都不支付利息，有时甚至还要收取一定的手续费。

活期存款一般由商业银行经营，是商业银行创造存款货币的基础。但目前在西方国家，储蓄银行和其他金融机构也能经营。活期存款的优点是取款自由、便于结算，还可以获得银行的透支和各种优惠。活期存款的利率很低，但即使如此，活期存款仍是客户的首选。

活期存款是商业银行的主要资金来源，具有以下作用。

1) 具有货币支付手段和流通手段的职能，能提高银行的信用创造能力

当存户用支票提款时，它只是普通的信用凭证；当存户用支票向第三者履行支付义务时，它就成为信用流通工具。现代社会支票是可流通转让的，一张支票可连续背书转让而完成几次支付行为，从而显示了商业银行的信用创造能力。

2) 具有很强的派生能力，能有效提高银行的赢利水平

由于活期存款存取频繁、流动性风险较大，而且还需要提供多种服务，如存取、转账、

提现和支票等，因此活期存款的营业成本较高。但银行对活期存款支付的利息很少，因此其利息成本在银行负债业务中又是最低的。虽然活期存款的平均期限很短，但在大量此存彼取、此取彼存的流动过程中，银行总能获得一个较稳定的存款余额可用于期限较长的高赢利资产。

3) 商业银行扩大信用、联系客户的重要渠道

商业银行可以充分利用活期存款账户信用扩张和派生存款的特点，扩大与客户的联系，并通过提高服务质量及业务创新争取更多的客户，提高银行的经营效率。

知识链接 3-1

活期存款或日常保留的部分现金如何管理更好

1. “溢财通”实现账户闲置资金最大化

客户只需要在开通“溢财通”功能时设定一次，就能将账户内的闲置资金自动转成招商现金增值基金或其他理财产品，从而获得增值服务和额外收益。假设张先生设定 5 000 元为账户保留最低现金余额，开通“溢财通”后，招商银行的系统将每天检查其账户余额，如账户余额高于 5 000 元，高出的资金就自动溢出申购招商现金增值基金或其他理财产品。如果张先生急需用钱，也可以随时赎回“溢财通”产品，资金将于客户提出赎回申请次日(工作日)划拨到指定的“一卡通”账户。

2. 双利理财活期存款可享定期收益

双利理财是将活期账户和通知存款账户两种账户集中起来进行管理的一种新的账户形式。其主要便捷表现为一户双利，即一个账户两种计息方式，除活期账户留存金额享受活期存款 0.72%的利率外，其余存款还可享受通知存款利率 1.62%，两者兼得收益是普通活期存款收益的 2.23 倍。假设张先生活期账户中有 60 000 元，而且一个月没有使用。在没有开立“双利理财账户”的情况下，这一个月的利息为 60 000×0.72%÷12×0.80＝28.80 元。开立“双利理财账户”业务后，假设指定活期账户留存 10 000，这一个月的利息收益为 10 000×0.72%÷12×0.80+50 000×1.62%÷12×0.80＝58.80 元。前后相差 30 元。该产品适合手中经常有较大流动资金，无暇进行自行管理，且不喜欢长期投资的客户。

3. “利添利”自动投资低风险基金

“利添利”产品将客户的活期储蓄存款与货币市场基金、短债基金等低风险基金连接，为客户进行有效的投资管理和现金管理，在实现闲置资金有效增值的同时，也不影响日常消费。假设张先生将工资账户设置为“利添利”账户，考虑到日常零星开支，发起申购余额设定为 2 000 元，发起赎回余额设定为 1 000 元。当余额高于 2 000 元时，账户将自动把多出金额于次日申购指定的基金；余额低于 1 000 元时，则发起赎回申请，赎回金额补足到 2 000 元。

4. 约定转存千元以上自动存定期

约定转存指客户与银行签订协议，只要活期账户的余额超过一定数额，银行就会在每月固定的时间将客户活期账户内的指定金额自动转为定期。目前包括工商银行、建设银行、招商银行等多家银行都开通了类似的服务，而且大多免手续费。假设张先生根据自己和家庭每个月的收入和支出情况，把 3 000 元设置为转存起点、转存期定为 1 年。只要卡内的活期存款超过 3 000 元，银行就会自动把超出的资金转为定期存款；而当需要使用定期存款的时候，银行又自动按照“后进先出”的原则，按照卡上资金的入账时间，逐一转回活期存款。如果当日把定期划到活期的金额补足，还不会损失定期利息。

2. 定期存款

定期存款是银行与存款人双方在存款时事先约定期限、利率，到期后支取本息的存款，具有存期最短 3 个月、最长 5 年、选择余地大、利息收益较稳定的特点。

存款利息随着存款期限的长短而高低不等，但都要高于活期存款。定期存款原则上不能

提前支取，客户如要提前支取定期存款，则会损失一些利息或向银行支付罚息。

对商业银行而言，定期存款在灵活性、方便性、利息成本和创造派生存款的能力等方面都不如活期存款，但其对银行经营管理却有着特殊的意义，是银行稳定的资金来源，它的资金收益高于活期存款，营业成本低于活期存款。

知识链接 3–2

定期存款可现金存，可定期转定期，可活期转定期。卡可以存，现在的储蓄卡之所以称为一卡通就是因为具备活期、定期、零存整取等各种存款方式，但是在ATM机上只显示活期。所谓定期就是指存款户在存款后的一个规定日期才能提取款，期限可以从3个月到5年，10年以上不等。一般来说，款期限越长，利率越高。提取方式有3种。

(1) 到期全额支取，按规定利率本息一次结清。

(2) 全额提前支取，银行按支取日挂牌公告的活期存款利率计付利息。

(3) 部分提前支取，提取部分按照活期计算，剩余仍按照定期。

通常情况下，定期存款利率根据年限的不同利率也不同，银行存款利率不是每年都调整的，调整是由国家根据经济运行状况随时进行的，每个银行的定期存款利息率都相同，这是由中国人民银行统一规定的。

目前最新的定期存款利率表见表3-1。

表3-1　定期存款利率表

项目	年利率
一、城乡居民及单位存款	
(一) 活期	0.50%
(二) 定期	
1．整存整取	
3个月	3.10%
半年	3.30%
1年	3.50%
2年	4.40%
3年	5.00%
5年	5.50%
2．零存整取、整存零取、存本取息	
1年	2.85%
3年	3.05%
5年	3.25%
3．定活两便	按一年以内定期整存整取同档次利率打6折
二、协定存款	1.31%
三、通知存款	
1天	0.95%
7天	1.49%

注：表中的年利率为2011年7月7日调整后的定期存款利率。

(资料来源：http://www.chachaba.com/news/tools/banks/20100804/7412.html)

知识链接 3–3

巧存银行定期存款，收获更多利息

降低利息税、加息，国家财政部和央行的“双率”齐动，对市民的理财生活产生了不小的影响。多家银行反应，银行定期存款的咨询量和办理量都大大增加。

银行人士算了一笔账：50 万元 20 年期的贷款，采用等额本息还款，按照原先优惠利率 6.12%来计算，每月还款 3 616.86 元。按照调整后的优惠利率 6.27%来计算，每月还款 3 661.35 元。两者相差 44.49 元。粗看相差不大，但是由于加息 3 次，于是不少市民动起了定息房贷的脑筋，减调利息税至 5%相当于上调利率 50 个基点。因此定期存款的收益将大幅提高。于是去年以来存款活期化的势头可能趋缓，银行定期存款重新回到百姓的视线中。

细心的投资者还是能感觉到一些变化：国内商业银行产品差异化日趋明显，个性化服务凸显，同风险不同收益银行定期存款利率也会不同。原来整齐划一的存款利率，一下子拉开了六七个档位，并且可能经常变动，投资者是否能够随“利”而动呢？连银行内部的人士都认为，像北京这些地区的市民，对利率普遍不敏感，就近存款的习惯可能短时间内较难改变。

怎样才能让银行定期存款获得最大的收益呢？对于追求低风险的普通市民来说，存款仍是不可替代的品种，存钱也要讲究技巧，可以选择“四分法”定期存款和“月月存储”的组合方式，尤其是针对金额较大的银行定期存款，完全可以拆分为等额 3 个月、6 个月、1 年、2 年等，以备对资金的不时之需。此外，还可以通过分割存款的方式规避收益风险，比如 5 万元的存款可分成两三笔资金存入银行。这样既可以根据对降息的预期选择不同的存款期限，也不会在提前支取时影响全部的定期利息。

(资料来源：http://one.pingan.com/yizhangtong Licai/Licaigushi/75550.shtml.)

3. 储蓄存款

城乡居民将暂时不用或结余的货币收入存入银行或其他金融机构的一种存款活动，称为储蓄。储蓄存款指为居民个人积蓄货币资产和获取利息而设定的一种存款。

储蓄存款是信用机构的一项重要资金来源。发展储蓄业务，在一定程度上可以促进国民经济比例和结构的调整，可以聚集经济建设资金、稳定市场物价、调节货币流通、引导消费、帮助群众安排生活。

储蓄存款基本上可分为活期和定期两种。活期储蓄存款虽然可以随时支取，但取款凭证——存折不能流通转让，也不能透支。传统的定期储蓄存款的对象一般仅限于个人和非营利性组织，且若要提取必须提前 7 天事先通知银行，同时存折不能流通和贴现。目前，美国也允许营利公司开立储蓄存款账户，但存款金额不得超过 15 万美元。除此之外，西方国家一般只允许商业银行的储蓄部门和专门的储蓄机构经营储蓄存款业务，且管理比较严格。

3.2.2 创新的存款业务

1. 存款工具创新原则

存款工具创新，是指银行根据客户的动机和需求创造并推出新的存款品种，以满足客户需求的过程。银行对存款工具的设计和创新必须遵循以下 4 条原则。

1) 规范性原则

脱离存款本质特征的设计不能称为存款工具，更谈不上创新。创新要依据银行存款所固有的功能进行设计，对不同的利率形式、计息方法、服务特点、期限差异、流通转让程度、提取方式等进行选择、排列和组合，以创造出多种多样的存款品种。

2) 效益性原则

银行存款创新的最终目的是获取利润。商业银行经营存款业务是有成本的，开发的新品种成本要以不超过原存款的平均成本为原则，创新品种应是既能满足客户要求又能满足银行供给动机的有效组合。

3) 连续性原则

商业银行在进行存款产品设计时，要根据经营环境的变化和自身规模及经营特点，在前一阶段存款工具的基础上进行开发和设计。开发创新要结合实际，注意在实践上可行，品种更新要由低级到高级保持其连续性。此外，银行的产品开发与一般工商企业产品开发不同，新产品没有专利权，不受知识产权保护，一家银行推出有市场潜力的新存款工具，很快就会被其他银行模仿和改进。只有坚持创新的连续性，才能不断推出存款新品种，适应市场的变化。

4) 社会性原则

新的存款工具的推出，不能有损于社会的宏观经济效益，应当有利于平衡社会经济发展所必然出现的货币供给和需求的矛盾，能合理调整社会生产和消费的关系，缓和社会商品供应和货币购买力之间的矛盾。

2. 主要创新存款工具

1) 活期创新存款工具

(1) 可转让支付命令账户(Negotiable Order of Withdrawal Account，NOW)，起源于1970年，由美国马萨诸塞州的一家互助储蓄银行创造。可转让支付命令账户是商业银行针对个人、非营利机构开立的支付利息的支票账户，又称付息的活期存款，具有3个特点：该账户以支付命令取代了支票，可以用来提款，经背书后也可以转让，实际上是一种不使用支票的支票账户；其次，该账户可以按平均余额支付利息。在没有这种账户时，为了获得利息，存户把钱存人储蓄账户；为了开支票付款，又要开立一个活期账户。现在合二为一，为存户带来了方便，也简化了手续。最后，该账户仅限于个人和非营利机构。既给客户提供了支付上的便利，也满足了收益上的要求，因此受到了客户的广泛欢迎。对商业银行来说，有利于吸引客户、扩大银行存款规模。

(2) 超级可转让支付命令(super NOW)账户是一种利率较高的存款账户，是可转让支付命令账户的延伸。除了具有可转让支付命令账户的特点之外，该账户开办之初法定最低开户金额和平均余额为2 500美元，且存户每月开出的支付命令的次数不限，但银行要对此收取一定的手续费。当金额低于2 500美元时，按储蓄存款计息，利率每天调整，每天复利，月底计入存款账户；对保持2 500美元或更大金额的账户，利率不受管制。对于该账户，银行必须提交存款准备金，因此，其成本要相对高一些，而且其存款对象仅限于非营利性机构。

(3) 货币市场存款账户(money market deposit account，MMDA)。1982年，美国货币市场基金会开立了货币市场存款账户这样一种新型的活期存款账户。该账户的平均余额不低于2 500美元；存款利率没有上限限制并可以浮动。一般每周按货币市场利率调整，每日复利，于月底打入该账户；如果平均余额低于2 500美元，则按储蓄存款计息；10万美元以内的存款额可得到联邦存款保险公司的保险；存款者每月可办理 6 次自动转账或电话转账，但使用支票付款不得超过 3 次，个人取款不受此限制；对存款不规定最短期限，但银行具有要求客户提取款时必须提前通知(至少 7 天)的权力；存户对象不限，个人、非营利机构、企业都可以开户，但对银行来说，个人账户不提交法定存款准备金，非个人账户则上交 3%的存款准备金。

(4) 货币市场共同基金(money market mutual fund，MMMF)账户是一种小额信托投资，目的在于广泛吸收社会闲散资金用于社会投资，20 世纪 70 年代初由美国梅瑞尔·林奇公司创立的。通过这种方式聚集起来的资金往往投资于可转让大额定期存单、商业票据、银行承兑汇票和国库券等短期凭证。参加共同基会的投资者可以随时购买股份或出售股份，即可随时变现获取一定利益(当时年收益率可达 17%左右，远远高于同期的定期存款利率)。客户除购买股份基金外，还可在商业银行开立账户。当投资者需要用款时，可通知货币市场共同基金出售其所有的股份，把款项计入银行的活期存款账户内。客户可以用支票支付 500 美元以上的款项，如遇活期支票账户余额不足时，银行可通知基金，代客户出售部分基金股份。由于该类基金具有收益率高、面额小、风险小和流动性强等特点，很受客户欢迎。

(5) 自动转账服务账户(automatic transfer service account，ATS)是 1978 年以后出现的，是由电话转账制度演变而来的。该账户的特点是客户在银行同时开立储蓄存款账户和活期存款账户，活期存款账户的余额始终保持 1 美元，其余存款存入储蓄账户以获得利息收入。当客户需要签发支票时，可用电话通知开户行，开户行随即将支付款项从储蓄账户上转移到活期存款账户上，自动转账支付款项。由于该账户可以转账，所以银行需要缴纳存款准备金，对于银行提供的转账服务，客户要支付一定的服务费。

(6) 协定账户(agreement account，AA)是自动转账服务账户的进一步创新，是一种可在活期存款账户、可转让支付命令账户、货币市场共同基金账户 3 种账户之间自动转账的账户，比自动转账账户更进了一步。协定账户是银行和客户达成的一种协议，存户授权银行可将款项存在活期存款账户、可转让支付命令账户或货币市场共同基金账户中的任何一种账户上。对活期存款账户或可转让支付命令账户，一般都规定一个最低余额，超过最低余额的款项由银行自动转入同一存户的货币市场共同基金账户上，以取得较高的利息。如果不足最低余额，也可由银行自动将同一存户在货币市场共同基金账户上的一部分款项转入活期存款账户或可转让支付命令账户，以补足最低余额。

2) 定期创新存款工具

(1) 可转让定期存单(negotiable certificate of deposits，CDs)是由美国花旗银行在 20 世纪 60 年代开办的，原是为了逃避最高利率限制和存款准备金的规定，是指资金按某一固定期限和一定利率存入银行，并可在市场上买卖的凭证，是商业银行执行负债管理政策的主要金融工具。一般情况下，可转让定期存单有国内发行和国外发行两种。其特点是存单面额固定(10 万美元～100 万美元)，不记名，利率有固定也有浮动，存期为 3 个月、6 个月、9 个月和 12 个月不等。存单可以流通转让，有比较活跃的二级市场，具有流动性和盈利性。大额可转让定期存单既可以直接向投资者发行，也可以通过证券商和经纪人采取间接方式发行。

(2) 新型指定定期存款在日本银行界颇为流行，是指存入期限在 1 年以上、最长为 3 年的定期存款。该存款在存入 1 年后只要提前 1 个月指定支取日期，任何时候都能支取。其对象为享受税收优惠的个人。

知识链接 3-4

大额可转让定期存单历史追溯

第一张大额可转让定期存单是由美国花旗银行于 1961 年创造的。其目的是为了稳定存款、扩大资金来源。由于当时市场利率上涨，活期存款无利或利率极低，现行定期储蓄存款亦受联邦条例制约，利率上限受限制，存款纷纷从银行流出，转入收益高的金融工具。大额可转让定期存单利率较高，又可在二级市场转让，对于吸收存款大有好处，于是，这种新的金融工具诞生了。大额可转让定期存款存单除对银行起稳定存款的作用、变银行存款被动等待顾客上门为主动发行存单以吸收资金、更主动地进行负债管理和资产管理外，存单购买者还可以根据资金状况买进或卖出，调节自己的资金组合。

美国的 Q 条例规定商业银行对活期存款不能支付利息，定期存款不能突破一定限额。20 世纪 60 年代，美国市场利率上涨，高于 Q 条例规定的上限，资金从商业银行流入金融市场。为了吸引客户，商业银行推出可转让大额定期存单，购买存单的客户随时可以将存单在市场上变现出售。这样，客户实际上以短期存款取得了按长期存款利率计算的利息收入。可转让大额存单提高了商业银行的竞争力，而且也提高了存款的稳定程序，对于发行存单的银行来说，存单到期之前，不会发生提前提取存款的问题。

3) 储蓄创新存款工具

(1) 个人退休金账户(individual retirement account，IRA)是美国商业银行在 1974 年为没有参加“职工退休计划”的个人创设的一种新型的储蓄存款账户。按照规定，工资收入者只要每年在银行存入 2 000 美元，其存款利率可以不受 Q 条例的限制，且可暂时享受免税优惠，直到存户退休后，再按其支取的金额计算所得税。由于退休后存户的收入减少，故这笔存款仍可按较低的税率纳税。因存期较长，个人退休金账户存款的利率也略高于一般储蓄存款。

(2) 股金汇票账户(share draft account，SDA)由美国储蓄信贷协会在 1974 年首创，兼具支票账户功能，是一种支付利息的支票账户，也是逃避利率管制的一种创新。建立股金汇票账户后，存户可随时开出提款单，代替支票来提现或支付转账。在未支付或提现前，属于储蓄账户，可取得利息收入；需要支付或提现时，便可开出提款单(支付命令书)，通知银行付款，方便、灵活又有利息收入。

3.2.3　我国商业银行存款业务的种类

1. 个人存款

个人存款又称储蓄存款，是指居民个人将闲置不用的货币资金存入银行，并可以随时或按约定时间支取款项的一种信用行为，是银行对存款人的负债，包括活期储蓄存款、定期储蓄存款、定活两便存款、个人通知存款和教育储蓄存款。

1) 活期储蓄存款

活期储蓄存款是指不规定存款期限，客户可以随时存取的存款。客户凭存折或银行卡及预留密码可在银行营业时间内通过银行柜面或通过银行自助设备随时存取现金。

在现实中，活期存款通常 1 元起存，以存折或银行卡作为存取凭证，部分银行的客户可凭存折或银行卡在全国各网点通存通兑。

活期存款按季结息，计息金额、计息时间和计息方式如下所述。

(1) 计息金额。存款的计息起点为元，元以下的角分不计利息。利息金额算至分位，分以下尾数四舍五入。分段计息算至厘位，合计利息后分以下四舍五入。除活期存款在每季结息日时将利息计入本金作为下个季度的本金计算复利外，其他存款不论存期多长，一律不计复利。

(2) 计息时间。根据《中国人民银行关于人民币存贷款计结息问题的通知》(以下简称《通知》)中规定，从 2005 年 9 月 21 日起，我国对活期存款实行按季度结息，每季度末月的 20 日为结息日，次日付息。

(3) 计息方式。《通知》中规定，除活期和定期整存整取两种存款外，国内银行的通知存款、协定存款、定活两便、存本取息、零存整取、整存零取 6 个存款种类，只要不超过中国人民银行同期限档次存款利率上限，计结息规则由各银行自己把握。银行除仍可沿用普遍使用的每年 360 天(每月 30 天)计息期外，也可选择将计息期全部化为实际天数计算利息，即每年为 365 天(闰年为 366 天)，每月为当月公历的实际天数。

《通知》中提供了两种计息方式的选择：一种是积数计息，另一种是逐笔计息。上述 6 种存款具体采用何种计息方式由各银行决定，储户只能选择银行，不能选择计息方式。

人民币存款计息的通用公式为

利息＝本金×实际天数×日利率

人民币存款利率的换算公式为

日利率＝年利率÷360

月利率＝年利率÷12

积数计息法按实际天数每日累计账户余额，以累计积数乘以日利率计算利息。目前，各家银行多使用积数计息法计算活期存款利息。计息公式为

利息＝累计计息积数×日利率

其中，累计计息积数＝每日余额合计数。

银行使用年利率除以 360 天折算出的日利率，相对于年利率除以 365 天(实际计息天数)折算出的日利率要高，实际上提高了储户的利息收益。

逐笔计息法按预先确定的计息公式逐笔计算利息。目前，各家银行多使用逐笔计息法计算整存整取定期存款利息。

计息期为整年(月)的，计息公式为

利息＝本金×年(月)数×年(月)利率

计息期有整年(月)又有零头天数的，计息公式为

利息＝本金×年(月)数×年(月)利率＋本金×零头天数×日利率

2) 定期储蓄存款

定期储蓄存款是个人在存款开户时约定存款期限，一次或分次(在约定存期内)存入本金，整笔或分期、分次支取本金或利息的一种储蓄方式。对于提前支取的定期存款，我国没有罚款规定，过去是按原存单利息计付利息，但要扣除提前日期的利息；而现在则依国际惯例全部按活期利率计息，并扣除提前日期的利息。根据不同的存取方式，定期存款分为整存整取、零存整取、整存零取和存本取息 4 种，其中整存整取最为常见，是定期存款的典型方式。

(1) 整存整取是定期储蓄的一种，指约定存期，整笔存入，到期一次支取本息的一种储蓄。50 元起存，多存不限。存期分 3 个月、半年、1 年、2 年、3 年和 5 年。存款开户的手续与活期相同，只是银行给储户的取款凭证是存单。另外，储户提前支取时必须提供身份证件，代他人支取的不仅要提供存款人的身份证件，还要提供代取人的身份证件。该储种只能进行一次部分提前支取。计息按存入时的约定利率计算，利随本清。需要注意的是，

未到期前取款时不能计息；办理整存整取一般是存单，交易凭证不能是银行卡，但个别类种银行卡除外。

(2) 零存整取是银行定期储蓄的一种基本类型，是指储户在进行银行存款时约定存期、每月固定存款、到期一次支取本息的一种储蓄方式。零存整取一般每月 5 元起存，每月存入一次，中途如有漏存，应在次月补齐，存期一般分 1 年、3 年和 5 年；零存整取计息按实存金额和实际存期计算，具体利率标准按利率表执行；零存整取开户手续与活期储蓄相同，只是每月要按开户时的金额进行续存，储户提前支取时的手续比照整存整取定期储蓄存款有关手续办理。零存整取利率一般为同期定期存款利率的 60%。

(3) 整存零取指在存款开户时约定存款期限、本金一次存入，固定期限分次支取本金的一种个人存款。存期分 1 年、3 年、5 年，存入时 1 000 元起存，支取期分 1 个月、3 个月及半年一次，由存户与银行商定。利息按存款开户日挂牌整存零取利率计算，于期满结清时支取。到期未支取部分或提前支取按支取日挂牌的活期利率计算利息。只能办理全部提前支取，不能部分提前支取。

(4) 存本取息是指个人将属于其所有的人民币一次性存入较大的金额，分次支取利息，到期支取本金的一种定期储蓄。一般 5 000 元起存，存期分为 1 年、3 年、5 年。分期付息，客户可以获得较活期储蓄高的利息收入。适用对象一般是个人客户。储户凭有效身份证件办理开户，开户时由银行按本金和约定的存期计算出每期应向储户支付的利息数，签发存折，储户凭存折分期取息。可以在开户时约定的支取限额内多次支取任意金额。利息按存款开户日挂牌存本取息利率计算，其开户和支取手续与活期储蓄相同，提前支取时与定期整存整取的手续相同。

3) 定活两便存款

定活两便存款，指客户在存款开户时不必约定存期，银行根据客户存款的实际存期按规定计息，可随时支取的一种个人存款种类。50 元起存，存期不足 3 个月的，利息按支取日挂牌活期利率计算；存期 3 个月以上(含 3 个月)不满半年的，利息按支取日挂牌定期整存整取 3 个月存款利率的 60%计算；存期半年以上(含半年)不满 1 年的，整个存期按支取日定期整存整取半年期存款利率的 60%计息；存期 1 年以上(含 1 年)的，无论存期多长，整个存期一律按支取日定期整存整取 1 年期存款利率的 60%计息。

4) 个人通知存款

个人通知存款是指客户存款时不必约定存期，支取时需提前通知银行，约定支取存款日期和金额方能支取的一种存款品种。人民币通知存款需一次性存入，支取可分一次或多次。不论实际存期多长，按存款人提前通知的期限长短划分为一天通知存款和七天通知存款两个品种，最低起存金额为 5 万元，最低支取金额为 5 万元。外币通知存款只设七天通知存款一个品种，最低起存金额为 5 万元人民币等值外汇；最低支取金额个人为 5 万元人民币等值外汇。对于个人 300 万美元(含 300 万)以上等值外币存款，经与客户协商，可以办理外币大额通知存款。在支取时按照大额外币通知存款实际存期和支取日利率(即支取日上一交易日国际市场利率－约定利差)计息。

5) 教育储蓄存款

教育储蓄存款是为鼓励城乡居民以储蓄方式，为其子女接受非义务教育积蓄资金，促进教育事业发展而开办的储蓄。教育储蓄的对象为在校小学四年级(含四年级)以上学生。存款按存期分为 1 年、3 年和 6 年三种。每一账户 50 元起存，本金合计最高限额为 2 万元。客户凭学校提供的正在接受非义务教育的学生身份证明一次支取本金和利息时，曾经在我国享受过免收利息所得税的优惠。

知识链接 3–5

关于储蓄存款利息所得税的有关规定

根据国务院颁布的《对储蓄存款利息所得征收个人所得税的实施办法》(自 1999 年 11 月 3 日起施行)规定，从中华人民共和国境内的储蓄机构取得的人民币、外币储蓄存款利息，应当缴纳储蓄存款利息所得税，适用 20%的比率税率，由存款银行代扣代缴。2007 年 8 月 15 日，利息税税率调整为 5%。2008 年 10 月 9 日，取消利息税。

2. 单位存款

单位存款是指企业、事业、机关、部队和社会团体等单位在商业银行办理的人民币存款。单位存款包括单位定期存款、单位活期存款、单位通知存款、单位协定存款和保证金存款。

(1) 单位定期存款是我国银行业的一项传统负债业务，是指企事业单位、机关团体等将短期闲置资金存入银行，并事先与银行约定存期、利率，到期支取本息的一种存款方式。吸收单位定期存款可以为银行带来大额而又较为稳定的资金来源，所以这项业务备受广大金融机构的青睐。

(2) 单位活期存款是指不约定存款期限，可以随时办理存取的，并依照中国人民银行公布的活期存款利率按季计取利息的存款。

(3) 单位通知存款是指存款人不约定存期，在支取时需事先通知存款银行的一种人民币存款。单位通知存款实行账户管理，其账户不得作结算户使用。

(4) 单位协定存款是客户按照与金融机构约定的存款额度开立的结算账户，账户中超过存款额度的部分，金融机构自动将其转入协定账户，并以协定存款利率计息的一种企业存款。

(5) 保证金存款是银行为客户对外出具具有结算功能的信用工具，或提供资金融通后按约履行相关义务，而与其约定将一定数量的资金存入特定账户所形成的存款类别。在客户违约后，商业银行有权直接扣划该账户中的存款，以最大限度地减少银行损失。单位保证金存款按照保证金担保的对象不同，可分为银行承兑汇票保证金、信用证保证金、黄金交易保证金、远期结售汇保证金四类。

3. 同业存款

同业存款又称同业存放，全称是同业及其他金融机构存入款项，是指因支付清算和业务合作等的需要，由其他金融机构存放于商业银行的款项。同业存放可分为国内同业存放和国外同业存放两方面。国内同业存放是指国内各银行还有其他金融机构为了方便结算，在各自有关的结算地点开立存款账户，是相对于接纳该笔存款的银行和金融机构而言的。国外同业存放是指各国经营外汇业务的银行，为了便于国际业务的收付，在某种货币的结算地点开立的该货币的存款账户，是相对于接纳该存款的银行和金融机构而言的。

4. 外币存款

外币存款业务与人民币存款业务除了存款币种和具体管理方式不同之外，有许多共同点：

两种存款业务都是存款人将资金存入银行的信用行为，都可按存款期限分为活期存款和定期存款，按客户类型分为个人存款和单位存款等。许多银行提供“本外币一本通”之类的存款产品，实际上已将人民币账户与外币账户的界限淡化。目前，我国银行开办的外币存款业务币种主要有 9 种：美元、欧元、日元、港元、英镑、澳大利亚元、加拿大元、瑞士法郎、新加坡元。其他可自由兑换的外币不能直接存入账户，需由存款人自由选择上述货币中的一种，按存入日的外汇牌价折算存入。

知识链接 3–6

个人存款账户实名制

为了保证个人存款账户的真实性，维护存款人的合法权益，个人在金融机构开立存款账户时。应当出示本人有效身份证件，使用实名。代理他人在金融机构开立个人存款账户的，代理人应当出示被代理人和代理人的身份证件。下列身份证件为实名证件。

(1) 居住在境内的中国公民，为居民身份证或者临时居民身份证。

(2) 居住在境内的16周岁以下的中国公民，为户口簿。

(3) 中国人民解放军军人，为军人身份证件；中国人民武装警察，为武装警察身份证件。

(4) 中国香港、澳门居民，为港、澳居民往来内地通行证；中国台湾居民，为台湾居民往来大陆通行证或者其他有效旅行证件。

(5) 外国公民，为护照。

在金融机构开立个人存款账户的，金融机构应当要求其出示本人身份证件，进行核对，并登记其身份证件上的姓名和号码。代理他人在金融机构开立个人存款账户的，金融机构应当要求其出示被代理人和代理人的身份证件，进行核对，并登记被代理人和代理人的身份证件上的姓名和号码。不出示本人身份证件或者不使用本人身份证件上的姓名的，金融机构不得为其开立个人存款账户。

(资料来源：http://pbc.gov cn/rhwg/000301f.htm)

3.3　商业银行存款业务管理

3.3.1　影响商业银行存款的主要因素

1. 宏观因素

宏观因素主要包括社会经济发展水平、中央银行的货币政策、金融监管程度以及社会保障体系和民族文化传统等。

(1) 社会经济发展水平。社会经济发展水平与商业银行存款总量成正比例关系，社会经济发展水平越高，社会生产规模越大，游离出来的闲置资金越多，商业银行的存款总量也越大，反之亦然。

(2) 中央银行的货币政策。中央银行执行扩张性还是紧缩性的货币政策，直接影响商业银行存款总量的扩大和缩小，制约商业银行存款的派生能力。

(3) 金融监管程度。监管越严，银行存款水平越难提高；反之，监管松弛，银行存款水平较容易提高，因为此时银行开发新的存款产品、灵活调整利率等受到金融当局的约束较少。

(4) 社会保障体系和民族文化传统。一般来说，社会保障体系越完善，社会储蓄水平越低，反之则储蓄水平越高；另外，民族文化传统对商业银行的存款也有影响。

宏观因素基本上属于不可控因素，单个银行一般不具备影响宏观因素的能力。宏观因素对银行同业存款水平的影响大致相等，故不会改变银行同业竞争存款的均衡和存款市场份额在各银行间的分配。

2. 微观因素

影响存款水平的微观因素主要是银行内部因素，如商业银行的实力和社会信誉、银行的经营管理水平、存款种类的创新、利率的杠杆作用等，这些微观因素基本上属于可控因素或带可控性质的因素。

(1) 商业银行的实力和社会信誉。商业银行规模的大小和信誉的高低也直接影响其吸收存款的能力。商业银行实力强、资本金充足、网点多、市场占有率高、社会信誉好，存款水平就高。

(2) 银行的经营管理水平。银行经营管理水平高，就能够为社会提供各种方便、快捷、个性化的金融服务，并以优质高效的服务带动银行存款总量的增长。

(3) 存款种类的创新。银行应不断开拓新的存款种类和形式，以满足不同层次、不同形式储户的需要，银行通过了解客户的需要，设计新型的存款种类和方式满足存款客户的潜在需要，就能吸收到更多的存款，扩大银行的资金来源。

(4) 重视利率的杠杆作用。利率是资金商品的价格，存款利率是影响存款增减变化的最直接因素。商业银行一般采取间接而非直接的方式利用利率因素来进行存款的竞争，如调整存款结构、提供金融服务等。

3.3.2 商业银行存款成本的管理

1. 存款成本的构成

存款成本是指银行在组织存款过程中所花费的开支。其相关的成本主要有以下几种。

1) 利息成本

利息成本是指银行按约定的存款利率，以货币形式的报酬付给存款人的开支，是银行存款成本的重要组成部分。存款利率有固定利率和浮动利率之分。固定利率是在一定的存款期内存款利率按约定利率计息并保持不变，我国的存款一般都按固定利率计息；浮动利率是在一定的存款期内存款利率以市场上的某种利率作基准并在一定范围浮动计息。西方国家普遍使用这种计息办法。

2) 营业成本

营业成本又称其他成本或服务成本，指除利息以外的其他所有开支，包括柜台和外勤人员的工资、广告宣传费、折旧摊提费、办公费以及为存户提供其他服务的费用等。营业成本又可进一步划分为变动成本、固定成本和混合成本等。在我国目前，由于利息成本基本由国家统一规定，营业成本就成为银行成本控制的重点。

3) 相关成本

相关成本指与增加存款有关，但未包括在以上两种成本之中的支出，主要有风险成本和连锁反应成本。风险成本是指因存款增加引起银行风险增加而必须付出的代价。例如，利率敏感性存款增加会增加利率风险，可变利率存款取决于市场利率变动的风险、保值储蓄贴补率取决于物价指数上涨的风险等；存款总额增长提高了负债与资产的比例，从而使资本风险增加等。连锁反应成本是指银行因对新吸收存款增加的服务和利息支出，而引起对原有存款增加的开支。

2. 存款成本的控制

1) 合理控制存款总量

存款成本不但与存款总量有关，而且与存款结构、单位成本内固定成本与变动成本的比率，以及利息成本和营业成本占总成本的比重都有着密切的关系，从而形成各种不同的组合。商业银行的存款规模不是越大越好，而是应根据边际成本收益曲线控制在最佳的存款量上。在这个存款量上，每一单位的成本可以获得的收益最大。而商业银行存款经营管理的目的之一就是要在不增加成本或减少成本的前提下，尽可能地争取银行所需的资金来源，在改变存款结构、创新存款品种、提高信用工具的流通转让能力、提高工作效率和服务质量等方面多下工夫。

2) 优化存款结构

在一般情况下，存款结构可以根据期限长短和利率高低来划分。通常，存款期限越长，则利率越高，相应的银行存款成本也会高；反之，期限短、利率低，银行存款成本相对较低。所以，在银行存款的成本管理上要注意几点：第一，要尽量扩大低息存款的吸收，降低利息成本的相对数；第二，要正确处理不同存款的利息成本与营业成本的关系，力求不断降低营业成本的支出；第三，要正确处理好活期存款与信贷能力的关系，增加活期存款以不减弱银行的信贷能力为条件；第四，要正确处理好定期存款与信用创造之间的关系，增加定期存款应与银行存款的派生能力相适应。

3.3.3 商业银行存款定价

1. 含义

商业银行存款定价是指银行在吸收存款时，必须确定应支付的市场价格。在市场经济条件下，产品定价是业务竞争中最重要的营销策略之一，银行存款定价也是如此。银行支付比市场价格低的价格，就会失去存款；为了增强市场竞争力而支付比市场价格高的价格，又会降低银行使用存款的预期收益。显然，存款定价将直接影响银行利润和吸收存款的规模。

2. 策略

银行在对存款进行定价时，主要从两个方面进行定价：明确定价和隐含定价。明确定价是指与利息支出相关，以货币方式支付的成本。隐含定价是指与非利息支出相关，以实物方式支付的成本，如支票服务和其他服务。由于银行有不同的存款账户，所以对银行来说，不同的存款账户的价格是有区别的。一般来说，随着利率的变化，客户对明确定价或隐含定价的偏好也会发生变化。银行一直在调整明确定价和隐含定价的定价策略。

3. 影响因素

商业银行进行存款定价时，主要考虑以下影响因素：

(1) 市场利率的水平。市场利率越高，银行存款定价时，要经常调整明确定价，即对利率、服务费和手续费进行调整。

(2) 其他银行的定价策略。其他银行是存款的竞争者，银行必须参照其他银行的定价策略。

(3) 不同存款账户的利率需求弹性。主要是评估潜在的存款价格的变化对存款流量的影响，银行能够增加存款的可能性。

(4) 存款的期限结构。对于不同期限结构的存款，在明确定价和隐含定价上应有所差异。

(5) 银行的赢利性。银行存款成本管理的目标应当是存款收益最大化和存款成本最小化，最终使银行赢利最大化。银行可以采用成本收益分析法来分析存款成本的变化。

(6) 贷款与存款成本的关系。存款成本会受到贷款政策的影响。某些贷款政策会降低存款的成本，如借款人在银行保留的补偿余额，这部分存款成本很低，而且相对来说比较稳定。

(7) 客户与银行的关系。一般来说，客户与银行的关系越密切，使用的银行服务越多，成本就越低，银行为其提供的便利就越多。

4. 方法

1) 成本加利润法

为吸收存款，银行向客户提供更多的服务使客户的收益增加，这就是银行提供的成本与向客户收取的费用之间的差额。这意味着存款服务必须有适当的定价以弥补提供这种服务引起的成本。因此，存款定价以成本加利润的方式决定。公式为

每单位存款服务的价格＝每单位存款服务的经营支出＋分配到银行存款的总支出
＋售出每单位存款的计划利润

成本加利润定价法要求精确地计算每种存款服务的成本。一种普通的方法是以银行资金成本为基础制定价格。这就要求银行计算每种资金来源的成本比率，每一成本比率乘以每种资金来源占银行资金的相对比重，加总各项乘积得出银行资金的加权平均成本。

2) 边际成本定价法

从某种意义上说，存款的边际成本定价可能要优于加权平均成本定价，因为在浮动利率体制下，利率的不断变化使平均成本的定价标准有些不合实际。如果利率下降，筹集新资金的追加成本低于平均成本，某些贷款和投资根据平均成本看起来是不赢利的，但以更低的边际成本计算则是相当赢利的。相反，如果利率上升，筹集新资金的边际成本大于平均成本，按照平均成本看应提供贷款，但按更高的边际成本看则可能是完全不赢利的，边际成本和边际成本率的计算公式为

边际成本＝总成本的变动新利率×以新利率筹集的总资金－旧利率×
以旧利率筹集的总资金

边际成本率＝总成本的变动额÷筹集的新增资金额×100%

3.4 非存款业务管理

3.4.1 短期借款的经营管理

1. 短期借款的种类

1) 同业借款

同业借款是指商业银行之间或商业银行与其他金融机构之间发生的短期资金融通活动。具体形式有同业拆借、转贴现和转抵押等。

(1) 同业拆借。同业拆借是商业银行之间的短期借款，主要用于临时性调剂资金头寸的需要，支持日常性资金周转，无须抵押和担保，只需书面协议，融资过程简单，不需缴纳法定存款准备金，是银行同业间借款的重要形式。

同业拆借的期限通常较短，多数为隔日或 7 天，大多不超过 1 个月，也有少数同业拆借的交易期限接近或达到 1 年。同业拆借的利率通常由借贷双方根据市场资金的供求状况和其他有关因素而定，一般而言，同业拆借利率决定了银行获取资金的现金成本，因此被看作整个市场的基准利率，在国际市场上，由于伦敦银行同业市场在世界货币市场中的重要地位，伦敦同业拆借利率往往被作为国际信誉较高的金融机构同业拆借利率的基础；在我国，上海银行间同业拆放利率为我国金融市场提供了1年以内产品的定价基准，具有极其重要的意义。

我国对银行间同业拆借资金用途有着严格的规定，拆入的资金只能用于解决调度头寸过程中的临时性资金困难，而不能把拆借资金用于弥补信贷缺口，长期占用，更不能把拆借资金用于固定资产投资。在拆借的金额上也有严格的规定，拆出资金以不影响存款的正常提取和转账为限，拆入资金必须以本身短期内的还债能力为度。1994 年中国人民银行下达的《商业银行资产负债比例管理暂行监控指标》规定：拆借资金余额与各项存款相比不得超过 4%，拆出资金与各项存款余额相比不得超过 8%。这是现阶段我国同业拆借规范化发展所必须坚持的比例指标。

(2) 转贴现。转贴现是商业银行在发生临时性支付准备金不足时，将已承兑贴现未到期的商业票据在二级市场上转售给其他商业银行，以取得资金融通。转贴现率的确定，既可以由双方协商决定，也可以按贴现率为基础或参考再贴现率。

(3) 转抵押。转抵押是商业银行在准备金头寸不足时，可将发放抵押贷款而获得的借款客户提供的抵押品再次向其他银行申请抵押贷款，以取得资金。

2) 向中央银行借款

商业银行资金头寸不足时，可以向中央银行申请借款，但是商业银行一般只把向中央银行借款作为融资的最后选择，只有在通过其他方式难以借到足够的资金时，才会求助于中央银行，这也是中央银行被称为“最后贷款人”的原因。商业银行向中央银行借款有再贴现和再贷款两种形式。

(1) 再贴现。再贴现是指商业银行资金紧张，周转发生困难时，可将贴现所得的未到期商业票据，向中央银行申请再次贴现，以获取现款。在票据流通发达的国家，再贴现是商业银行向中央银行借款的主要途径。

除起到融通资金的作用外，再贴现作为中央银行执行货币政策的重要工具之一，还可以起到扩张或收缩社会信用的作用。当中央银行需要收缩银根，抑制经济过快扩张时，就可提高再贴现率，使商业银行和其他金融机构向中央银行融资的成本提高，从而抑制信贷需求，减少货币供给。另外，再贴现率可以影响市场利率，通过调整再贴现率，能及时将货币政策的意图传递给社会，并引导人们的投资和消费行为，推动货币政策目标的实现。

(2) 再贷款。再贷款是指商业银行向中央银行的直接借款，以解决其季节性和临时性的资金需求，具有临时融通、短期周转性质。我国中央银行的再贷款有年度性再贷款、季节性再贷款和日拆性再贷款。目前我国商业银行向中央银行借款主要采取再贷款这一直接借款形式，今后，随着我国票据贴现市场的不断发展扩大，逐步以再贴现取代再贷款，将是大势所趋。

3) 回购协议

回购协议是由借贷双方鉴定协议，规定借款方通过向贷款方暂时售出一笔特定的 金融资产而换取相应的即时可用资金，并承诺在一定期限后按预定价格购回这笔金融资产的安排。大多数回购协议以政府债券为交易对象，是发达国家央行公开市场操作的重要工具。回购协议期限短的为一个营业日，长的达几个月，多数为几天。回购协议的实际交易通常有两种方式：一种是交易双方同意按相同的价格出售与回购金融资产，回购时，其金额为本金加双方约定的利息额；另一种是回购时价格高于原出售价格，其差额就是合同收益额。

回购协议有 3 点优势：第一，商业银行利用回购协议借款可以不提缴存款准备金，从而提高了资金的利用效率，等于减少了借款成本。第二，由于回购协议下有政府债券等金融资产作担保，资金需求银行所付的利率稍低于同业拆借利率。第三，回购协议的期限弹性佳，在协议双方不产生异议的前提下，协议可自动展期。但是，回购协议也存在着违约风险。即回购方到期无力回购债券，购买方只好保留债券，它将面临利率上升债券价格下跌的风险。因此，购买回购协议的商业银行要采取一定的措施来防范信用风险。例如，根据借款者的信用等级，要求借款者缴纳一定比例的保证金；根据市场价格的变动随时调整回购协议的价格，或者调整保证金的数量。

4) 出售大额可转让定期存单

大额可转让定期存单是由美国花旗银行首创的一种银行融资信用工具。大额可转让定期存单面额大，存期以短期为主，从 7 天到 1 年都有，主要集中在 1～6 个月；存单以无记名方式发行；存单在到期之前，可以在二级市场上流通转让，流动性较强。

1986 年，我国交通银行首先引入大面额可转让定期存单，由于利率高于同期存款，所以当时颇受欢迎。

5) 发行商业票据

商业票据是美国的大公司为筹集资金而发行的短期融资票据，期限从三四天至 9 个月不等。但美国的联邦法规定，商业银行不能直接发行商业票据，于是商业银行就通过其附属的公司发行票据，然后再将资金贷给银行使用。

6) 欧洲货币市场借款

欧洲货币市场形成于 20 世纪 50 年代，是欧洲美元与其他欧洲货币借贷活动的场所。欧洲货币市场对于商业银行融资具有很大的优惠条件。首先，欧洲货币市场是一个开放的国际市场，它不受任何国家的政府管制和纳税管制，借款条件灵活。其次，在欧洲货币市场吸收资金不受利率管制。它的存款利率相对较高，贷款利率相对较低，所以，对存款人和借款人都具有吸引力。最后，欧洲货币市场调度资金灵活，手续简便，业务方式主要凭信用。欧洲货币市场利率是由交易双方根据伦敦银行同业拆放利率商定。商业银行可以利用利率差异，筹集资金和使用资金，以在满足流动性需要的同时，实现利润最大化。

2. 短期借款的特点

1) 短期借款的期限短

银行短期借款有多种渠道，但一般来说，期限最长不超过一年，最短的只有一天，是隔夜借款。尽管短期借款的期限短，但借入资金的规模大，可以维持银行资金的正常周转，满足了流动性需要。

2) 对流动性的需要相对明确和集中

与银行存款相比，短期借款在时间和金额上都有明确的契约规定，借款的偿还期约定明确，银行对于短期借款的流动性需要可以事先掌握，可以有计划地控制，有利于银行进行负债管理。但是，短期借款的金额较大，在时间上相对比较集中，如果银行不能在约定期限归还借款，就会直接影响银行信誉，因此流动性风险高于存款。

3) 面临较高的利率风险

一般情况下，短期借款的利率高于同期存款的利率，而且短期借款的利率是随着市场资金供求的变化而随之变化的。因此，当市场资金紧张时，短期借款的利率可能急剧上升，导致银行负债成本上升。

4) 主要用于满足银行短期头寸不足的需要

由于短期借款期限较短，一般只用于调剂头寸，解决银行临时性资金不足和周转困难的资金需求，不能用于弥补经常性的信贷资金缺口的需要。

3. 短期借款的管理

1) 把握短期借款的时机

选择短期借款的时机，主要应考虑市场资金的供求状况，中央银行的货币政策等因素。一般来说，应尽量选择资金供应宽松的时候借入资金，以达到降低成本的目的。

2) 确定适度的借款规模

短期借款是商业银行实现流动性、赢利性目标所必需的，然而并非短期借款越多对银行经营就越有利，因为借入资金有时比吸收存款付出的代价更高。商业银行在资产负债管理中，必须全面权衡流动性、安全性、赢利性三者之间的利弊得失，测算出一个适度的短期借款规模。

3) 确定合理的借款结构

商业银行的短期借款渠道很多，安排好各种短期借款在借款总额中的比重，是商业银行重要的负债组织策略。从资金来源的成本结构看，一般应尽可能地多利用低息借款，少利用高息借款，以降低负债成本；如果资产预期效益较高，又难以争取到低息借款时，则可适当借入高息的资金，但赢利仍应放在第一位。从国内外资金市场的借款成本比较看，如果从国际金融市场的借款较国内便宜，可适当增加国际金融市场借款的比例；反之，则减少其比例。从中央银行的货币政策取向看，要根据中央银行再贴现率的变动灵活调整借款比例。

3.4.2　长期借款的经营管理

商业银行的长期借款一般采用金融债券的形式。当今世界的金融债券是 20 世纪 70 年代以来西方商业银行业务综合化、多样化发展和金融业务证券化的产物。金融债券是商业银行在金融市场上发行的、按约定还本付息的有价证券。商业银行发行金融债券应具备以下条件：具有良好的公司治理机制；核心资本充足率不低于 4%；最近 3 年连续赢利；贷款损失准备计提充足；风险监督指标符合监管机构的有关规定；最近 3 年没有重大违法违规行为，中央银行要求的其他条件。

1. 金融债券与存款的差异

商业银行吸收存款与发行金融债券都是其重要的资金来源，但两者之间存在一定的差异。

1) 筹资的目的不同

商业银行吸收存款为的是全面扩大银行资金来源的总量，并无特定的目的；而发行金融债券则着眼于增加长期资金来源和满足特定用途的资金需要。

2) 筹资的机制不同

吸收存款是经常性的、无限额的，是否能吸收到存款在很大程度上取决于客户的存款意愿，银行处于被动的地位；而金融债券的发行则是阶段性的、有额度限制的，但发行的主动权掌握在银行手中，银行具有主动性，是主动负债。

3) 所筹资金的稳定性不同

银行的定期存款虽然有期限的规定，但由于可以提前支取，银行要有一定的现金准备，而且还要缴纳存款准备金，资金的稳定性低些；而金融债券有明确的偿还期，一般不能提前还本付息，且不必缴纳法定准备金，在到期日之前，银行可以全部加以运用，提高了资金的利用效率。

4) 筹资的效率不同

金融债券的利率一般要高于同期存款的利率，对客户的吸引力较强，因而其筹资效率在通常情况下要高于存款。

5) 资金的流动性不同

一般情况下存款是不能转让的，而金融债券一般不记名，有广泛的二级市场可以流通转让，因而比存款具有更强的流动性。

金融债券的主要功能在于拓宽了银行的负债渠道，促进了银行负债来源的多样化，增强了负债的稳定性，提高了银行资金的利用效率。因此，金融债券的发行对银行负债经营的发展有较大的经济意义。

但是与存款相比，银行发行债券也有一定的局限性。第一，金融债券发行的数量、利率、期限都要受到管理当局有关规定的严格限制，银行筹资的自主性不强。第二，金融债券的筹资成本较高。债券除利率较高外，还要承担相应的发行费用，筹资成本较高，受银行成本负担能力的制约。第三，债券的流动性受金融市场发达程度的制约，在金融市场不够发达和完善的发展中国家，金融债券种类少，发行数量也远远小于发达国家。

2. 金融债券的种类

1) 资本性金融债券

资本性金融债券是为补充银行资本而发行的债券，是介于银行存款负债与股本之间的债务。它对银行收益与资产分配的要求权优于普通股和优先股，仅次于银行存款客户与其他债权人。

2) 一般性金融债券

一般性金融债券是银行用于其长期贷款与投资目的而发行的，是银行发行金融债券的主要部分。一般性金融债券按不同标准有 4 种分类。

(1) 按债券是否有担保可划分为担保债券和信用债券。担保债券包括由第三方担保的债券和以发行者本身的财产作抵押的抵押担保债券。信用债券又称无担保债券，是完全由发行者本身信用为保证发行的债券。商业银行特别是大银行，由于其有着几乎绝对的信用而具有坚实的可靠性，因此一般都发行信用债券。我国国有控股商业银行所发行的债券都是信用债券，今后随着我国合作性和民间性的中小银行的发展，担保债券也必将提上议事日程。

(2) 按利率是否浮动可分为固定利率债券和浮动利率债券。固定利率债券指的是在债券期限内利率固定不变，持券人到期收回本金，定期取得固定利息的一种债券。浮动利率债券则是指在债券期限内，根据事先约定的时间间隔，按某种选定的市场利率进行利率调整的债券。迄今为止，我国商业银行发行的都是固定利率债券，今后，随着我国市场利率体系的逐步形成，浮动利率债券的发行势在必行。

(3) 按债券付息方式可分为付息债券和一次性还本付息债券。一次性还本付息债券是期限在5年以内、利率固定、发行银行到期一次支付本息的金融债券。迄今为止，我国银行发行的基本都是一次性还本付息债券。国际上流行的普通金融债券大多是付息债券，指的是在债券期限内每隔一定时间(半年或1年)支付一次利息的金融债券。这类金融债券的券面上通常附有每次付息的息票，银行每支付一次利息就剪下一张息票，故又称为剪息票债券。付息债券可以有较长的期限，并能有效减轻银行在债务到期时一次集中付息的利息负担，应成为我国银行筹措长期资金的主要形式。

(4) 按金融债券发行的价格、利率和期限综合情况的不同，可以分为普通金融债券、累进利率金融债券和贴现金融债券。

普通金融债券是定期存单式的到期一次还本付息的债券。这种债券的期限通常在3年以上，利率固定，平价发行，不计复利。这种债券有些类似定期存单，但它具有金融债券的全部特征。

累进利率金融债券是浮动期限式的、利率和期限挂钩的债券。其期限通常为3～5年，持有债券时可以在最短和最长期限内随时到发行银行兑付，但不满1年的不能兑付。利率采用累进制的方法计算，即按债券持有期限分成几个不同的等级，每一个时间按不同的利率计付利息，投资期限越长利率越高，从而有利于鼓励投资，也使银行所筹的资金相对稳定。

贴现金融债券又称贴水债券，是指银行在一定的时间和期限内按一定的贴现率以低于债券面额的价格折价发行的债券。这种债券的券面上不附有息票，到期按面额还本，其利息就是债券发行价格与票面价格的差额。对贴现债券收益率的计算，应使用复利到期收益率公式，按实际天数计算利息。

我国银行发行的大多是普通金融债券，1988年后也曾发行过累进利率金融债券和贴现金融债券。

3) 国际金融债券

国际金融债券是指在国际金融市场上发行的面额以外币表示的金融债券，不仅包容了上述所有的债券品种，而且内容更为广泛。这里仅从市场和货币的角度简要介绍几种通行的国际债券。

(1) 外国金融债券，指债券发行银行通过外国金融市场所在国的银行或金融机构发行的以该国货币为面值的金融债券。这类债券的基本特点是：债券发行银行在一个国家，债券的面值和发行市场则属于另一个国家。例如，我国的银行通过日本的银行或金融机构在日本东京市场发行日元债券，即为外国金融债券。

(2) 欧洲金融债券，指债券发行银行通过其他银行和金融机构，在债券面值货币以外的国家发行并推销的债券。欧洲债券不受任何国家资本市场的限制，免扣缴税，其面额可以发行者当地的通货或其他通货为计算单位。其主要特点是：债券发行银行属于一个国家，债券在另一个国家的金融市场上发行，而债券面值所使用的货币则属于非发行市场所在国。如我国银行在伦敦市场发行美元债券或法兰克福市场发行日元债券。前者称为欧洲美元金融债券，后者则称为欧洲日元金融债券。

(3) 平行金融债券，指发行银行为筹措一笔资金，在几个国家同时发行债券，债券分别以各投资国的货币标价，各债券的筹资条件和利率基本相同。实际上，这是一家银行同时在不同国家发行的几笔外国金融债券。

在以上几种债券中，欧洲金融债券通常以国际通用货币(如美元)标价，所筹资金的使用范围广泛，因而是一种主要的国际金融债券。

3. 金融债券的管理

金融债券的管理要把握以下要点。

(1) 做好债券发行和资金使用的衔接工作。

(2) 注重利率变化和货币选择。

(3) 掌握好发行时机。

(4) 研究投资者心理。

知识链接 3-7

全国银行间债券市场金融债券发行管理操作规程(部分)
(自 2009 年 5 月 15 日起施行)

第一条 为进一步规范全国银行间债券市场金融债券发行行为，根据《中华人民共和国中国人民银行法》和《全国银行间债券市场金融债券发行管理办法》(中国人民银行令〔2005〕第 1 号发布，以下简称《办法》)，制定本规程。

第二条 本规程所称金融债券，包括在全国银行间债券市场发行的人民币金融债券和外币金融债券。

第十三条 主承销商应切实履行以下职责：

(一) 以行业公认的业务标准和道德规范，对金融债券发行人进行全面尽职调查，充分了解发行人的经营情况及其面临的风险和问题；

(二) 为发行人提供必要的专业服务，确保发行人充分了解有关法律制度和市场管理政策，以及所应承担的相关责任；

(三) 会同律师事务所、会计师事务所核查发行人申请材料的真实性、准确性和完整性；

(四) 督促发行人按照有关要求进行信息披露，并会同律师事务所、会计师事务所核查信息披露文件的真实性、准确性和完整性；

(五) 按照签订协议，做好金融债券推介和销售工作，主承销商应具备对所承销金融债券做市的能力；

(六) 金融债券发行结束后 10 个工作日内，应向中国人民银行书面报告当期债券承销情况。

第十四条 金融债券发行结束后 10 个工作日内，发行人应向中国人民银行书面报告当期金融债券发行情况。

第十七条 投资人应理性对待第三方对发行人资信状况作出的评价，在进行金融债券投资时，独立判断金融债券投资价值，自主作出金融债券投资决定，自行承担金融债券投资风险。

第十八条 发行人应按照有关规定向投资者披露信息。发行人应保证信息披露真实、准确、完整、及时，不得有虚假记载、误导性陈述或重大遗漏。

第十九条 全国银行间同业拆借中心(以下简称同业拆借中心)和中央国债登记结算有限责任公司(以下简称中央结算公司)应根据有关规定制定并对外公布信息披露工作的操作细则，并做好信息披露的服务工作。

第二十条 在金融债券发行前和存续期间，发行人应按照有关要求及时向同业拆借中心和中央结算公司报送信息披露文件。同业拆借中心和中央结算公司应对信息披露文件进行形式审核，确保信息披露文件的完整、合规。同业拆借中心和中央结算公司应将发行人信息披露情况定期向中国人民银行报告，并向市场成员公布。

案例分析

我国商业银行负债结构基本分析

1. 负债的规模

加入WTO以来，虽然在引进国际银行理念、实现股权多元化等方面取得了一些成绩，但商业银行在组织资金来源中的被动性倾向仍然较强，一是坐等客户上门的观念和做法未能根本改变，二是若干种主动型负债业务还未能得以充分的展开。现代商业化竞争要求采用一系列营销策略，主动出击扩大自身规模。负债总量的过多会带来成本的增加，过少又会影响资产业务，因此数量结构的分析是首要的，在竞争中发挥规模经济优势。

但是，商业银行的负债不是源源不断的，它要受许多因素的制约。首先，宏观经济发展状况决定了银行的负债规模，近年来我国国内生产总值(gross domestic product，GDP)增长快速，存款始终保持了高速增长的势头。其次，要受人们观念的影响，由于我国保障体系还不是十分健全，人们防范各种风险以及子女上学等各种弹性较小的支出需求还很大，一段时期内的储蓄倾向不会改变。此外，商业银行的负债规模还受到银行管理体制以及同业竞争的制约。

2. 负债质量结构

负债质量结构是银行合理安排资产业务的关键一环，只有规模还难以保证银行的有效运营。例如，2004年初，在我国银根收紧的情况下，巨额的负债意味着成本的增加和利润的减少，因此质量结构优化至关重要。负债质量结构的优劣取决于负债期限，流动性及利率的合理安排。优化负债的期限结构，要根据历史数据摸清一家银行长期、中期、短期资金来源所占比重，稳定性余额的水平。银行负债的流动性是保证负债质量的重要一环，银行负债的流动性越强，说明银行资金来源越强，说明银行资金来源的稳定性越好；我国目前同业拆借利率基本放开，但还没有实现利率市场化，合理的利率结构是扩大利差的前提，同时也决定着银行资产利率，费率结构。

负债的规模和质量需要对其综合管理，负债规模是获取利润的基础，而质量是实现流动性和安全性的保障，这就需要有效安排各种类型的负债，形成一个高效稳健的负债体系。

(资料来源：zhidao.baidu.com/question.)

试分析：商业银行负债的规模和结构存在哪些问题？

小 结

商业银行的负债业务是指商业银行筹措资金、形成资金来源的业务，它是商业银行资产业务和其他业务的基础。商业银行作为信用中介，负债是其最基本、最主要的业务。商业银行的负债结构主要由存款业务和非存款业务两部分组成。

存款始终是商业银行的主要负债和经常性的资金来源。活期存款、定期存款和储蓄存款是各国商业银行的传统存款业务。可转让支付命令账户、超级可转让支付命令账户、可转让定期存单、货币市场存款账户、货币市场共同基金账户、协定账户、自动转账服务账户等是创新存款工具。

商业银行的存款经营受到宏观和微观因素的影响。商业银行应以提高银行存款的稳定性为目标，注重存款成本构成和成本控制，以在不增加货币投入的情况下，尽量组合更多的存款。

非存款负债是指商业银行主动通过金融市场或直接向中央银行融通的资金。与存款负债不同，非存款负债主要取决于银行经营的需要和银行经营者的主观决策，因而比存款负债具有更大的主动性、灵活性。非存款负债包括短期负债和长期负债两种。

习 题

一、单项选择题

1．商业银行负债业务的构成是(　　)。
A．活期存款、定期存款　　B．人民币存款、外汇存款
C．存款业务、非存款业务　　D．传统存款业务、创新存款业务
2．商业银行作为信用中介，最基本、最主要的业务是(　　)。
A．融资　B．负债　C．贴现　D．回购
3．个人在金融机构开立个人存款账户时，应当使用(　　)。
A．中文名　B．英文名　C．实名　D．任意名
4．社会经济发展水平与商业银行存款总量成(　　)关系。
A．正比例　B．反比例　C．等比　D．交叉

二、名词解释

存款负债　非存款负债　活期存款　定期存款　同业拆借
转贴现　再贴现　回购协议　金融债券

三、判断题

1．存款是银行的被动负债，借入负债则是银行的主动负债。(　　)

2．商业银行吸收存款与发行金融债券都是其重要的资金来源，但两者之间存在一定的差异。(　　)

四、操作题

1．某客户将 40 000 元存 3 个月的定期，到期后没去取，又存了 3 个月才取，利息应该是多少？

2．整存整取定期储蓄存款的利息计算

定期存款支取方式有以下几种：

(1) 到期全额支取，按规定利率本息一次结清；

例：某人存 1 000 元，存期 3 年，存入日 3 年期的定期存款年利率 14%，到期日全额支取，那么利息应为 1 000×3×14%＝420(元)。

(2) 全额提前支取，银行按支取日挂牌公告的活期存款利率计付利息；

例：情况如上，该人在过期后 60 天支取，活期储率月利率 1.8‰，那么支取日计息为 1 000×3×14%＋1 000×60×1.8‰÷30＝423.6(元)。

(3) 部分提前支取，若剩余定期存款不低于起存金额，则对提取部分按支取日挂牌公告的活期存款利率计付利息，剩余部分存款按原定利率和期限执行；若剩余定期存款不足起存金额，则应按支取日挂牌公告的活期存款利率计付利息，并对该项定期存款予以清户。

例：情况如上，而该人在存入2年后提取，提取当时银行挂牌公告的活期利率为8%，那么支取日计息应为1 000×2×8%＝160(元)。

五、简答题

1．简述商业银行负债业务的构成。
2．简述我国商业银行存款业务的种类。
3．简述金融债券与存款的差异。

实训项目

1. 实训内容

深入当地某商业银行，了解商业银行的传统存款业务与创新存款业务有哪些。

2. 实训要求

(1) 实训项目以协作小组形式完成。每小组3～4人为宜，确定小组负责人。
(2) 事先制订调研计划。计划内容要详细周密、切实可行。
(3) 实地调研，掌握第一手资料。
(4) 自主学习与协作学习相结合，体现小组团队合作精神。
(5) 撰写调研报告。报告内容要体现出调查分析的过程以及得出的基本结论。

项目 4　商业银行现金资产管理

工作任务描述

商业银行现金资产主要分为库存现金、托收中的现金、在中央银行的存款和存放同业存款 4 类，商业银行现金资产管理应遵循总量适度原则、适时调节原则和安全保障原则。商业银行的库存现金越多，流动性越强，赢利性则越差。存款准备金是商业银行现金资产的主要构成部分。存款准备金的管理，包括满足中央银行法定存款准备金要求和超额准备金的适度规模控制两个方面。现金资产管理的核心任务是保证银行经营过程中的适度流动性，需要银行管理者准确地预测资金头寸，为流动性管理提供可靠依据。本项目的主要任务包括商业银行现金资产的构成、商业银行现金资产管理原则、库存现金的管理、存款准备金的管理、存放同业存款的管理、资金头寸及其构成、资金头寸的预测、资金头寸的调度等。

工 作 任 务	工 作 要 求
了解商业银行的现金资产	(1) 熟悉商业银行现金资产的构成 (2) 了解商业银行现金资产管理原则
掌握如何对商业银行现金资产进行管理	(1) 熟悉库存现金的管理 (2) 了解存款准备金的管理 (3) 了解存放同业存款的管理
知道如何预测资金头寸	(1) 熟悉资金头寸及其构成 (2) 掌握资金头寸的预测 (3) 了解资金头寸的调度

知识概览

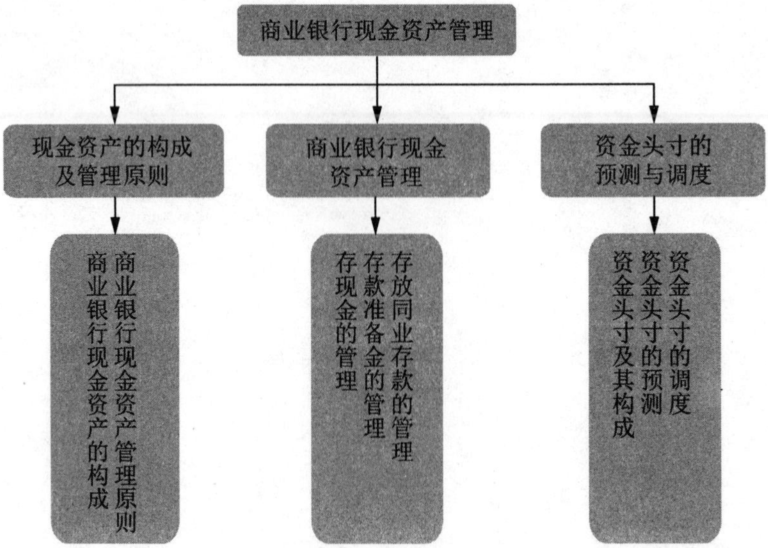

学习目标

知识目标	能力目标	学习重点和难点
(1) 认识商业银行的现金资产 (2) 掌握商业银行现金资产的管理 (3) 了解对资金头寸的管理	(1) 了解商业银行现金资产的构成 (2) 熟悉库存现金的管理、存款准备金的管理、存放同业存款的管理 (3) 能够对资金头寸进行预测	(1) 商业银行现金资产的构成 (2) 库存现金的管理与存款准备金的管理 (3) 资金头寸的预测

导入案例

存款准备金率调整：对银行赢利不会造成实质性影响

中央银行(以下简称央行)于2010年11月19日傍晚再次宣布上调存款类金融机构人民币存款准备金率0.5个百分点，这是央行年内第5次提高存款准备金率，也是央行在10天内第二次动用数量型调控工具管理流动性。

大型金融机构存款准备金率达到历史上少有的18.5%，引发市场关注。对主要依靠贷款投放来实现业务拓展和获取赢利的商业银行来说，这么高的存款准备金率会产生什么样的影响？这种影响究竟有多大？可否有效应对？

"总体上来说，这次调整准备金率不会对商业银行的流动性造成实质性影响，银行仍可以通过释放部分债券和同业资产应对提高准备金率的要求，但如果持续提高的话，部分中小商业银行的流动性会出现一定的问题。由于存款准备金利率低于配置于其他资产的收益，因此会对赢利有负面影响，但影响不大。"交通银行金融研究中心研究员告诉记者。

存款准备金率上调将直接影响商业银行内部流动性水平。本次上调将从银行系统冻结和回收约3 000亿元左右的资金。商业银行超额存款准备金水平也在持续下滑，截至2010年三季度，大型商业银行的超额存款准备金率水平已下降至1.4%，中型银行的超额存款准备金水平已下降至1.1%，较2009年末和2008年末分别下降2.03和4.6个百分点。

目前，银行能够依靠压缩同业资产和债券资产来满足准备金率的提高；同业资产收益率约为3%，和法定存款准备金利率的差异约为138个基点。中金公司研究报告认为，法定存款准备金上调0.5个百分点对2011年盈利的影响约为0.4%，累积效应为2%～3%。不过，如果2012年广义货币供应量(M2)增速下降较快，那么银行存款增长的压力会有所体现。

对银行赢利的不确定性影响主要来自于政策走向的不确定性。央行短期内连续两次上调存款准备金率、一次加息，加大了货币政策的不确定性。专家分析，若2011年上半年物价涨幅能够得到有效抑制，货币政策可望前紧后松，最终表现将好于预期；若2011年上半年物价涨幅在连续回收流动性的调控下并未能得到有效抑制，那么全年均维持相对偏紧的货币政策。央行根据不同情势，在"组合拳"中对于量化工具和价格工具的使用频率不同，将直接影响商业银行的赢利预期。

存款准备金率已经攀升至近20年以来的新高，未来此工具是否还有使用空间？准备金率调整幅度取决于M2目标增速、贸易顺差、央行公开市场操作力度等因素。据中金公司测算，如果2012年贸易和今年持平，那么未来12个月内准备金率还要调整1.5～2个百分点才能将M2增速控制在15%左右，也就是大型银行存款准备金率要提高到20%左右，中小型银行提高到18%左右。不过，如果人民币升值加快，贸易顺差降低，那么准备金率调整的压力就会减小。

(资料来源：http://finance.jrj.com.cn/2010/11/2306098621901.shtml.)

4.1 商业银行现金资产的构成及管理原则

4.1.1 商业银行现金资产的构成

1. 现金资产的含义

现金资产，是指商业银行随时可以用来应付现金需要的资产，是银行资产业务中最富流动性的部分，包括现金和活期存款两部分。

2. 现金资产的构成

1) 库存现金

库存现金是指商业银行保存在金库中的现钞和硬币。库存现金的主要作用是银行用来应付客户提取现金和银行本身的日常零星开支。从经营的角度讲，库存现金不宜太多，其经营原则就是保持适度的规模。

2) 在中央银行的存款

在中央银行的存款是指商业银行存放在中央银行的资金，即存款准备金。在中央银行存款由两部分构成，一是法定存款准备金，二是超额准备金，而只有超额准备金才是商业银行的可用资金。法定存款准备金是按照法定准备率向中央银行缴存的存款准备金。规定缴存存款准备金的最初目的，是为了银行备有足够的资金以应付存款人的提取，避免流动性不足而产生流动性危机，导致银行破产。目前，存款准备金已经演变成为中央银行调节信用的一种政策手段，在正常情况下一般不得动用。缴存法定比率的准备金具有强制性。所谓超额准备金有两种含义：广义的超额准备金是指商业银行吸收的存款中扣除法定存款准备金以后的余额，即商业银行可用资金；狭义的超额准备金是指在存款准备金账户中，超过了法定存款准备金的那部分存款。超额准备金是货币政策的近期中介指标，直接影响社会信息总量。

知识链接 4-1

中央银行提高存款准备金率，将导致商业银行信用创造能力降低

商业银行的信用创造能力是这样一个过程：

某客户存入A银行100元，央行规定的存款准备金率是10%(意思就是100元中要有10元存入央行)，A银行就可以向外贷款100×(1－10%)＝90元，a企业获得90元贷款后存到B银行，B银行获得90元存款，也是按照10%存款准备金率，只能对外放款90×(1－10%)＝81元，b企业获得81元贷款再存到C银行，如此下去，在涉及的银行(系统)中这100元可以派生出大于100元的货币(视参与“创造”的银行数量而定)，这就是银行的信用创造能力。

根据以上这个过程，如果当时央行规定的存款准备金率为20%，那A银行只能放贷100×(1－20%)＝80元，B银行只能放贷80×(1－20%)＝64元。与10%的准备金率相比，准备金率提高到20%时，商业银行的信用创造能力就低了。

所以，中央银行提高存款准备金率后，将导致商业银行信用创造能力的降低。

3) 存放同业存款

存放同业存款是指商业银行存放在代理行和相关银行的存款。在其他银行保持存款是为了便于银行在同业之间开展代理业务和结算收付。由于存放同业的存款属于活期存款的性质，可以随时支用，因此可以视同银行的现金资产。

4) 托收中的现金

托收中的现金又称在途资金、托收未达款，是指在本行通过对方银行向外地付款单位或个人收取的票据。在途资金在收妥之前，是一笔占用的资金，又由于通常在途时间较短，收妥后即成为存放同业存款，所以将其视同现金资产。

4.1.2　商业银行现金资产管理原则

商业银行现金资产管理的核心任务是保证银行经营过程中的适度流动性，既要保证现金资产能满足正常的和非正常的现金支出需要，又要尽量降低持有现金的机会成本，以追求利润最大化。因此银行经营者必须正确计算和预测现金头寸，为流动性管理提供可靠依据。商业银行对现金资产的管理，必须坚持总量适度原则、适时调节原则和安全保障原则。

银行的库存现金越多、流动性越强，而赢利性则越差。要保证在必要流动性的条件下实现更多的赢利，就需将库存现金压缩到最低程度。为此，银行必须在分析影响库存现金数量变动的各种因素的情况下，准确测算库存现金的需要量，及时调节存量，并加强各项管理措施，确保库存现金的安全。商业银行对中央银行的法定存款准备金要求必须无条件服从。因此对法定存款准备金的管理，主要是准确计算其需要量和及时上缴应缴的准备金。超额准备金是商业银行在中央银行存款账户上超过法定存款准备金的那部分存款，是商业银行最重要的可用头寸，是用来进行贷款、投资、清偿债务和提取业务周转金的准备资产。对超额准备金的管理重点，就是要在准确测算其需要量的前提下，适当控制其规模，以尽量减少持有超额准备金的机会成本，增加银行赢利收入。商业银行对同业存款的管理，要准确地预测其需要量，使之能保持一个适度的量。因为同业存款过多，会使银行付出一定的机会成本；而同业存款过少，又会影响委托他行代理业务的展开，甚至影响本行在同业之间的信誉等。

1. 总量适度原则

总量适度原则是指银行现金资产的总量必须保持在一个适当的规模上。这个适当的规模是指由银行现金资产的功能和特点决定的、在保证银行经营过程的流动性需要的前提下，银行为保持现金资产所付出的机会成本最低时的现金资产数量。总量适度原则是商业银行现金资产管理的最重要的原则。

2. 适时调节原则

适时调节原则是指银行要根据业务过程中的现金流量变化，及时地调节资金短缺头寸，确保现金资产的规模适度。

3. 安全保障原则

商业银行现金资产主要由其在中央银行和同业银行的存款及库存现金构成。其中，库存现金是商业银行业务经营过程中必要的支付周转金，它分布于银行的各个营业网点。银行在现金资产特别是库存现金的管理中，必然健全安全保卫制度，严格业务操作规程，确保资金的安全无损。

4.2 商业银行现金资产管理概述

4.2.1 库存现金的管理

1. 影响库存现金的因素

1) 现金收支规律

银行的现金收支在数量上和时间上都有一定的规律性。如对公出纳业务，一般是上午大量支出现金，而下午则大量收入现金。如果是回笼行处，下午班收进的现金金额一般大于上午班付出的现金金额；如果是投放行处，情况则正好相反。在这种情况下，当天收进的绝大部分现金只能在第二天上午才能抵用。因此，一般情况下，付出现金的平均日发生额与必要的库存现金量成正比。在一个年度当中，由于季节性因素的影响，有的季节银行现金收入多而支出少，而有的季节则支出多收入少。银行可以根据历年的现金收支状况，认真寻找其变化规律，为资金头寸的预测提供依据。

2) 与中央银行发行库的距离、交通条件及发行库的规定

一般来说，商业银行营业网点与中央银行发行库距离较近，交通运输条件较好，商业银行就可以尽量压缩库存现金的规模。而中央银行发行库的营业时间、出入库时间的规定也对商业银行的库存现金产生重要影响。如果中央银行发行库的营业时间短，规定的出入库时间和次数少，势必增加商业银行的库存现金。

3) 银行所在城市和开设网点的地理位置

有的地区现金交易比较通行，就会造成现金流量增大。如一些地区城市结构比较松散，小商品交易发达，私营业主较多，交易大都采用现金，银行客户现金提取量不断攀升。也有的地区经济欠发达，银行业务电子化程度不高，现金交易就比较多。另外，一些在商贸区、繁华商务区、大型批发市场等附近的银行网点，现金流量也相对较大，处在这些地区的银行就需要保有相对较多的库存现金。

4) 商业银行内部管理

除上述因素外，商业银行内部管理，如银行内部是否将库存现金指标作为员工工作业绩的考核指标，是否与员工的经济利益挂钩，银行内部各专业岗位的配合程度，出纳、储蓄柜组的劳动组合等，都会影响库存现金数量的变化。

2. 加强库存现金管理的措施

1) 制定科学的考核办法，合理核定各银行库存现金的限额

加大考核、监控力度，将库存现金的比例指标纳入银行考核体系之中，通过将库存现金限额与网点的绩效挂钩、库存现金管理质量与经营目标挂钩的方式，强化目标约束。按照各银行的业务量、网点数量和距离分行库房路途远近等情况，科学、合理地核定银行库存现金限额，直接控制现金留存量，确保库存现金量既能保证客户支付、又能压缩到最低额，将库存现金控制纳入绩效考核体系。

2) 采取各种措施，为现金缴存提供便利

银行可以通过延长中心库房的收现时间来缓解各中心支行和网点的收现压力，通过增加中心库房的收现频率和残辅币的收缴频率来降低现金库存的留存量，通过增加复点时间和班次，尤其是节假日期间按正常工作日复点现金，争取日清日结、及时上缴中央银行发行库，减少库存现金余额。银行可以调整基层单位上缴款次数、合理使用运钞车辆，最大限度地将库存现金收缴到分行。

3) 掌握储蓄现金收支规律

储蓄业务一般具有以下规律：一是在营业过程中，客户取款和存款的概率在正常情况下基本相等。也就是说，在正常情况下，不会出现大量客户取款而少量客户存款的情况，除非社会、经济、政治等方面发生特殊事件，或遭遇严重自然灾害，或银行经营情况严重恶化，客户对该行的安全性产生怀疑。因此，银行应当关心整个社会、经济和政治形势的发展变化，及时发现挤兑存款的苗头。二是在正常情况下，上午取款的平均数一般大于下午。主要原因是人们提取大额现金购买大件商品一般都是在上午取款。这条规律告诉我们，当天的现金收入抵用现金支出具有时差性，银行在每天营业开始时必须保留一定数额的备用金。三是在一般情况下，每个月出现现金净收入和净支出的日期基本固定不变。由于储蓄资金主要来源于个人的工资收入，通常每月中、上旬，职工将工资扣除消费资金后存入银行，表现为银行的净收入。而每月下旬，一些人需要从银行支取现金，补充消费资金的不足，表现为银行现金的净支出。

4) 实现对公现金出纳业务的规范化操作

首先，银行应尽可能开展代发工资业务，将各开户单位的工资直接以存单形式存入本行，避免每月大量的工资性现金支出；其次，要把开户单位发工资日及每天的资金支出金额均匀地排列在每一天；再次，对开户单位发放工资和其他大额现金支出实行当天转账、次日付现的预约制度，由财会部门将每天的预约单及其金额通知出纳部门，出纳部门当天配款封包寄存，次日付现。掌握了客户发放工资和其他大额提现的时间和金额，就能够事先掌握绝大部分现金支出的时间和金额，其他小额支出对银行的流动性就不会产生大的冲击，也容易调剂。

5) 严格库房安全管理

从经营的角度讲，银行的库存现金显然是最为安全的资产。但事实上，库存现金也有其特有的风险。这种风险来自于被盗、被抢和自然灾害导致的损失，也可能来自于业务人员清点、包装中的差错，还可能来自于银行内部不法分子的贪污、挪用。因此，银行在加强库存现金适度性管理的同时，还应当严格库房的安全管理，在现金清点、包装、入库、安全保卫、出库、现金运送等环节，采取严密的责任制度、监测制度、保卫制度和有效的风险防范措施，确保库房现金安全无损。

4.2.2　存款准备金的管理

存款准备金是商业银行现金资产的主要构成部分。存款准备金包括两个部分：一是按照中央银行规定的比例上交的法定存款准备金；二是准备金账户中超过了法定存款准备金的超额准备金。因此，存款准备金的管理，包括满足中央银行法定存款准备金要求和超额准备金的适度规模控制两个方面。

1. 满足法定存款准备金要求

法定存款准备金管理，主要是准确计算法定存款准备金的需要量和及时上交的准备金。在西方国家的商业银行，计算法定存款准备金需要量的方法有两种，一种是滞后准备金计算法，主要适用于对非交易性账户存款的准备金计算。另一种是同步准备金计算法，它主要适用于对交易性账户存款的准备金计算。

滞后准备金计算法是根据前期存款负债的余额确定本期准备金的需要量的方法。按照这种方法，银行应根据两周前的 7 天作为基期，以基期的实际存款余额为基础，计算准备金持有周应持有的准备金的平均数。

同步准备金计算法是指以本期的存款余额为基础计算本期的准备金需要量的方法。通常的做法是：确定两周为一个计算期，如从 2 月 4 日(星期二)到 2 月 7 日(星期一)为一个计算期，计算在这 14 天中银行交易性账户存款的日平均余额。准备金的保持期从 2 月 6 日(星期四)开始，到 2 月 19 日(星期三)结束。在这 14 天中的准备金平均余额以 2 月 4 日到 17 日的存款平均余额为基础计算。

按照滞后准备金计算法计算出来的准备金需要量与按照同步准备金计算法计算出来的准备金需要量的合计，就是银行在一定时期需要交纳的全部存款准备金。这个需要量与已交纳的存款准备金余额进行比较，如果余额不足，银行应当及时予以补足；如果已有的准备金余额已超过了应缴准备金数，则应及时从中央银行调减准备金，增加银行的可用头寸。

2. 超额准备金的管理

超额准备金是商业银行在中央银行准备金账户上超过了法定存款准备金的那部分存款。超额准备金是商业银行最重要的可用头寸，是银行用来进行投资、贷款、清偿债务和提取业务周转金的准备资产。

影响超额准备金需要量的因素有以下 3 种。

1) 存款波动

商业银行的存款包括对公存款和储蓄存款。对公存款的变化主要是通过转账形式进行的，对个人的储蓄存款和部分对公存款的变化则主要是通过现金收支来表现的。银行在分析存款波动对超额准备金需要量的影响时，重点应分析导致存款下降的情况，因为，只有在存款下降的情况下，才会导致超额准备金需要量的增加。存款下降一般取决于近期因素和历史因素，即受到临近若干旬的存款下降幅度和历史上同期存款下降幅度的双重影响。

2) 贷款的发放与收回

贷款的发放与收回对超额准备金的影响主要取决于贷款使用的范围。同理，贷款的收回对超额准备金的影响也因贷款对象的不同而有所不同。

3) 其他因素对超额准备金需要量的影响。除了存款因素外，其他一些因素也影响到商业银行超额准备金的需要量。这些因素主要有 4 个：一是向中央银行借款的因素；二是同业往来因素；三是法定存款准备金因素；四是信贷资金调拨因素。

商业银行在预测了超额准备金需要量的基础上，应当及时地进行头寸调度，以保证超额准备金规模的适度性。当未来的头寸需要量较大、现有的超额准备金不足以应付需要时，银行就应当设法补足头寸，增加超额准备金；而当未来头寸需要量减少、现有超额准备金剩余时，则应及时地将多余的超额准备金运用出去，寻求更好的赢利机会。

3. 我国中央银行的存款准备金制度

中国清朝政府从 1905 年 8 月开始建立户部银行(中国最早的中央银行)，商业银行和银钱票庄的存款业务并未建立存款准备金制度。1928 年南京国民政府设立的中央银行对当时的中国银行、交通银行、中国农民银行和各地银行的存款业务也未建立起存款准备金制度。中华人民共和国建立前，于 1948 年 12 月 1 日由人民政权创办的国家银行——中国人民银行，既是发行银行又是具体全面办理银行业务的银行，实行全国集中统一的贷存款管理，存款由总行统一运用，贷款由总行统一分配，因而不需要建立存款准备金制度。中国 1979 年开始进行经济体制改革，从统一的人民银行体系中，先后分设了中国农业银行、中国银行、中国工商银行，并恢复了交通银行，组建了一些区域性的银行和非银行金融机构。1983 年 9 月 17 日，国务院决定中国人民银行专门行使中央银行职能，中国人民银行依法建立了存款准备金制度。1986 年 1 月 7 日，国务院颁布《中华人民共和国银行管理暂行条例》，对存款准备金制度进一步作了法律规定。

1) 中国存款准备金制度的主要内容

各专业银行吸收的各种存款都应缴存存款准备金。外资银行、中外合资银行、农村信用合作社、城市信用合作社和区域性、地方性银行都要缴存存款准备金。

对不同存款规定了不同的法定存款准备率。1984 年 12 月 31 日规定：企业存款为 20%，城镇储蓄存款为 40%，农村存款为 25%。1985 年 1 月 1 日改为统一的法定准备率，并降为 10%。1987 年第四季度各专业银行及金融机构缴存比例均上调两个百分点，1988 年 9 月调到 13%。

对某些地区性银行按照改革试点的需要实行有区别的存款准备率。如对上海，按存款增加额的 10%缴存存款准备金，对深圳地区银行则按存款增加额的 3%缴存存款准备金。

存款准备金持有期按旬(月)计算，实行同期性准备金账户制，并向当地中国人民银行分支机构缴存。

中国人民银行根据放松或者收缩银根的需要，对存款准备金的比例进行调整。同时，根据紧缩银根的需要，对专业银行另行规定了存款备付金(即超额准备金)比率，一般不得低于 5%。

2) 存款准备金制度改革

我国的存款准备金制度建立于 1984 年，一直到 1990 年代末，我国存款准备金制度的主要功能不是调控货币总量，而是集中资金用于中央银行再贷款。因此，长期以来，我国一直维持着较高的准备金利率和超额准备金(又称备付金)利率。

经国务院同意，中国人民银行决定，从 1998 年 3 月 21 日起，对存款准备金制度进行改革，主要内容有以下 7 项。

(1) 将原各金融机构在人民银行的“准备金存款”和“备付金存款”两个账户合并，称为“准备金存款”账户。

(2) 法定存款准备金率从 13%下调到 8%。准备金存款账户超额部分的总量及分布由各金融机构自行确定。

(3) 对各金融机构的法定存款准备金按法人统一考核。

(4) 对各金融机构法定存款准备金按旬考核。

(5) 金融机构按法人统一存入人民银行的准备金存款低于上旬末一般存款余额的 8%，人民银行对其不足部分按每日万分之六的利率处以罚息。金融机构分支机构在人民银行准备金存款账户出现透支，人民银行按有关规定予以处罚。金融机构不按时报送旬末一般存款余额表和不按月报送月末日计表的，依据《中华人民共和国商业银行法》第七十八条予以处罚。上述处罚可以并处。

(6) 金融机构准备金存款利率由缴来一般存款利率 7.56%和备付金存款利率 7.02%(加权

平均 7.35%)统一下调到 5.22%。

(7) 调整金融机构一般存款范围。将金融机构代理人民银行财政性存款中的机关团体存款、财政预算外存款，划为金融机构的一般存款。金融机构按规定比例将一般存款的一部分作为法定存款准备金存入人民银行。

3) 法定准备金的交存

(1) 中国工商银行、中国农业银行、中国银行、中国建设银行、中国农业发展银行、中信实业银行、中国光大银行、华夏银行、中国投资银行以及中国民生银行的法定存款准备金，由各总行统一存入中国人民银行总行。

(2) 交通银行、广东发展银行、招商银行、上海浦东发展银行、福建兴业银行、海南发展银行、烟台住房储蓄银行以及蚌埠住房储蓄银行的法定存款准备金，由各总行统一存入其总行所在地的中国人民银行分行。

(3) 各城市商业银行的法定存款准备金，由其总行统一存入当地中国人民银行分行。

(4) 城市信用社(含县联社)的法定存款准备金，由法人存入当地人民银行分、支行。农村信用社的法定存款准备金，按现行体制存入当地中国人民银行分、支行。

(5) 信托投资公司、财务公司、金融租赁公司等其他非银行金融机构的法定存款准备金，由法人统一存入其总部所在地的中国人民银行总行(或分行)。

(6) 经批准，已办理人民币业务的外资银行、中外合资银行等外资金融机构，其人民币法定存款准备金，由其法人(或其一家分行)统一存入所在地中国人民银行分行。

知识链接 4-2

我国存款准备金率变化如图 4.1 所示。

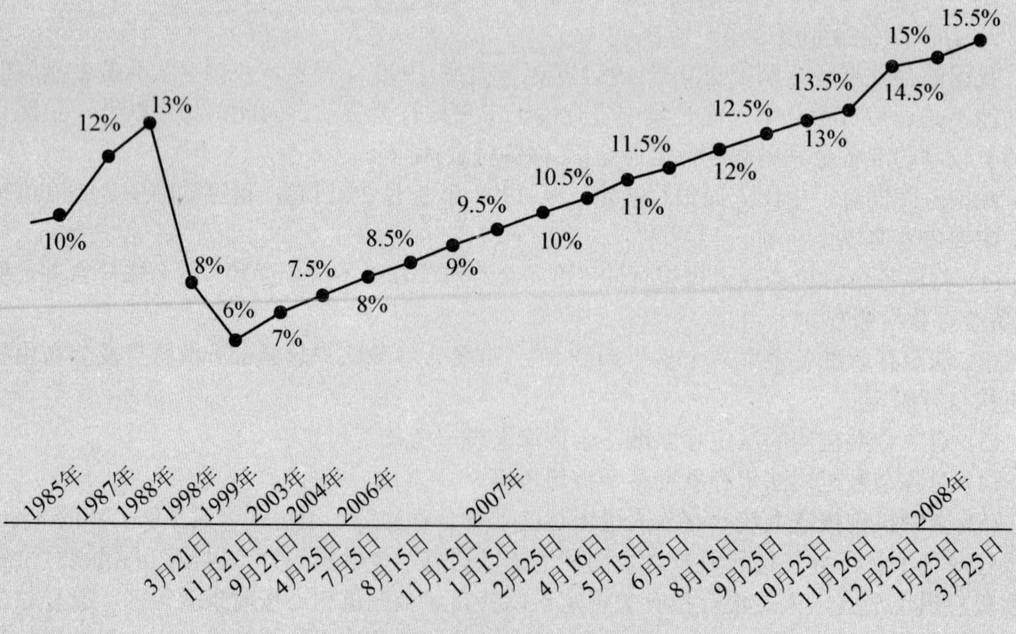

图 4.1　我国存款准备金率变化

知识链接 4-3

我国存款准备金率历次调整情况见表4-1。

表4-1　我国存款准备金率历次调整情况

次数	时间	调整前	调整后	调整幅度	调整机构与原因
1	1984年		企业存款20%		
			农村存款25%		
			储蓄存款40%		
2	1985年	企业存款20%	央行将法定存款准备金率统一调整为10%		
		农村存款25%			
		储蓄存款40%			
3	1987年	10%	12%	2%	
4	1988年9月	12%	13%	1%	
5	1998年03月21日	13%	8%	-5%	
27	2008年06月25日	17%	17.5%	0.5%	
28	2008年09月25日	(中小型金融机构)17.5%	16.5%	-1%	(工商银行、农业银行、中国银行、建设银行、交通银行、邮政储蓄银行暂不调整)
		16.5%	14.5%	-2%	
		(大型金融机构)17.5%	17.5%	—	
29	2008年10月15日	16.5%	17%	0.5%	
30	2008年12月5日	(大型金融机构)17%	16%	-1%	(工商银行、农业银行、中国银行、建设银行、交通银行、邮政储蓄银行等大型存款类 金融机构)
		(中小型金融机构)14%	13.5%	-0.5%	(中小型存款类金融机构)
31	2008年12月22日	16%	15.5%	-0.5%	(工商银行、农业银行、中国银行、建设银行、交通银行、邮政储蓄银行等大型存款类金融机构)(中小型存款类金融机构)
		14%	13.5%	-0.5%	
32	2010年1月18日	(大型金融机构)15.5%	16%	0.5%	为增支农资金实力支持春耕备耕，农村信用等小型金融机构暂不上调
		(中小型金融机构)13.5%	不调整	—	
33	2010年2月25日	(大型金融机构)16.00%	16.50%	0.5%	(大型金融机构、中小金融机构不上调)
		(中小型金融机构)13.5%	不调整	—	
34	2010年5月10日	16.50%	17.00%	0.5%	农村信用社、村镇银行暂不上调
35	2010年11月16日	17.00%	17.50%	0.5%	存款类金融机构
36	2010年11月29日	17.50%	18.00%	0.5%	加强流动性管理、适度调控货币信贷投放

续表

次数	时间	调整前	调整后	调整幅度	调整机构与原因
37	2010 年 12 月 20 日	18.00%	18.50%	0.5%	抑制通胀
38	2011 年 01 月 20 日	18.50%	19.00%	0.5%	抑制通胀
39	2011 年 02 月 24 日	19.00%	19.50%	0.5%	抑制通胀
40	2011 年 03 月 25 日	19.50%	20.00%	0.5%	抑制通胀
41	2011 年 04 月 21 日	20.00%	20.50%	0.5%	抑制通胀
42	2011 年 05 月 18 日	20.50%	21.00%	0.5%	抑制通胀
43	2011 年 06 月 14 日	(大型金融机构)21.00%	21.50%	0.5%	抑制通胀
		(中小金融机构)17.50%	18%	0.5%	

(资料来源：中国人民银行)

4.2.3 存放同业存款的管理

1. 同业存款的目的

除了库存现金和在中央银行的存款外，大多数商业银行还在其他金融机构保持一定数量的活期存款，即同业存款。那些较大的银行一般都是双重角色，一方面它作为其他银行的代理行而接受其他银行的存放同业款，另一方面，它又是被代理行，将一部分资金以活期存款形式存放在代理行。这就形成了银行之间的代理行业务。银行之间开展代理业务，需要花费一定的成本，商业银行在其代理行保持一定数量的活期存款，主要是为了支付代理行代办业务的手续费。

2. 同行存款需要量的测算

商业银行在同业的存款余额需要量主要取决于 3 个因素：一是使用代理行的服务数量和项目。如果使用代理行服务的数量和项目较多，同业存款的需要量也较多；反之，使用代理行服务的数量和项目较少，同业存款的需要量也就较少。二是代理行的收费标准。收费标准越高，同业存款的需要量就越大。三是可投资余额的收益率。如果同业存款中可投资余额的收益率较高，同业存款的需要量就少一些；否则，同行存款的需要量就多一些。

4.3 资金头寸的预测与调度

4.3.1 资金头寸及其构成

商业银行的资金头寸是指商业银行能够运用的资金。它包括时点头寸和时期头寸两种。时点头寸是指银行在某一时点上的可用资金，时期头寸则是指银行在某一时期的可用资金。

商业银行的头寸根据层次来划分，可分为基础头寸和可用头寸。

基础头寸，是指商业银行的库存现金与在中央银行的超额准备金之和。基础头寸中，库存现金和超额准备金是可以相互转化的，商业银行从其在中央银行的存款准备金中提取现金，就增加库存现金，同时减少超额准备金；相反，商业银行将库存现金存入中央银行准备金账户，就会减少库存现金而增加超额准备金。但在经营管理中这两者的运动状态又有所不同：库存现金是为客户提现保持的备付金，它将在银行与客户之间流通；而在中央银行的超额准备金是为有往来的金融机构保持的清算资金，它将在金融机构之间流通。此外，这两者运用的成本、安全性也不一样。

可用头寸，是指商业银行可以动用的全部资金，它包括基础头寸和银行存放同业的存款。法定存款准备金的减少和其他现金资产的增加，表明可用头寸的增加；相反，法定存款准备金增加和其他现金资产的减少则意味着可用头寸的减少。银行的可用头寸实际上包括两个方面的内容：一是可用于应付客户提存和满足债权债务清偿需要的头寸，一般称为支付准备金(备付金)，二是可贷头寸，是指商业银行可以用来发放贷款和进行新的投资的资金，它是形成银行赢利资产的基础。从数量上来看，可贷头寸等于全部可用头寸减去规定限额的支付准备金之差。银行总流动性需求＝负债流动性需要量＋贷款的流动性需要量。

4.3.2　资金头寸的预测

商业银行现金资产管理的核心任务是保证银行经营过程中的适度流动性，也就是说，银行一方面要保证其现金资产能够满足正常的和非正常的现金支出需要，另一方面，又要追求利润的最大化，为此，需要银行管理者准确地计算和预测资金头寸，为流动性管理提供依据。对银行资金头寸的预测，事实上就是对银行流动性需要量的预测。流动性风险管理是银行每天都要进行的日常管理。而积极的流动性风险管理首先要求银行准确地预测未来一定时期内的资金头寸需要量或流动性需要量。

在影响商业银行流动性变化的众多业务中，存贷款业务的变化是影响银行流动性的主要因素。银行资金头寸或流动性准备的变化，归根结底取决于银行存贷款资金运动的变化。任何存款的支出和贷款的增加，都减少头寸；反之，存款的增加和贷款的减少则会增加银行的资金头寸。

收购股份可以把存款按其变化规律分为 3 类：第一类是一定会提取的存款，如到期不能自动转期的定期存款和金融债券，这类存款因为有契约，所以无须预测；第二类是可能会提取的存款，如定活两便存款、零存整取存款，以及到期可以自动转存的存款等，这类存款有可能提取，但又不能肯定；第三类是随时可能提取的存款，如活期存款。存款预测的对象主要是第二类和第三类，我们把他们称为易变性存款。

把存款的最低点连接起来，就形成了核心存款线，核心存款线以上的曲线为易变性存款线。核心存款稳定性较强，正常情况下没有流动性需求。银行存款的流动性需求通过易变性存款线来反映。虽然，这一曲线只是大致反映存款的变化，但可以为存款周转金的需要量决策提供一个重要的依据。

由贷款需求的最高点连接而成，它表示商业银行贷款需要量的变化趋势。而波动线则在趋势线以下，表示不同点上贷款需要量变化的幅度和期限。在一定时期内低于上限的贷款数，是商业银行为满足季节性和周期性变化需要而应持有的可贷头寸。

除去以上分别对存款和贷款的变化趋势进行的预测之外，商业银行还应当综合存款和贷款的变化，进行综合预测。在一定时期，某一商业银行所需要的资金头寸量，是贷款增量和存款增量之差，可用公式表示为

资金头寸需要量＝预计的货款增量＋应缴存款准备金增量-预计的存款增量

如果计算的结果为正数，表明银行的贷款规模呈上升趋势，银行需要补充资金头寸；若

存款供给量不能相应增加，就需要其他渠道借款筹资。如计算的结果为负数，则情况恰好相反，表明银行还有剩余的资金头寸，可通过其他渠道把富裕的头寸转化为赢利性资产。

商业银行在进行中长期头寸预测时，除主要考虑存贷款的变化趋势外，还应结合考虑其他资金来源和运用的变化趋势，只有这样，才能使头寸预测更加全面和准确。预测的公式为

时期资金头寸量＝时点的可货头寸＋存款增量＋各种应收债权＋新增借入资金

－贷款增量-法定准备金增量

－各种应付债务＋内部资金来源与运用差额

测算结果如果是正数，表明预测期末头寸剩余，在时点可贷头寸为正的情况下，可增加对赢利性资产的投放额度；若时点可贷头寸为零或负数，则表明预测期期末资金匮乏，即使时点可贷头寸为正，也不可过多安排期限较长的资金投放。

4.3.3 资金头寸的调度

商业银行的头寸调度，是指在正确预测资金头寸变化趋势的基础上，及时灵活地调节头寸余缺，以保证在资金短缺时，能以最低的成本和最快的速度调入所需的资金头寸；反之，在资金头寸多余时，能及时调出头寸，并保证调出资金的收入能高于筹资成本，从而获取较高的收益。商业银行经营管理的核心是头寸调度，其原因有以下几个方面。

(1) 头寸调度是银行扩大业务，增强实力的基本手段。

(2) 头寸调度是维护和提高银行信誉的保证。

(3) 头寸调度是避免和减少银行经营风险的重要手段。

(4) 头寸调度是商业银行提高经营效益的重要途径。

头寸调度包括调进和调出两方面，无论是哪一方面，都需要有相应的渠道。商业银行头寸调度的主要渠道有以下几个方面。

(1) 同业拆借。

(2) 短期证券回购及商业票据交易。

(3) 总行与分支行之间的资金调度。

(4) 通过中央银行融通资金。

(5) 出售中长期证券。

(6) 出售贷款和固定资产。

知识链接 4-4

上调准备金率 提高债券收益 险资将提高债券仓位

银行存款准备金率上调，对于债券市场而言，这一调整被解读为“利好”消息，而对于投资债券占比达到50%以上的保险资金来说，也无疑迎来买进良机。联合证券近日发布的研究报告显示，上调存款准备金率有利于债券投资收益的提高。“受存款准备金率上调影响，银行购买债券的可用资金减少，导致债券需求下滑，债券价格下降，到期收益率上升。”联合证券分析，这是债券收益上升的原因之一。其次，银行贷款收紧，企业直接融资的渠道转向发债，债券供给量加大，债券价格下降，到期收益率上升。

保险业很可能从这一政策中间接获益。业内人士指出，银行存款准备金率上调，对于保险行业而言是更为纯粹的“利好”。一直以来，债券在险资投资中就占据着半壁江山，债市的安全边际也让保险资金对它格外青睐。截至2009年底，保险资金债券投资占比超过50%，数额高达1.9万亿元。目前，已有多家

险企相关人士指出，央行这一政策出台有利于险资合理配置，将会促使大量资金流入债市。事实上，从2009年下半年险资就已开始增持债券，导致增持的一大因素是通胀预期。“通货欲胀未胀是寿险公司配置债券的最佳时机。”相关专家表示。

从2009年下半年，随着通胀预期逼近，险资开始不断加仓债市。数据显示，继去年上半年险资投资债市规模不断萎缩后，下半年出现连续加仓局面，并呈现增长之势，如第三季度共加仓652亿元，而11月和12月单月增持分别为599亿元和592亿元。中国平安相关人员还表示，由于通胀将推高债券收益率，公司今年将提高债券的投资仓位。“债券收益率今年的上行空间大致在30～50个基点，保险公司新增资金将受惠于此。”安信证券有关分析师这样认为。

此外，2009年下半年险资增持债券的原因还包括银行信贷收紧和投资债券利好政策的刺激。2009年10月和12月多项险资投资债券新政出台，如企业债券投资占比由30%提升为40%，并可投一定信用评级的无担保债，这也让险企加大了投资债券的比例和债券品种。10月，一家保险公司受信贷收紧传言影响，一次性赎回30亿元基金转投中短期债券。有保险专家表示，此次存款准备金率上调将导致大量企业靠发债融资，债券收益率提高的同时，也增加了发债企业还本付息的不确定性，增持这类债券一定要关注发行企业负债规模和主营业务现金流等财务状况、偿债资金来源的充分性等。

(资料来源：http://finance.qq.com/a/20100119/004219.htm.)

知识链接4—5

法定存款准备金率上调与保险公司经营的关系

中国人民银行的这项货币政策对于保险公司的经营，从表面层次上看并没有什么影响，因为保险公司的经营对象是广大的普通投保人或者生产企业，他们与货币市场的联系远不如金融机构与货币市场那样紧密。但是实际上，法定存款准备金率的上调对于这些普通的投保人以及生产企业产生的影响将会是深远的。

法定存款准备金率的上调，实际上是表达出人民银行对货币供应量过快增长的担忧。尽管中国目前仍然处于轻微的通货紧缩之中，但是目前工业原材料和农业产品的价格普遍上涨，不少人认为这是新一轮通货膨胀的开始，主要价格指数会在一段时间的滞后期以后开始上涨，加上人民币重新估值的压力巨大，人们对未来的宏观经济走势并不像以往那样乐观。存款利率8次调整，已经使得市场基础利率降到了很低的水平线上，如若再次降息刺激经济，中国就很可能掉进“流动性陷阱”，使货币政策失效，因此利率将可能回调的预期也在广大投资者中形成。在预期的自我实现理论下，投资者纷纷调高自己在相同条件下的必要投资收益率，以抵消系统性风险的增加，而部分投资者甚至还认为中国人民银行可能会在2004年年内再次上调法定存款准备金率。作为普通投资者，保险公司的营销对象也会感受到经济局部过热、通货膨胀风险加剧的整体经济形势，那么他们在做出购买保险产品的决策过程中，将会把通货膨胀的因素考虑进去，对保险产品提出新的要求；而一旦市场利率真的上升，那么投保人还可能为了寻求更高的回报，通过退保，放弃固定预定利率的保险产品，转而投向其他的投资工具，给保险公司造成现金流动风险。如果这样的情况发生了，保险公司还可能不得不为了弥补自身现金的流动性而一次性出售部分投资资产，从而影响公司的利润。

同时，保险公司如果要进一步扩大市场份额，吸引投保，那么在设计推出新产品的时候就应当综合考虑，针对投保人的需求有针对性地开发，并完善自身的管理，力争利用投保人规避风险的心理更好地开展业务。另一方面，保险公司也应该提高自身对于利率变动的敏感性，改变保险产品对利率反应迟钝的这一劣势，在存在通货膨胀预期的形势下开发浮动费率及保额的产品，以吸引投保人投保，从而避免20世纪末期由中国人民银行调整基础利率而导致巨额利差损的局面。

(资料来源：http://jjx.onjobedu.com/jjlw/7229_2.html.)

案例分析

空白征信不利于申请贷款

王先生于 2005 年开了一家小贸易公司，法人和股东都是王先生。王先生公司的年开票额只有几万，但还算均匀。目前公司需要流动资金 10 万，由于没使用过信用卡，他的征信是空白的，他不知是否能申请到无抵押无担保贷款？

试分析：王先生是否能申请到无抵压贷款？

小　结

商业银行现金资产主要分4类：库存现金、托收中的现金、在中央银行的存款和存放同业存款。

商业银行现金资产管理应遵循总量适度原则、适时调节原则和安全保障原则。

商业银行的库存现金越多，流动性越强，赢利性则越差。要保证在必要流动性的条件下实现更多的赢利，就需将库存现金压缩到最低程度。为此，银行必须在分析影响库存现金数量变动的各种因素的情况下，准确测算库存现金的需要量，及时调节存量，并加强各项管理措施，确保库存现金的安全。

存款准备金是商业银行现金资产的主要构成部分。存款准备金的管理，包括满足中央银行法定存款准备金要求和超额准备金的适度规模控制两个方面。

商业银行现金资产管理的核心任务是保证银行经营过程中的适度流动性。为此，需要银行管理者准确地计算和预测资金头寸，为流动性管理提供可靠依据。对银行资金头寸的预测，事实上就是对银行流动性需要量的预测。

习　题

一、单项选择题

1. 商业银行对(　　)的要求必须无条件服从。
   A. 企业贷款　　B. 个人贷款
   C. 同业拆借　　D. 中央银行的法定存款准备金
2. 中央银行提高存款准备金率，将影响(　　)。
   A. 商业银行赢利水平　　B. 商业银行经营管理水平
   C. 商业银行信用创造能力降低　　D. 商业银行的信誉。
3. 商业银行现金资产主要分(　　)4 类。
   A. 现钞、硬币、在中央银行的存款、存放同业存款
   B. 库存现金、托收中的现金、在中央银行的存款、存放同业存款。
   C. 现钞、硬币、人民币、外币
   D. 现钞、硬币、黄金、白银

4．2010年年底以来，法定存款准备金率连续上调的原因是(   )。

A．银行资金过多　　B．市场需求过旺

C．中央银行需要更多资金　　D．抑制通货膨胀

二、名词解释

现金资产　　存放同业存款法定存款准备金　　资金头寸

三、判断题

1．银行的库存现金越多、流动性越强，而盈利性则越差。 (   )

2．商业银行现金资产管理的核心任务是保证银行经营过程中的适度流动性。 (   )

四、简答题

1．简述现金资产的构成。

2．简述影响库存现金量的因素。

3．商业银行头寸调度的主要渠道有哪些?

实 训 项 目

1．实训内容

网上收集资料：我国1984年以来存款准备金率调整的情况以及每次调整的原因。

2．实训要求

(1) 实训项目以个人为单位独立完成。

(2) 撰写调研报告。

项目 5　商业银行贷款业务管理

工作任务描述

贷款的操作应遵循“6C”原则，贷款要坚持行长负责制、审贷分离分级审批制度、贷款“三查”制度、离任审计制度等管理制度。按贷款风险程度可将贷款分为正常贷款、关注贷款、次级贷款、可疑贷款和损失贷款 5 类。企业信贷业务是我国商业银行的重要资产业务，是银行取得利润的主要途径。我国目前个人贷款业务初步形成了以个人住房贷款为主体，个人消费贷款以及个人经营类贷款等多品种共同发展的贷款体系。个人征信系统(个人信用信息基础数据库)是我国社会信用体系的重要基础设施，该数据库为金融机构提供个人信用状况查询服务，为货币政策和金融监管提供有关信息服务。本项目的主要任务包括贷款的分类及质量评价、企业客户分析和贷款定价、个人贷款分类及个人征信系统等。

工 作 任 务	工 作 要 求
认识贷款质量评价及贷款质量五级分类体系	(1) 熟悉贷款的分类 (2) 掌握贷款质量五级分类体系
对企业客户进行分析、企业贷款如何定价	(1) 了解企业贷款的种类 (2) 能够对企业客户进行分析 (3) 掌握企业贷款定价的方法
认识个人征信系统	(1) 掌握个人贷款分类 (2) 了解个人征信系统

知识概览

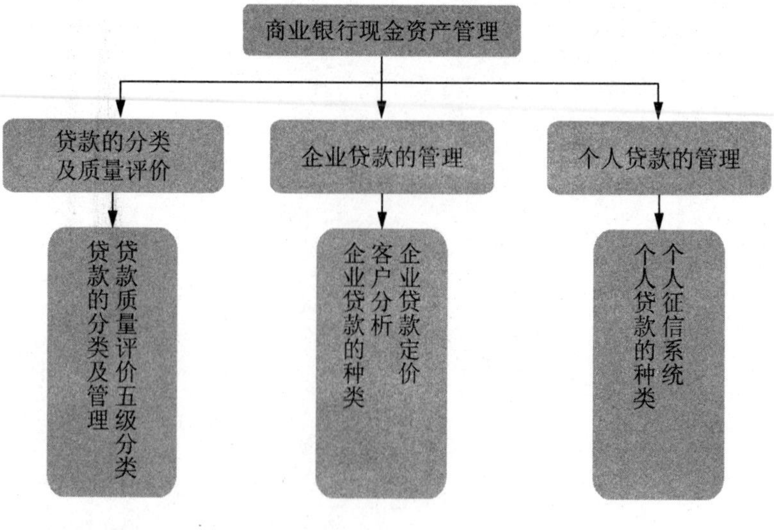

学习目标

知识目标	能力目标	学习重点和难点
(1) 认识贷款质量评价五级分类 (2) 熟悉企业客户分析方法、企业贷款如何定价 (3) 了解个人征信系统的管理与应用	(1) 能够对企业贷款的质量进行归类 (2) 能够对客户进行有效分析，提高贷款质量 (3) 清楚个人贷款的注意事项	(1) 贷款质量五级分类体系 (2) 企业客户分析 (3) 企业贷款定价 (4) 个人征信系统

导入案例

兴沪进出口公司于2005年7月向××银行申请一笔出口商品收购贷款，金额为5 000万元，银行于7月15日发放该笔贷款，由某AA级企业提供担保，期限一年，到期日为2006年7月15日。贷款到期后，由于借款人经营状况不佳，无法按时足额偿还本息，因此办理接新还旧，期限一年，到期日为2007年7月15日。但保证企业不愿意继续提供担保，故在评定兴沪进出口公司为BB级企业的情况下仍然办理了信用放款。该行贷款分析人员在2007年9月对该笔贷款进行风险分类时发现该笔贷款又已到期，借款人财务状况恶化，现金净流量为负1 500万元，仍然无法归还贷款本息。

问：1. ××银行在这笔贷款管理过程中存在哪些问题，请予以简单说明。

2. 该笔贷款在2006年8月时可定为风险分类中的哪一级？请简单说明理由。

3. 在2007年9月时应定为哪一级，说明理由。

试分析：

1. ××银行在这笔贷款管理过程中存在4个问题。

(1) 2006年企业出现亏损，无法足额偿还本息。

(2) 企业不提供担保，信用等级下降，贷款风险加大。

(3) 银行未进行有效的催收。

(4) 银行未进行有效的贷款风险回避。

2. 该笔贷款在2006年8月时可定为风险分类中的次级贷款。因为该公司的还款能力出现明显问题，完全依靠其正常经营收入无法足额偿还本息。

3. 该笔贷款在2007年9月时应定为可疑贷款。因为该公司无法足额偿还贷款本息，即使执行担保也会造成较大损失。

(资料来源：http://jwc.shfc.edu.cn/kcjs/kcjs_yinhang xdgl/ViesInfo.asp?id=502.)

5.1 贷款的分类及质量评价

5.1.1 贷款的分类及管理

1. 贷款的分类

银行服务的范围在不断拓宽，银行贷款的种类也在不断增加，这些可以满足客户不同用途的需求，如企业生产资金周转、居民住宅、汽车、接受高等教育、医疗、日常消费等。对于贷款的分类方法也多种多样。

1) 按贷款的偿还期限可以分为活期贷款和定期贷款

活期贷款又称通知贷款。这类贷款在发放时不确定偿还期限，银行可以根据自己资金调配的情况随时通知收回贷款。

定期贷款是指具有固定偿还期限的贷款，按偿还期限的长短，可以分为短期贷款、中期贷款和长期贷款 3 种。

2) 按贷款的保障程度可以分为抵押贷款和信用贷款

抵押贷款是以特定的担保品作为保证的贷款，如果借款人不履行债务，银行有权处理用作担保的担保品。作为担保品的资产必须是容易销售的。当借款人破产清算时，银行可以成为优先债权人，担保品可以在一定范围内减少银行的信贷风险。

信用贷款是指完全根据借款人的信用发放的，无须任何担保品的贷款。信用贷款一般只贷给那些信誉卓著的大公司。

3) 按贷款的偿还方式可以分为一次性还清贷款和分期偿还贷款

一次性还清贷款是指借款人在贷款到期时一次性还清贷款的本息，一般适用于借款金额较小、借款期限较短的贷款。

分期偿还贷款是指借款人按贷款协议的规定在还款期内分次偿还贷款，还款期结束，贷款全部还清。这种贷款适合于借款金额大、借款期限长的贷款项目。

4) 按贷款数量可分为“批发”贷款和“零售”贷款

“批发”贷款是指数额较大，对工商企业、金融机构等发放的贷款，借款者的借款目的是经营获利。“批发”贷款可以是抵押贷款也可以是信用贷款，借款期限可以是短期的、中期的或长期的。

“零售”贷款主要是指对个人发放的贷款，包括个人消费信贷、个人证券贷款等。“零售”贷款一般是抵押贷款方式。

2. 贷款政策原则

国际上通行一种评价借款人情况的原则，即“6C”原则，是指品质(character)、能力(capacity)、现金(cash)、抵押(collateral)、环境(conditions)和控制(control)。

1) 品质

品质是指借款人借款有明确的目的，并有能力按时足额偿还贷款。对借款人品质的判断可以通过客户的以往还款记录、其他贷款人与该客户往来的经验以及客户的信用评级。只有确认借款人具有对贷款认真负责的态度，才能考虑发放贷款。

2) 能力

能力是指借款人具有申请借款的资格和行使法律义务的能力。对于没有合法资格的借款人，银行不能与之签署贷款协议。

3) 现金

现金是可以直接用于偿还贷款的，只有充足的现金流才能保证银行贷款的及时偿还。因此，信贷员要用现金流量分析法判断借款人的现金状况，以确定其偿还贷款的能力。

4) 抵押

借款人用于抵押的资产质量是银行关心的问题，特别是用于抵押的资产的流动性、价值稳定性等关系到贷款安全的保证程度。

5) 环境

环境是指借款人或行业的近期发展趋势、经济周期的变化对借款人的影响等，这需要银行通过阅读借款者的信息档案获得。

6) 控制

控制主要涉及法律的改变、监管当局的要求和一笔贷款是否符合银行的质量标准等问题。政策法规的变化往往会改变一个行业和一个企业的借款条件，因此这些改变要引起银行的注意。

3. 贷款的操作规程

1) 贷款申请

凡符合借款条件的借款人，在银行开立结算账户、与银行建立信贷关系之后，如果出现资金需要，都可以向银行申请贷款。

借款人申请贷款必须填写《借款申请书》。《借款申请书》的基本内容包括借款人名称、性质、经营范围，申请贷款的种类、期限、金额、方式、用途，用款计划，还本付息计划以及有关的经济技术指标等。

为便于贷款人审查贷款发放，借款人在递交《借款申请书》的同时，还必须提供以下资料。

(1) 借款人及保证人的基本情况及有关法律文书，如营业执照、法人代表证明文件等。

(2) 财政部门或会计(审计)事务所核准的上年度会计报表及申请贷款前1个月的财务报表或资产负债表。

(3) 原有不合理占用贷款的纠正情况。

(4) 自有资本和自有流动资金的补充情况。

(5) 担保品及拟同意担保的有关证明文件。

(6) 贷款人认为需要提供的其他文件、证明等。

如果借款人申请中长期贷款，除了上述资料外，借款人还必须提供以下资料：项目开工前期准备工作的情况报告；在开户银行存入规定比例资金的证明；经批准下达的项目开工通知书；按规定项目竣工投资所需自有流动资金落实情况及证明材料；进出口协议或合同等。

2) 对借款人的信用等级评估

银行在对借款人的贷款申请进行深入细致的调查研究的基础上，还要利用掌握的资料，对借款人的领导者素质、经济实力、资金结构、履约情况、经营效益和发展前景等因素，进行信用评估，并划分信用等级。信用评估可以由贷款银行独立进行，评估结果由银行内部掌握使用；也可以由人民银行认可的有资格的专门信用评估机构对借款人进行统一评估，评估结果供各家银行使用。

3) 贷款调查

贷款人受理借款人申请后，应指派专人进行调查。调查的内容主要有两个方面：一是关于借款申请书内容的调查。主要审查其内容填写是否齐全、数字是否真实、印鉴是否与预留银行印鉴相符、申请贷款的用途是否真实合理等。二是贷款可行性的调查。主要调查：①借款人的品行，主要了解与借款人的资料有关的证明文件和批准文件是否有效；②借款合法性，主要了解借款的用途是否符合国家产业、区域、技术以及环保政策和经济、金融法规；③借款安全性，主要调查借款人的信用记录及贷款风险情况；④借款的赢利性，主要调查测算借款人使用贷款的赢利情况及归还贷款本息的资金来源等。

4) 贷款审批

贷款人应当建立审贷分离、分级审批的贷款管理制度。审查人员应当对调查人员提供的资料进行核实、评定，复测贷款风险度，提出意见，按规定权限报批。

5) 签订借款合同

借款申请经审查批准后，必须按《中华人民共和国经济合同法》(以下简称《经济合同法》)的规定，由银行与借款人签订《借款合同》。借款合同应当约定借款种类，借款用途、金额、利率，借款期限，还款方式，借贷双方的权利、义务、违约责任和双方认为需要约定的其他事项。保证贷款应当由保证人与贷款人签订保证合同，或保证人在借款合同上载明与贷款人协商一致的保证条款，加盖保证人的法人公章，并由保证人的法定代表人或其授权代理人签署姓名。抵押贷款、质押贷款应当由抵押人、出质人与贷款人签订抵押合同、质押合同，需要办理登记的，应依法办理登记。

6) 贷款发放

借款合同生效后，银行应按合同规定的条款发放贷款。在发放贷款时，借款人应先填好《借款借据》，经银行经办人员审核无误，并由信贷部门负责人或主管行长签字盖章，送银行会计部门，将贷款足额划入借款人账户，供借款人使用。贷款人要按借款合同规定按期发放贷款。贷款人不按合同约定按期发放贷款的，应偿付违约金。

7) 贷后检查

贷款发放后，贷款人应当对借款人执行借款合同情况及借款人的经营情况进行追踪调查和检查。检查的主要内容包括借款人是否按合同规定的用途使用贷款；借款人资产负债结构的变化情况；借款人还款能力即还款资金来源的落实情况等。对违反国家有关法律、法规、政策、制度和《借款合同》规定使用贷款的，检查人员应及时予以制止并提出处理意见。对问题突出、性质严重的，要及时上报主管领导甚至上级行采取紧急措施，以尽量减少贷款的风险损失。

8) 贷款归还

借款人应当按照借款合同规定按时足额归还贷款本息。贷款人在短期贷款到期 1 个星期之前、中长期贷款到期 1 个月之前，应当向借款人发出还本付息通知单；借款人应当及时筹备资金，按期还本付息。贷款人对逾期的贷款要及时发出催收通知单，做好逾期贷款本息的催收工作。贷款人对不能按借款合同约定期限归还的贷款，应当按规定加罚利息；对不能归还或者不能落实还本付息事宜的，应当督促归还或者依法起诉。

借款人提前归还贷款，应当与贷款人协商。

4. 贷款管理制度

1) 贷款管理行长负责制

贷款管理行长负责制，是指各级行长应当在授权范围内对贷款的发放和收回负全部责任。贷款管理行长负责制的主要内容包括：①行长是贷款管理的责任人，即贷款的安全由行长负责，保证信贷资产安全是行长的主要职责；②贷款实行分级经营管理，即行长对授权范围内的贷款的安全全权负责；③行长授权的主管人员应当对行长负责。

2) 审贷分离、分级审批制度

《商业银行法》第三十五条规定：“商业银行贷款，应当实行审贷分离、分级审批的制度”。审贷分离，是指商业银行在发放贷款时，要将贷款的审查、具体发放和管理分开的一种管理方式。审贷分离，一是指贷款经办人员同贷款审查人员分开，这种分开可能是机构上的分离，也可能不是，这要依不同的银行而定。对大银行，最好是机构分开，贷款经办人员和调查人员是一个部门，而审查人员属于另一个部门。经办部门同客户即借款人接触，但无权审批贷款；审批部门有权审批贷款但不同借款人面对面地经常接触。二是指不用从机构上分开，审批权由分支行行长(或信贷处长)掌握，或者由一个人数较少的贷款审查委员会掌握，这对于小银行是可行的。

审贷分离的目的是要减少贷款过程中的人情与关系贷款问题，增加贷款过程的客观性，从而提高贷款质量、减少不良资产。长期以来，我国银行在贷款上是审贷合一，而常常是重贷轻审，许多贷款由上级安排，结果出现了大量的政策性贷款。有的贷款明知是不能归还的，也要贷出，这给银行带来的隐患是长远的。

3) 贷款“三查”制度

(1) 贷前调查是指银行在接到贷款申请后，对申请贷款企业的基本情况进行收集、整理和分析的过程。通过调查，了解企业的情况，摸清底子，为有效地进行贷款决策、提高借款质量打下坚实的基础。

(2) 贷款审查是指银行在发放贷款时对借款企业提出的借款申请及有关材料进行审查。通过审查，确定贷与不贷、贷多贷少以及贷款期限长短，以保证贷款投向合理、投量适当。贷款审查是银行正确发放贷款的关键，其基本要求是，根据贷前调查掌握的资料，分析企业借款原因，对贷款作出正确决策。

(3) 贷款发放、检查与收回。借款企业向商业银行申请贷款，经受理后由银行信贷部门进行贷前调查和贷款审查，并按照审贷分离、分级审批的制度要求，经有权人批准之后，借贷双方正式签订贷款合同。签订贷款合同后，即可按合同规定发放贷款。同时，商业银行必须对贷款的使用和风险状况进行检查和监测，以保证贷款的按期收回。

4) 离任审计制度

离任审计又称离任稽核，是稽核人员对即将调离现工作岗位的领导干部在整个任职期间职责履行情况进行的全面监督检查和总体评价活动，是商业银行为加强对各级领导干部的监督和管理，加强和改善经营管理，提高效益，防范风险而实行的一种稽核制度。它既是对离任者在职期间经济责任的综合评价，以能使接任者心中有数，为以后的经营打下良好的基础，同时还为上级行对领导干部的考核任命提供可靠的依据。

5.1.2　贷款质量评价五级分类

我国主要借鉴以美国为代表的贷款分类方法，即把贷款分为正常、关注、次级、可疑和损失5类。

1. 正常贷款

正常贷款指借款人能够履行合同，有充分把握能按时足额偿还贷款本息的贷款。正常贷款的特征是借款人能正常还本付息，银行对借款人最终偿还贷款已有充分把握。各方面情况正常，不存在任何影响贷款本息偿还的消极因素，没有任何理由怀疑贷款会遭受损失。

2. 关注贷款

关注贷款指尽管借款人目前有能力偿还贷款本息，但存在一些可能对贷款偿还产生不利影响的因素的贷款。

关注贷款的特征是借款人偿还贷款本息没有问题，但是存在潜在的缺陷，缺陷继续下去将会影响贷款的偿还。其具体特征包括以下几个方面。

(1) 宏观经济、市场、行业的外部环境的变化对借款人的经营产生不利影响，并可能影响借款人偿债能力，如借款人所处的行业发展呈下降趋势。

(2) 企业改制(如分立、租赁、承包和合资等)对银行债务可能产生不利影响。

(3) 借款人的主要股东、关联企业或母子公司发生了重大不利变化。

(4) 借款人的一些关键财务指标，如流动性比率、资产负债率、销售利润率和存款周转率低于行业平均水平或有较大幅度下降。

(5) 借款人未能按规定使用贷款。

(6) 固定资产的项目出现重大的、不利于贷款偿还的调整，如机械项目工期延长，或概算调整幅度较大。

(7) 借款人还款意愿差，不与银行积极合作。

(8) 贷款抵押品、质押品价值下降或依法对抵押品失去控制。

(9) 贷款保证人的财务状况出现疑问。

(10) 银行对贷款缺乏有效监督。

(11) 银行信贷档案不齐全，重要文件遗失，并且对于贷款构成实质性影响。

(12) 违反贷款审批程序，如超越授权发放贷款。

这类贷款的损失概率一般不会超过 5%，逾期 90 天以内的贷款至少应划分为关注贷款。

3. 次级贷款

次级贷款指借款人的还款能力出现明显问题，完全依靠其正常营业收入无法足额偿还贷款本息，即使执行担保，也可能会造成一定损失的贷款。

次级贷款的特征是借款人的缺陷已经很明显，正常经营收入不足以保证还款，需要通过出售、变卖资产和对外融资，乃至执行担保来偿还。其具体特征包括以下几个方面。

(1) 借款人支付出现困难，并且难以获得新的资金。

(2) 借款人不能偿还对其他债权人的债务。

(3) 借款人内部管理问题未能解决，妨碍债务及时足额清偿。

(4) 借款人采用隐瞒事实等不正常手段获取的贷款。

(5) 借款人经营亏损，净现金流量为负值。

(6) 借款人不得不寻求拍卖抵押品、履行担保等还款来源。

这类贷款的损失概率为 20%～30%，逾期 90～180 天的贷款至少应划分为次级贷款。

4. 可疑贷款

可疑贷款指借款人无法足额偿还贷款本息，即使执行担保，也肯定要造成较大损失的贷款。

可疑贷款的特征是贷款已经肯定要发生一定损失，只是因为存在借款人重组、兼并、合并、抵押物处理和未决诉讼等待定因素，损失金额还不能确定。其具体特征包括以下几个方面。

(1) 借款人处于停产、半停产状态。

(2) 贷款项目如基建项目处于停缓状态。

(3) 借款人已资不抵债。

(4) 企业借改制之机，逃避银行债务。

(5) 贷款经过了重组，仍然逾期或仍然不能正常归还贷款本息，还款状况未明显改善。

这类贷款损失的概率为40%～60%，逾期180天以上的贷款至少应划分为可疑贷款。

5. 损失贷款

损失贷款指在采取了所有可能的措施或一切必要的法律程序之后，本息仍然无法收回，或只能收回极少部分的贷款。

损失贷款的特征是贷款要大部分或部分发生损失。具体表现为以下几个方面。

(1) 借款人和担保人依法宣告破产，经法定清偿后，仍不能还清的贷款。

(2) 借款人死亡，或依照《中华人民共和国民法通则》的规定，宣告失踪或死亡，以其财产或遗产清偿后，未能还清的贷款。

(3) 借款人遭受重大自然灾害或意外事故，损失巨大且不能获得补偿、确实无力偿还的部分或全部贷款。

(4) 经国务院专案批准核销的逾期的贷款。

(5) 贷款企业虽未破产，工商行政管理部门也未吊销其执照，但企业早已关停或名存实亡。

(6) 由于计划经济体制等历史原因造成的、债务人主体已经消亡、悬空的银行贷款。

这类贷款的损失率基本上是95%～100%，如果贷款逾期天数在720天以上，一般要划为损失贷款。

贷款风险分类按以下程序进行。

(1) 阅读信贷档案，填写《贷款分类认定表》。

(2) 审查贷款的基本情况。

(3) 评估还款的可能性。

(4) 确定分类结果。

知识链接 5-1

贷款五级分类——改良贷款质量管理方法

从2004年起，国有独资商业银行、股份制商业银行两类银行将奉行国际标准，取消原来并行的贷款四级分类制度，全面推行五级分类制度。

贷款五级分类制度是根据内在风险程度将商业贷款划分为正常、关注、次级、可疑、损失5类。这种分类方法是银行主要依据借款人的还款能力，即最终偿还贷款本金和利息的实际能力，确定贷款遭受损失的风险程度，其中后3类称为不良贷款。此前的贷款四级分类制度是将贷款划分为正常、逾期、呆滞、损失4类。

五级分类是国际金融业对银行贷款质量的公认的标准，这种方法是建立在动态监测的基础上，通过对借款人现金流量、财务实力、抵押品价值等因素的连续监测和分析，判断贷款的实际损失程度。也就是说，五级分类不再依据贷款期限来判断贷款质量，能更准确地反映不良贷款的真实情况，从而提高银行抵御风险的能力。

以前对银行不良贷款的分类方法是“一逾两呆”(逾期贷款是指借款合同到期未能归还的贷款，呆滞贷款是指逾期超过一年期限仍未归还的贷款，呆账贷款则指不能收回的贷款)，这是一种根据贷款期限而进行的事后监督管理方法。“一逾两呆”的不足就是掩盖了银行贷款质量的许多问题，如根据贷款到期时间来考核贷款质量，就会引发借新还旧的现象，这样就很容易将一笔不良贷款变为正常贷款，而实际上并没有降低风险。这种分类法很难甚至根本无法达到提高信贷资产质量的目的，而五级分类法正是克服了它的有关弱点，可以及时反映商业银行的盈亏状况，因此成为改良贷款质量管理方法的选择。

5.2 企业贷款的管理

5.2.1 企业贷款的种类

1. 按货币种类划分

1) 人民币贷款

人民币是我国的法定货币，以人民币为借贷货币的贷款称为人民币贷款。

2) 外汇贷款

以外汇作为借贷货币的贷款称为外汇贷款。现有的外汇贷款币种有美元、港元、日元、英镑和欧元。

2. 按信用支付方式划分

按信用支付方式分类包括贷款、承兑、保函、信用证、承诺等。

3. 按贷款期限划分

1) 透支

透支主要包括存款账户透支和信用卡透支，它是指存款人或信用卡人因急需资金而在银行授予的限额内支用超过存款一定数量货币的活动。透支没有具体的提款时间和还款时间，但通常有一个最长还款期限。

2) 短期贷款

短期贷款是指贷款期限在1年以内(含1年)的贷款。

3) 中期贷款

中期贷款是指贷款期限在1年以上(不含1年)、5年以下(含5年)的贷款。

4) 长期贷款

长期贷款是指贷款期限在5年(不含5年)以上的贷款。

4. 按贷款用途划分

1) 固定资产贷款

固定资产贷款又称固定资金贷款，是用于借款人建筑、安装、维修、更新、改造固定资产的贷款，包括基本建设贷款和技术改造贷款。

(1) 基本建设贷款，是银行对实行独立核算并具有偿还能力的各类企业和国家批准的建设单位在当地经营性的建筑、安装、工程建设进程中，因自筹资金不足而发放的贷款。它主要适用于在新建、改建和扩建工程中发生的建筑安装工程费用以及设备、工程器具购置费和其他所有费。

(2) 技术改造贷款，是对符合贷款条件的企事业单位进行技术改造、设备更新和与之关联的少量土建工程所需资金不足而发放的贷款。

2) 流动资金贷款

流动资金贷款是银行对在生产经营过程中的周转资金需要而发放的贷款。根据贷款期限的不同，可分为短期流动资金贷款和中期流动资金贷款。

5. 按贷款主体的经营特性划分

1) 生产企业贷款

生产企业贷款是对工农业等生产性企业的流动资金周转或固定资产更新、改造所需资金而发放的贷款。

2) 流通企业贷款

流通企业贷款是指对商贸等流通企业发放的主要用于采购库存商品、运输及结算所需资金的贷款。流通企业贷款主要是流动资金贷款。

3) 房地产企业贷款

房地产企业贷款主要是指房地产开发贷款。此贷款用于支持房地产企业从事住房开发、商业用房开发、土地开发和配套设施建设。

6. 按贷款经营模式划分

1) 自营贷款

自营贷款是指银行以合法方式筹集的资金自主发放的贷款，其风险由银行承担，并由银行收回本金和利息。

2) 委托贷款

委托贷款是指政府部门、企事业单位及个人等委托人提供资金，由银行(即受托人)根据委托人确定的贷款对象、用途、金额、期限、利率等代为发放、监督使用并协助收回的贷款。委托贷款的风险由委托人承担，银行(受托人)只收取手续费，不承担贷款风险，不代垫资金。

3) 特定贷款

特定贷款是指国务院批准并对贷款可能造成的损失采取相应补救措施后，责成银行发放的贷款。

4) 银团贷款

银团贷款又称辛迪加贷款，是指由两家或两家以上的银行依据同样的贷款条件并使用一份共同的贷款协议，按约定的时间和比例，向借款人发放的由一家共同的代理行管理的贷款。

7. 按贷款偿还方式划分

1) 一次还清贷款

一次还清贷款是指借款人在贷款到期时一次性还清贷款本息。短期贷款通常采取一次还清贷款的还款方式。

2) 分期偿还贷款

分期偿还贷款是指借款人与银行约定在贷款期限内分若干期偿还贷款本金。中长期贷款采用分期偿还方式，中长期消费贷款还需按季或月偿还贷款。

8. 按贷款利率划分

1) 固定利率贷款

固定利率贷款是指贷款利率在贷款期限内保持不变，遇利率调整也不分段计息的贷款。短期流动资金贷款均为固定利率贷款，即执行合同利率。

2) 浮动利率贷款

浮动利率贷款是指贷款利率在贷款期限内随市场利率或官方利率波动按约定时间和方法自动进行调整的贷款。

9. 按贷款保障方式划分

1) 信用贷款

信用贷款是指凭借款人信誉发放的贷款。其最大特点是不需要保证和抵押，仅凭借款人的信用就可以取得贷款。信用贷款风险较大，发放时从严掌握，一般仅向实力雄厚、信誉卓著的借款人发放，且期限较短。

2) 担保贷款

担保贷款包括保证贷款、抵押贷款和质押贷款。保证贷款是指以第三人承诺在借款人不能偿还贷款时，按约定承担一般保证责任或者连带保证责任而发放的贷款。银行一般要求保证人提供连带责任保证。抵押贷款是指以借款人或第三人财产作为抵押发放的贷款。如果借款人不能按期归还贷款本息，银行将行使抵押权，处理抵押物以收回贷款。质押贷款是以借款人或第三人的动产或权利作为质押物发放的贷款。

3) 票据贴现

票据贴现指银行以购买借款人未到期商业票据的方式发放的贷款，即票据收款人在票据到期以前将票据权利转让给银行，并贴付一定利息从银行取得现款的一种短期融资方式。实质上是银行以票据为担保而对持票人发放的一种贷款。

10. 按贷款风险程度划分

国际通行的贷款质量分类方法是以贷款风险程度为依据。我国银监会比较了各国在信贷资产分类方面的不同做法，结合我国国情，制定了《贷款风险分类指导原则》，规定了我国银行贷款风险分类方法，按照统一标准将贷款划分为正常、关注、次级、可疑和损失5类(本项目5.1.2所述)。

知识链接 5-2

提高公司信誉的10种方法

小型企业该如何提高自己的信用级别，最终在供应商、贷款人和客户面前建立信用呢？下面10条建议，对于任何一家小企业来说都很实用。

(1) 将企业和个人账户分开。把所有的商业支付行为都放在企业在信用机构中专有的账户下进行。积极的商业交易能够产生良好的信用跟踪记录，并能够显示未来的业绩情况。

(2) 在很多情况下，没必要提供完整的财务报表，你只需要提供关键的、高水平的数据指标(如目前的净资产及负债、营运资金净额和可变资本净值等)。

(3) 永远按时给供应商付款，如果有可能，最好提前。延期付款或者被错误地登记为延迟付款的情况会产生不良影响。密切关注你的商业信用报告，至少每个季度都应该看一下是否有任何延期付款的记录。甚至有可能会出现一些不正确的延迟付款的记录，如果是这样的话，你应该申请进行调查。

(4) 清除任何过时的公共资料。通常，银行需要企业在购买大型设备的时候，把注册资产作为抵押以换取贷款。银行都会回报交易情况，并且标明抵押物，说明该抵押物已经用于换取某一笔贷款了。等到贷款偿还完毕，抵押物就不存在任何风险了，但是如果银行没有汇报贷款偿还完毕，信用机构是不会意识到抵押物品已经完成使命，仍然会将其反应在责任项目之中。不幸的是，不是所有的金融机构都会那么勤奋，在贷款过期或者责任解除后立刻报告。

(5) 请求供应商向你的信用机构汇报同你的公司交易的情况。不幸的是，这并不是一种标准做法。这不像是消费者层面的问题，法律规定企业必须报告所有的消费者支付和交易情况。可是对于企业来说，汇报交易情况则完全是一种自愿的行为。虽然有很多企业会报告大量的商业交易和支付情况，但是和市场上发生的商业交易和支付的总体数量相比，仍然只是占其中一小部分。你可以事先请求供应商这样做，或者填写贸易说明请求。

(6) 检查每个月会自动出现在你的信用报告中的支付信息。如果你没有延期支付过账单，但是你的信用报告却记录了这样的内容，你可以要求供应商进行调查，并且纠正其中的相关信息。

(7) 一定要修改任何不正确或者已经过期的商业信息。随着你业务的增长，让你的信用档案里的信息保持随时更新，全面有效是非常重要的。例如，如果你的员工数量增加了，或者你的公司规模扩大了，这些信息通常意味着你能够获得更多的信用授权。

(8) 为你的企业创建信用记录。选择一家不需要个人信用(如 Dell、FedEx 或者 Home Depot)担保就能够为初创公司提供信用的公司开设企业账户。为你的企业创建信用记录和你个人的信用记录一样重要。

(9) 请求供应商作为信用证明人来证明你的信用记录。诸如 D&B 之类的信用机构会需要厂商提供信息，说明他们从你这里获得付款的情况。这些信息非常重要。一旦获得了厂商的证实，这些经过证实的信息就会进入目标公司的信用报告，信用报告会定期更新，以反映该公司经过重新考评获得的分数。

(10) 在你的信用档案里清除所有已经结束的官司的资料，以及任何不再适用的资料。这些都会给你的信誉以及财务健康程度带来不确定的影响。

(资料来源：http://blogs.bnet.com.cn/?uid-6865-action-viewspace-itemicl-19509.)

5.2.2 客户分析

1. 客户财务分析

客户财务分析是以客户财务报表为主要依据，运用一定的分析方法，对客户的财务过程和结果进行研究和评价，以分析客户财务状况、赢利能力、资金使用效率和偿债能力，并由此预测客户的发展变化趋势，从而为贷款决策提供依据。

商业银行向借款人借出资金的主要目的，就是期望借款人能够按照规定的期限归还贷款并支付利息。否则，不仅不能从这种资金借贷关系中获得收益，反而会遭受损失。所以，商业银行最关心的就是借款人现在和未来的偿债能力。

借款人的偿债能力和借款人的赢利能力、营运能力、资本结构和净现金流量等因素密切相关，为了准确计算和评价借款人的偿债能力，对贷款决策进行的财务分析应侧重这些内容。

赢利能力的分析就是通过一定的方法，判断借款人获取利润的能力。商业银行之所以重视借款人赢利水平高低以及赢利的稳定性和持久性，是因为赢利是借款人偿还债务的重要资金来源。借款人赢利能力越强，还本付息的资金来源越有保障，债权的风险越小。因此，对借款人赢利水平、赢利持久性的分析和判断是贷款决策中财务分析的一项重要内容。

营运能力是指通过借款人经营中各项资产周转速度所反映出来的借款人资产运用效率，它不仅能反映借款人资产管理水平和资产配置组合能力，而且也影响着借款人的偿付能力和赢利能力。从一方面看，借款人资产周转速度越快，就表明其经营能力越强；从另一方面看，资产运用效率越高，资产周转速度就越快，借款人所取得的收入和赢利就越多，赢利能力就越强，那么借款人就会有足够的资金还本付息，因而其偿债能力就越强。因此，营运能力的大小对借款人偿债能力和赢利能力的提高有着重要影响。

资金结构是指借款人全部资金来源中负债和所有者权益所占的比重和相互间的比例关系。通过分析借款人的资金结构，可以准确计算负债在资金来源中所占的比重，进而判断出借款人偿债能力的强弱。借款人资金来源结构合理，借款人的经济基础就牢固，就有较强的偿债能力，尤其是长期偿债能力。因此，资金结构分析也应是贷款决策中财务分析的一个重要方面。

2. 客户信用评级

客户信用评级是商业银行对客户偿债能力和偿债意愿的计量和评价，反映客户违约风险的大小。客户评级的评价主体是商业银行，评价目标是客户违约风险，评价结果是信用等级。符合《巴塞尔新资本协议》要求的客户信用评级必须具有两大功能：一是能够有效区分违约客户，即不同信用等级的客户违约风险随信用等级的下降而呈加速上升的趋势；二是能够准确量化客户违约风险，即能够估计各信用等级的违约概率，并将估计的违约概率与实际违约频率的误差控制在一定范围内。

客户信用评级分为外部评级和内部评级。外部评级是专业评级机构对特定债务人的偿债能力和偿债意愿的整体评估，主要依靠专家定性分析，评级对象主要是企业，尤其是大中型企业；内部评级是商业银行根据内部数据和标准(侧重于定量分析)，对客户的风险进行评价，并据此估计违约概率及违约损失率，作为信用评级和分类管理的标准。在《巴塞尔新资本协议》推出之前，商业银行以大型客户作为营销重点，其信用评估在很大程度上依靠外部评级机构。20 世纪 90 年代以来，全球经济结构发生了重大变动，大企业的经济效益下滑，大量中小企业兴起，为世界经济带来了巨大的活力。此时，依靠外部评级已经无法涵盖如此众多的中小客户群，通过内部评级对信用风险进行准确评价就变得格外重要了。

知识链接 5-3

骆驼评级体系

“骆驼”评级体系是目前美国金融管理当局对商业银行及其他金融机构的业务经营、信用状况等进行的一整套规范化、制度化和指标化的综合等级评定制度。因其 5 项考核指标，即资本充足性(capital adequacy)、资产质量(asset quality)、管理水平(management)、赢利水平(earnings)和流动性(liquidity)，其英文第一个字母组合在一起为“CAMEL”，正好与“骆驼”的英文名字相同而得名。“骆驼”评级方法因其有效性，已被世界上大多数国家所采用。当前国际上对商业银行评级考察的主要内容包括资本充足率及变化趋势、资产质量、存款结构及偿付保证、赢利状况、人力资源情况等 5 个方面基本上未跳出美国“骆驼”评级的框架。

“骆驼”评级体系的主要内容是通过对金融机构“资本的充足程度、资产质量、管理水平、赢利水平和流动性”等 5 项考评指标，采用五级评分制来评级商业银行的经营及管理水平(一级最高、五级最低)。其分析涉及的主要指标和考评标准如下

第一，资本充足率(资本/风险资产)，要求这一比率达到 6.5%～7%；

第二，有问题放款与基础资本的比率，一般要求该比率低于 15%；

第三，管理者的领导能力和员工素质、处理突发问题应变能力和董事会决策能力、内部技术控制系统的完善性和创新服务吸引顾客的能力；

第四，净利润与赢利资产之比在 1%以上为第一、二级，若该比率在 0～1%之间为第三、四级，若该比率为负数则评为第五级；

第五，随时满足存款客户的取款需要和贷款客户的贷款要求的能力，流动性强为第一级、流动性资金不足以在任何时候或明显不能在任何时候满足各方面的需要的分别为第三级和第四级。在上述基础上如果综合评级很满意或比较满意的则为第一级或第二级，不太满意和不满意的分别为第三级、第四级，不合格的为第五级。对一、二级银行监管当局一般对其今后发展提出希望性的建议；对三级银行监管当局要发出正式协议书，由被考评行签署具体计划和措施；对四、五级银行监管当局则发出“勒令书”，命令银行应该做什么、必须做什么和停止做什么，这是一种最严厉的管理措施。

"骆驼"评级体系的特点是单项评分与整体评分相结合、定性分析与定量分析相结合，以评级风险管理能力为导向，充分考虑到银行的规模、复杂程度和风险层次，是分析银行运作是否健康的最有效的基础分析模型。

3. 授信额度

简单地说，银行授信额度就是指银行能贷给客户最高的金额。

授信就是金融机构(主要指银行)对客户授予的一种信用额度，在这个额度内客户向银行借款可减少烦琐的贷款检查。一般是指银行向非金融机构客户直接提供的资金，或者对客户在有关经济活动中可能产生的赔偿、支付责任做出的保证，包括贷款、贸易融资、票据融资、透支、各项垫款等表内业务，以及票据承兑、开出信用证等表外业务。

授信可分为表内授信和表外授信两类。表内授信包括贷款、项目融资、贸易融资、贴现、透支、保理、拆借和回购等；表外授信包括贷款承诺、保证、信用证、票据承兑等。

授信按期限分为短期授信和中长期授信。短期授信指 1 年以内(含 1 年)的授信，中长期授信指 1 年以上的授信。

授信与贷款的区别是，授信不能等同于贷款。授信是一种风险控制的总的概念。贷款是银行或其他信用机构向借款人所作的借款，须在一定期限内归还，并支付利息。客户对银行的需求不仅包括贷款，还有票据、信用证等。授信包括了银行的表内、表外业务，开信用证也要授信。

4. 担保分析

贷款担保是指银行在发放贷款时，要求借款人提供担保，以保障贷款债权实现的法律行为。贷款担保的方式有保证、抵押和质押，这些担保方式可以单独使用，也可以结合使用。

贷款担保在审查时，贷款行应依据有关的法律、法规和银行的有关规定，严格审查担保的合法性、有效性和可靠性。

贷款担保的流程如下所述。

(1) 申请：企业提出贷款担保申请。

(2) 考察：考察企业的经营情况、财务情况、抵押资产情况、纳税情况、信用情况、企业主情况，初步确定担保与否。

(3) 沟通：与贷款银行沟通，进一步掌握银行提供的企业信息，明确银行拟贷款的金额和期限。

(4) 担保：与企业鉴定担保及反担保协议，资产抵押及登记等法律手续，并与贷款银行签订保证合同，正式与银行、企业确立担保关系。

(5) 放贷：银行在审查担保的基础上向企业发放贷款，同时向企业收取担保费用。

(6) 跟踪：跟踪企业的贷款使用情况和企业的运营情况，通过企业季度纳税、用电量、现金流的增长或减少最直接跟踪考察企业的经营状况。

(7) 提示：企业还贷前一个月，预先提示，以便企业提早作好还贷准备，保证企业资金流的正常运转。

(8) 解除：凭企业的银行还款单，解除抵押登记，解除与银行、企业的担保关系。

(9) 记录：记录本次担保的信用情况，分为正常、不正常、逾期、坏账 4 个档次，为后续担保提供信用记录。

(10) 归档：将与银行、企业签订的各种协议以及还贷后的凭证、解除担保的凭证等整理归档、封存，以备今后查档。

知识链接 5-4

中小企业如何获得信用贷款

国家发展和改革委员会最新提供的数据显示，目前我国在工商行政部门注册的中小企业占全国企业总数的99%，创造的最终产品和服务的价值占国内生产总值的比重超过50%，如此重要的一个贷款领域不可能不引起商业银行的重视，而传统的抵押担保模式大多是因为银行在风险方面的控制能力比较差，借贷双方信息并不对称。但随着外资银行全面展开业务，将几十年国际中小企业贷款的经验引入中国，形势又变得不一样了。

可以预见，外资银行将在中小企业理财领域展开一轮新的竞争，而这场竞争最终将吸引中资银行参与，并将大大改善优质中小企业的贷款困境。

在无抵押、无担保的信用贷款流程中，利率只是银行控制中小企业贷款风险的手段之一。有关人员介绍，他们可以有多种方式来评估一个企业的贷款能力，在审批的过程中会对客户进行综合考查，并着重于两大方面——量化分析与非量化分析。量化分析包括对财务报表、银行对账单、企业信用与经营状况、现金流等各方面的分析。而非量化分析则对个人信用度，借款人和主要股东的品行以及还款能力等进行分析。需要贷款的中小企业主，也不妨参照这些标准来进行改进，提高自己企业的获贷能力。

例如，为了考察贷款人和主要股东的品行，银行的信用经理、信贷部与客户、主要股东进行直接的交流，让对方谈谈他在这个行业的见地、他的创意、对未来公司的前景，对整个国际市场的了解，还有他在行业里面的经验。银行也会通过其他渠道进一步了解，如通过他的供应商、通过他的买家、通过他在市场的信誉，也可以通过传媒了解管理层，他做事的方法是不是精确，是不是比较忠诚。

公司未来是否具备持续赢利的能力则与其还款能力密切相关。因此中小企业未来的业绩发展的计划、产品质量、厂房以及整个生产流程都是商业银行的考察对象。这其中甚至包括他的竞争者，都将影响到它是否能够获得贷款。

(资料来源：http://www.ceconline.com/financial/ma/8800043715/01.)

5.2.3 企业贷款定价

1. 影响企业贷款定价的因素

贷款如何合理定价是银行长期以来颇感困扰的问题。定价过高，会驱使客户从事高风险的经济活动以应付过于沉重的债务负担，或是抑制客户的借款需求，使之转向其他银行或通过公开市场直接筹资；定价过低，银行无法实现赢利目标，甚至不能补偿银行付出的成本和承担的风险。随着许多国家金融管制的放松，贷款市场的竞争日趋激烈，对贷款进行科学定价较以往更为重要。广义的贷款价格包括贷款利率、贷款承诺费及服务费、提前偿付或逾期罚款等，贷款利率是贷款价格的主要组成部分。

在宏观经济运行中，影响贷款利率一般水平的主要因素是信贷市场的资金供求状况。从微观层面上考察，在贷款业务的实际操作中，银行作为贷款供给方所应考虑的因素是多方面的。

(1) 银行提供信贷产品的资金成本与经营成本。资金成本有历史平均成本和边际成本两个不同的口径，后者更宜作为贷款的定价基础。而经营成本则是银行因贷前调查、分析、评估和贷后跟踪监测等所耗费直接或间接费用。

(2) 贷款的风险含量。信贷风险是客观存在的，只是程度不同，银行需要在预测贷款风险的基础上为其承担的违约风险索取补偿。

(3) 贷款的期限。不同期限的贷款适用的利率档次不同。贷款期限越长，流动性越差，且利率走势、借款人财务状况等不确定因素愈多，贷款价格中应该反映相对较高的期限风险溢价。

(4) 银行的目标赢利水平。在保证贷款安全和市场竞争力的前提下，银行会力求使贷款收益率达到或高于目标收益率。

(5) 金融市场竞争态势。银行应比较同业的贷款价格水平，将其作为本行贷款定价的参考。

(6) 银行与客户的整体关系。贷款通常是银行维系客户关系的支撑点，故银行贷款定价还应该全面考虑客户与银行之间的业务合作关系。

最后，银行有时会要求借款人保持一定的存款余额，即存款补偿余额，以此作为发放贷款的附加条件。存款补偿余额实际上是一种隐含贷款价格，故而与贷款利率之间是此消彼长的关系。银行在综合考虑多种因素的基础上，开发出了若干贷款定价方法，每种方法体现着不同的定价策略。

2. 企业贷款定价方法

1) 成本加成定价法

成本加成定价法比较简单，假定贷款利率包括 4 个组成部分：可贷资金的成本、非资金性经营成本、违约风险的补偿费用(违约成本)、预期利润，也即在贷款成本之上加一定的利差来决定贷款利率，又称成本相加定价法。贷款利率的计算公式为

贷款利率＝筹集资金的边际利息成本＋经营成本＋预计补偿违约风险的边际成本＋银行目标利润水平

银行要准确掌握贷款资金的利息成本和经营成本水平并非易事，为此，需要一个精心设计的管理信息系统。首先，银行要归集各种债务资金的边际成本数据，计算出全部新增债务资金的加权平均边际成本，作为贷款定价的基础。然后，银行需要开发贷款经营成本的系统性测算和分解方法，将不同岗位职员的工薪和福利、经常性开支、设备成本及其他费用支出分摊到每笔贷款业务上。在计算违约成本时，银行可以将贷款划分为不同的风险等级，再根据历史资料计算各风险等级贷款的平均违约率，据此确定贷款的违约风险补偿费率。目标利润是银行为股东提供所要求的资本收益率而预期要实现的贷款利润率。

成本加成定价法考虑了贷款的融资成本、经营成本和客户的违约成本，具有一定的合理性。不过，这种定价方法也有其缺陷。它要求银行能够准确地认定贷款业务的各种相关成本，在实践中有相当的难度。而且，它没有考虑市场利率水平和同业竞争因素，而事实上，在激烈的竞争中，银行并非完全的价格制定者，而往往是价格的接受者。

2) 基准利率定价法

基准利率定价法是选择合适的基准利率，银行在此之上加上一定价差或乘上一个加成系数的贷款定价方法。基准利率可以是国库券利率、大额可转让存单利率、银行同业拆借利率、商业票据利率等货币市场利率，也可以是优惠贷款利率，即银行对优质客户发放短期流动资金贷款的最低利率。由于这些金融工具或借贷合约的共同特征是违约风险低，所以它们的利率往往被称为无风险利率(riskless interest rate)，是金融市场常用的定价参照系，故也被称为基

准(benchmark)利率。对于所选定的客户，银行往往允许客户选择相应期限的基准利率作为定价的基础，附加的贷款风险溢价水平因客户的风险等级不同而有所差异。根据此原理，银行对特定客户发放贷款的利率公式一般为

贷款利率＝基准利率＋借款者的违约风险溢价＋长期贷款的期限风险溢价

上式中后两部分是在基准利率基础上的加价。违约风险溢价的设定可使用多种风险调整方法，通常是根据贷款的风险等级确定风险溢价。不过，对于高风险客户，银行并非采取加收较高风险溢价的简单做法，因为这样做只会使贷款的违约风险上升。因此，面对较高风险的客户，银行大多遵从信贷配给思想，对此类借款申请予以回绝，以规避风险。如果贷款期限较长，银行还需加上期限风险溢价。

在 20 世纪 70 年代以前，西方银行界在运用基准利率定价法时普遍以大银行的优惠利率作为贷款定价基准。进入 70 年代，由于银行业日趋国际化，优惠利率作为商业贷款基准利率的主导地位受到伦敦银行同业拆借利率的挑战，许多银行开始使用伦敦银行同业折放利率(London inter bank offered rate，LIBOR)作为基准利率。LIBOR 为各国银行提供了一个共同的价格标准，并为客户对各银行的贷款利率进行比较提供了基准。20 世纪 80 年代后，出现了低于基准利率的贷款定价模式。由于短期商业票据市场迅速崛起，加上外国银行以接近筹资成本的利率放贷，迫使许多银行以低于优惠利率的折扣利率(通常是相当低的货币市场利率加一个很小的价差)对大客户发放贷款。不过，对中小型客户贷款仍然以优惠利率或其他基准利率(如 LIBOR)为定价基础。

知识链接 5-5

LIBOR

LIBOR 是指伦敦的第一流银行之间短期资金借贷的利率，是国际金融市场中大多数浮动利率的基础利率。作为银行从市场上筹集资金进行转贷的融资成本，贷款协议中议定的 LIBOR 通常是由几家指定的参考银行，在规定的时间(一般是伦敦时间上午 11：00)报价的平均利率。最经常使用的是 3 个月和 6 个月的 LIBOR。我国对外筹资成本即是在 LIBOR 利率的基础上加一定百分点。从 LIBOR 变化出来的，还有新加坡同业拆放利率(Singapore inter bank offered rate，SIBOR)、纽约同业拆放利率(New York inter bank offered rate，NIBOR)、香港同业拆放利率(Hongkong inter bank offered rate，HIBOR)等。

(资粮来源：http://baike.baidu.com/view/918360.htm.)

3) 客户赢利性分析法

客户赢利性分析(customer profitability analysis，CPA)是一个较为复杂的贷款定价系统，其主要思想是认为贷款定价实际上是客户关系整体定价的一个组成部分，银行在对每笔贷款定价时，应该综合考虑银行在与客户的全面业务关系中付出的成本和获取的收益。客户赢利性分析法的基本框架是评估银行从某一特定客户的银行账户中获得的整体收益是否能实现银行的利润目标，因此又称账户利润分析法。银行要将该客户账户给银行带来的所有收入与所有成本，以及银行的目标利润进行比较，再测算如何定价。公式为

账户总收入大于(小于、等于)账户总成本＋目标利润

如果账户总收入大于账户总成本与目标利润之和，意味着该账户所能产生的收益超过银行要求的最低利润目标。如果公式左右两边相等，则该账户正好能达到银行既定的利润目标。假若账户总收入小于账户总成本与目标利润之和，有两种可能的情况：一是账户收入小于成本，该账户亏损；一是账户收入大于成本，但获利水平低于银行的利润目标。在这两种情况下，银行都有必要对贷款重新定价，以实现既定的赢利目标。下面是公式中每项要素的构成和计算方法。

(1) 账户总成本。账户总成本包括资金成本、所有的服务费和管理费以及贷款违约成本。资金成本即银行提供该贷款所需资金的边际成本，这里使用的是债务资金的加权边际成本。服务和管理费用包括该客户存款账户的管理费用、客户存取款项、签发支票的服务费用、贷款的管理费用(如信用分析费用、贷款回收费用和质押品的维护费用等)及其他服务项目的费用。违约成本是银行基于贷款风险度量估算出的类似贷款平均潜在违约损失。

(2) 账户总收入。账户总收入包括银行可以从客户的账户中获得的可投资存款的投资收入、表内外业务服务费收入和对该客户贷款的利息收入及其他收入等。其中，客户账户中的可投资存款额是指该客户在计算期内的平均存款余额扣减托收未达现金、法定存款准备金后的余值。银行求出可投资存款额后，结合一定的存款收益率水平，即可计算出该客户存款给银行带来的投资收入。服务费收入主要是贷款承诺费、结算手续费等。

(3) 目标利润。目标利润是指银行资本要求从每笔贷款中获得的最低收益。目标利润根据银行既定的股东目标收益率(资本的目标收益率)、贷款分配的资本金比例(资本与资产比率)及贷款金额确定，其计算公式为

$$目标利润＝资本/总资产\times 资本的目标收益率\times 贷款额$$

如果银行使用账户利润分析法为新客户的贷款定价，就需预测客户的账户活动，在此基础上估算账户总成本和总收入，银行也可以使用该方法对老客户已发放贷款的价格水平进行评价。总的说来，如果账户净收益等于目标利润，说明贷款定价基本合理；如果客户账户净收入大于或小于目标利润，银行就应考虑调整对该客户贷款定价作上浮或下浮调整。银行也可以采用提高或降低服务价格的方式来起到调整贷款定价的作用。

(4) 成本-收益定价法。成本-收益定价法是一种把贷款的所有成本加总并将成本与管理预期收益进行比较的贷款定价方法。它由3个简单的步骤组成。

① 估算贷款将产生的所有收入。

② 估算借款人实际使用的资金额(减去借款人承诺在银行保有的存款，并加上准备金要求)。

③ 用贷款收入除以借款人实际使用的资金额从而估算出贷款的税前收益。

(5) 优惠利率加乘法。在优惠利率(由若干大银行视自身的资金加权成本确定)的基础上根据借款人的不同风险等级(期限风险与违约风险)制定不同的贷款利率。根据这一做法，贷款利率定价是以优惠利率加上某数或乘以某数。

补偿性余额是银行要求借款人在银行中保持按贷款限额或实际借用额一定百分比(一般为10%～20%)计算的最低存款余额。

补偿性余额有助于银行降低贷款风险，补偿其可能遭受的风险；对借款企业来说，补偿性余额则提高了借款的实际利率，加重了企业的利息负担。

知识链接 5-6

影响小微企业贷款风险定价的主要因素

1. 企业自身因素

影响小微企业风险的自身因素主要包括企业生产经营情况、企业现金流状况、企业家个人信誉及风险偏好和企业所处的发展阶段等。对于这些因素，银行可以利用客户评分等授信审核手段筛选客户，预估客户风险。

如同自然界的生物一样，小微企业也存在生命周期。不同发展阶段的企业有着不同的融资需求，同时也存在着不同类型的信贷风险。银行应根据小微企业的成长周期细分市场，设计不同的金融产品和风险控制手段。

2. 贷款设计因素

影响小微企业信贷风险的贷款设计因素主要有贷款金额、担保方式、本息还款方式、贷款期限等，此类风险同样应反映在贷款定价中。小微企业贷款抵押品往往难以变现、贬值速度快，还可能存在重复抵押的问题。因此，一旦发生违约，小微企业抵押贷款的回收率甚至低于企业间担保或保证类贷款。好的还款方式将会显著降低贷款风险。小微企业现金流紧张、资金来源不稳定，银行应积极研发分期偿还本息的信贷产品。这样，一方面可以动态监控企业的还款能力，另一方面还可以避免贷款到期后给企业造成的集中还款压力。研究表明，小企业贷款金额与不良贷款回收率呈现明显负相关关系。在贷款额度的确定上，应坚持“不使借款人过度负债”的原则。在确定贷款金额和还款计划时，应确保即使投资失败导致贷款资金全部损失，借款人仍有一定的偿还能力。

3. 经济周期因素

大量理论研究和实证分析发现，以经济周期为代表的宏观系统因素对信用风险有显著影响。与大企业相比，小微企业经营不确定性大，受宏观经济波动影响更为明显。在经济繁荣时，企业经营状况相对良好，资金流动性相对充足，企业还款能力强；经济低迷期，小微企业违约率会迅速上升。穆迪投资者服务公司的研究表明，小企业经济衰退期的债务回收率与经济繁荣期相比要低 1/3。而对于有抵押的贷款，不良贷款回收率在一定程度上由押品的价值决定。一般情况下，当宏观经济低迷时，小微企业押品价值下降更快。我国四大资产管理公司贷款清收数据表明，在经济增速高于 10%的繁荣时期，不良贷款平均回收率较低迷时期高出 8～10 个百分点。当然，由于贷款风险对经济周期的反映具有一定的滞后性，银行需加强对宏观经济的研究，提高预测能力，提高贷款定价的前瞻性。

4. 区域因素

我国幅员辽阔，不同地区经济发展水平、信用文化习惯和法律环境等差异明显，上述因素均会对小微企业信贷风险产生较大影响。我国不同区域经济发展程度对不良贷款的回收率也会产生影响。一项研究结果表明：区域人均 GDP 越高，不良贷款的平均回收率也越高，银行贷款风险越小；长江三角洲地区、福建省、广东省等经济水平较高的地区和省份的不良贷款平均回收率在 50%左右，而欠发达地区平均回收率约在 15%～25%，两者相差 30 个百分点以上。

5. 行业因素

产业环境直接影响企业的生产经营状况。对小微企业来说，能否选择适合发挥自身优势的行业，决定了企业生存的质量和时限。对于银行来讲，明确小微企业的行业分布，实行正确的客户行业定位，有利于降低潜在风险。在关系到国计民生的重要行业中，垄断企业主导性较强，小微企业难以生存。根据产业特点、政策导向和企业发展实际，笔者认为以下行业适合小微型企业发展。

(资料来源：http://finance.stockstar.com/MG2011062900010279_1.shtml.)

5.3 个人贷款的管理

5.3.1 个人贷款的种类

1. 个人贷款的要素

个人贷款的要素主要包括贷款对象、贷款利率、贷款期限、还款方式、担保方式和贷款额度。

1) 贷款对象

贷款对象仅限于自然人，且必须是具有完全民事行为能力的自然人，不包括法人。

2) 贷款利率

利息是借入货币的代价或贷出货币的报酬，是借贷资金的“价格”。利息水平的高低通过利率表示。利率指一定时期内利息额与借贷货币额或储蓄存款额之间的比率，即利率＝利息额/本金。利率一般可分为年利率、月利率和日利率。中国人民银行制定的各种利率为法定利率。贷款银行根据法定贷款利率和中国人民银行规定的浮动幅度，与借款人共同商定，并在借款合同中载明的某一笔具体贷款的利率称为合同利率。

个人贷款利率可根据贷款产品的特性，在一定区间内浮动。一般来说，贷款期限在1年以内(含1年)的实行合同利率，遇法定利率调整时，执行原合同利率；贷款期限在1年以上的，合同期内遇法定利率调整时，借贷双方可按商业原则调整。

3) 贷款期限

贷款期限是指从具体贷款产品发放到约定的最后还款或清偿的期限。不同产品的贷款期限不同。借款期限越长，每月还款越少，但总还款额上升，合理的贷款期限应是15～20年。

4) 还款方式

个人贷款有以下还款方式，客户可根据自己的收入情况，与银行协商，转换不同的还款方法。

(1) 到期一次还本付息法，又称期末清偿法，指借款人在贷款到期日还清贷款本息，利随本清。一般适用于期限在1年以内(含1年)的贷款。

(2) 等额本息还款法，指在贷款期内每月以相等的额度平均偿还贷款本息。计算公式为

$$每月还款额=贷款本金\times月利率\times(1+月利率)^{还款期数}/[(1+月利率)^{还款期数}-1]$$

遇到利率调整及提前还款时，应根据未偿还贷款余额和剩余还款期数调整公式，并计算每期还款额。

(3) 等额本金还款法，指在贷款期内每月等额偿还贷款本金，贷款利息随本金逐月递减。特点是定期、定额还本，每月付款及每月贷款余额定额减少。计算公式为

$$每月还款额=贷款本金/还款期数+(贷款本金-已归还贷款本金累计额)\times月利率$$

知识链接 5-7

等额本息还款法和等额本金还款法

等额本息还款法和等额本金还款法作为常用的个人住房贷款还款方法，分别适合不同情况的借款人，没有绝对的利弊之分。

从每月还款的角度讲，等额本息还款法是固定的，而等额本金还款法在还款初期高于等额本息还款法。这就意味着等额本金还款法的贷款门槛要高于等额本息还款法。在最初贷款购买房屋时，等额本金还款法的负担比等额本息还款法重，一般来说，对于经济尚未稳定而且是初次贷款购房的人来说是不利的，这也就是为什么大多数借款人采用等额本息还款法还款的原因。

另外，从银行的角度来讲，等额本金还款法的还本速度比较快，风险比等额本息还款法小。然而，银行更倾向于采取等额本息还款法的原因在于：银行相信在贷款期间借款人的收入将增加，所抵押的房产的价值将维持不变或增加。一个价格相对稳定、收入和财产价值同时增长的状况能够呈现出真实增长的宏观经济形势，这会降低采用等额本息还款法的借款人的贷款风险。同时，随着真实收入的增加，财产的价值很可能在贷款期内保持高于贷款余额的水平。因此，相对于递减速度非常缓慢的贷款余额，银行通常认为房地产的抵押价值是充足的。

(4) 等比累进还款法。借款人在每个时间段以一定比例累进的金额(分期还款额)偿还贷款，其中每个时间段归还的金额包括该时间段应还利息和本金，按还款间隔逐期归还，在贷款截止日期前全部还清本息。通常比例控制在 0～(＋/－100)%之间，且经计算后的任意一期还款计划中的本金或利息不得小于零。等比累进还款法分为等比递增还款法和等比递减还款法。预期未来收入递增可选前者，减少提前还款的麻烦；预期未来收入递减可选后者，减少利息支出。

(5) 等额累进还款法。与等比累进还款法类似，不同之处就是将在每个时间段约定还款的“固定比例”改为“固定额度”。等额累进还款法分为等额递增还款法和等额递减还款法。收入增加的客户可采取增大累进额、缩短间隔期等办法，减少利息负担；收入水平下降的客户可采取减少累进额、扩大累进间隔期等办法减轻还款压力。

(6) 组合还款法，是一种将贷款本金分段偿还，根据资金的实际占用时间计算利息的还款方式，即根据借款人未来的收支情况，首先将整个贷款本金按比例分成若干偿还阶段，然后确定每个阶段的还款年限。还款期间，每个阶段约定偿还的本金在规定的年限中按等额本息的方式计算每月偿还额，未归还的本金部分按月计息，两部分相加即形成每月的还款金额。

5) 担保方式

个人贷款可采用的担保方式主要有 3 种。

(1) 抵押担保，指借款人或第三人不转移对法定财产的占有，将该财产作为贷款的担保。借款人不履行还款义务时，贷款银行有权依法以该财产折价或以拍卖、变卖财产的价款优先受偿。

(2) 质押担保，指借款人或第三人转移对法定财产的占有，将该财产作为贷款的担保，借款人不履行还款义务时，贷款银行有权依法以该财产折价或以拍卖、变卖该财产的价款优先受偿。质押担保分为动产质押和权利质押。动产质押指借款人或第三人将其动产移交贷款银行占有，将该动产作为贷款的担保；权利质押指以汇票、支票、本票、债券、存款单、仓单、提单、依法可转让的股份、股票、商标专用权、专利权、著作权中的财产权利等《中华人民共和国担保法》(以下简称《担保法》)规定的可以质押的，或贷款银行许可的质押物作为担保。

(3) 保证担保，指保证人和贷款银行约定，当借款人不履行还款义务时，由保证人按照约定履行或承担还款责任的行为。保证人是指具有代位清偿债务能力的法人、其他经济组织或自然人。下列单位或组织不能担任保证人：国家机关；学校、幼儿园、医院等以公益为目的的事业单位、社会团体；企业法人的分支机构、职能部门，但如有法人授权，其分支机构可在授权范围内提供保证。

6) 贷款额度

贷款额度指银行向借款人提供的以货币计量的贷款产品数额。个人贷款额度可根据申请人所能提供的担保的额度及资信情况确定。如个人住房贷款的发放额度一般是按拟购(建造、大修)住房价格扣除其不低于价款20%的首期付款后的数量来确定；对购买首套自住房且套型建筑面积在90m^2以上的，贷款首付款比例不得低于30%；对已利用贷款购买住房，又申请购买第二套(含)以上住房的，贷款首付比例不得低于40%。

2. 个人贷款的种类

1) 按产品用途分类

根据产品用途的不同，个人贷款产品可以分为个人住房贷款、个人消费贷款和个人经营类贷款等。

(1) 个人住房贷款是指贷款人向借款人发放的用于购买自用普通住房的贷款。个人住房贷款包括自营性个人住房贷款、公积金个人住房贷款和个人住房组合贷款。

自营性个人住房贷款，又称商业性个人住房贷款，是指银行运用信贷资金向在城镇购买、建造或大修各类型住房的个人发放的贷款。

公积金个人住房贷款又称委托性住房公积金贷款，是指由各地住房公积金管理中心运用个人及其所在单位缴纳的住房公积金，委托商业银行向购买、建造、翻建或大修自住住房的住房公积金缴存人以及在职期间缴存住房公积金的离退休职工发放的专项住房贷款。该贷款不以营利为目的，实行“低进低出”的利率政策，带有较强的政策性，贷款额度受到限制。因此，它是一种政策性个人住房贷款。

个人住房组合贷款是指按时足额缴存住房公积金的职工在购买、建造或大修住房时，可以同时申请公积金个人住房贷款和自营性个人住房贷款，从而形成特定的个人住房贷款组合，简称个人住房组合贷款。

(2) 个人消费贷款是指银行向个人发放的用于消费的贷款。个人消费贷款是借助商业银行的信贷支持，以消费者的信用及未来的购买力为贷款基础，按照银行的经营管理规定，对个人发放的用于家庭或个人购买消费品或支付其他与个人消费相关费用的贷款。

个人消费贷款包括个人汽车贷款、个人教育贷款、个人耐用消费品贷款、个人消费额度贷款、个人旅游消费贷款和个人医疗贷款等。

① 个人汽车贷款是指银行向个人发放的用于购买汽车的贷款。

个人汽车贷款所购车辆按用途可以划分为自用车和商用车。自用车指借款人申请汽车贷款购买的，不以营利为目的的汽车；商用车是指借款人申请汽车贷款购买的、以营利为目的的汽车。

个人汽车贷款所购车辆按注册登记情况可以划分为新车和二手车。二手车是指从办理完机动车注册登记手续到规定报废年限1年之前，进行所有权变更并依法办理过户手续的汽车。

② 个人教育贷款是银行向在读学生或其直系亲属、法定监护人发放的用于满足其就学资金需求的贷款。根据贷款性质的不同，个人教育贷款可分为国家助学贷款和商业助学贷款。

国家助学贷款是由国家指定的商业银行面向在校的全日制高等学校经济确实困难的本专科学生(含高职学生)、研究生以及第二学士学位学生发放的，用于帮助他们支付在校期间的学费和日常生活费，并由教育部门设立“助学贷款专户资金”给予财政贴息的贷款，它是运用金融手段支持教育，资助经济困难学生完成学业的重要形式。国家助学贷款实行“财政贴息、风险补偿、信用发放、专款专用、按期偿还”的原则。

商业助学贷款是指银行按商业原则自主向个人发放的用于支持境内高等院校困难学费、住宿费和就读期间基本生活费的商业贷款。商业助学贷款实行“部分自筹、有效担保、专款专用、按期偿还”的原则。

③ 个人耐用消费品贷款是指银行向个人发放的用于购买大额耐用消费品的人民币担保贷款。耐用消费品通常是指价值较大、使用寿命相对较长的家用商品，包括除汽车、房屋以外的家用电器、电脑、家具、健身器材和乐器等。

该类贷款通常由银行与特约商户合作开展，即借款人需在银行指定的商户处购买特定商品。特约商户通常与银行签订耐用消费品合作协议，该类商户应有一定的经营规模和较好的社会信誉。

④ 个人消费额度贷款是指银行向个人发放的用于消费的、可在一定期限和额度内循环使用的人民币贷款。

个人消费额度贷款主要用于满足借款人的消费需求，可先向银行申请有效额度，必要时才使用，不使用贷款不收取利息。在额度有效期内，客户可以随时向银行申请使用。

⑤ 个人旅游消费贷款是指银行向个人发放的用于该个人及其家庭成员(包括借款申请人的配偶、子女及父母)参加银行认可的各类旅行社(公司)组织的国内、外旅游所需费用的贷款。借款人必须选择银行认可的重信誉、资质等级高的旅游公司，并向银行提供其与旅游公司签订的有关协议。

⑥ 个人医疗贷款是指银行向个人发放的用于解决市民及其配偶或直系亲属伤病就医时资金短缺问题的贷款。个人医疗贷款一般由贷款银行和保险公司联合当地特约合作医院办理，由借款人到特约医院领取并填写经特约医院签章认可的贷款申请书，持医院出具的诊断证明及住院证明，到开展此业务的银行申办贷款，获批准后持个人持有的银行卡和银行盖章的贷款申请书及个人身份证到特约医院就医、结账。

(3) 个人经营类贷款是指银行向从事合法生产经营的个人发放的，用于定向购买或租赁商用房、机械设备以及用于满足个人控制的企业(包括个体工商户)生产经营流动资金需求和其他合理资金需求的贷款。根据贷款用途的不同，个人经营类贷款可以分为个人经营专项贷款(以下简称专项贷款)和个人经营流动资金贷款(以下简称流动资金贷款)。

① 专项贷款是指银行向个人发放的用于定向购买或租赁商用房和机械设备，且其主要还款来源是由经营产生的现金流而获得的贷款。专项贷款主要包括个人商用房贷款(以下简称商用房贷款)和个人经营设备贷款(以下简称设备贷款)。

商用房贷款是指银行向借款人发放的购置新建自营性商业用房和自用办公用房的贷款。

设备贷款是指银行向个人发放的、用于购买或租赁生产经营活动中所需设备的贷款，如光大银行的个人工程机械按揭贷款。

② 流动资金贷款是指银行向从事合法生产经营的个人发放的、用于满足个人控制的企业(包括个体工商户)生产经营流动资金需求的贷款。流动资金贷款按照有无担保的贷款条件，分为有担保流动资金贷款和无担保流动资金贷款。

有担保流动资金贷款是指银行向个人发放的、需要担保的、用于满足生产经营流动资金需求的贷款，如中国银行的个人投资经营贷款与中国建设银行的个人助业贷款。

无担保流动资金贷款是指银行向个人发放的、无须担保的、用于满足生产经营流动资金需求的信用贷款，如标准渣打银行的“现代派”个人无担保贷款，花旗银行的“幸福时贷”个人无担保贷款。

2) 按担保方式分类

根据担保方式的不同，个人贷款产品可以分为个人抵押贷款、个人质押贷款、个人保证贷款和个人信用贷款。

(1) 个人抵押贷款是各商业银行最普遍的个人贷款产品之一，它是指贷款银行以自然人或第三人提供的、经贷款银行认可的、符合规定条件的财产作为抵押物而向个人发放的贷款。当借款人不履行还款义务时，贷款银行有权依法以该财产折价或者以拍卖、变卖财产的价款优先受偿。

(2) 个人质押贷款是指个人以合法有效的、符合银行规定条件的质物出质，向银行申请取得一定金额的人民币贷款，并按期归还贷款本息的个人贷款业务。

根据《中华人民共和国物权法》(以下简称《物权法》)第二百二十三条的规定，可作为个人质押贷款的质物主要有①汇票、支票、本票；②债券、存款单；③仓单、提单；④可以转让的基金份额、股权；⑤可以转让的注册商标专用权、专利权、著作权等知识产权中的财产权；⑥应收账款；⑦法律、行政法规规定可以出质的其他财产权利。

(3) 个人保证贷款是指银行以银行认可的，具有代为清偿债务能力的法人、其他经济组织或自然人作为保证人而向个人发放的贷款。

个人保证贷款手续简便，只要保证入愿意提供保证，银行经过核保认定保证人具有保证能力，签订保证合同即可，整个过程涉及银行、借款人和担保人三方，贷款办理时间短、环节少。个人保证贷款基本无办理费用，且出现风险时不需经过法律程序，费用也较低。如果贷款出现逾期，银行可直接向保证人扣收贷款，无须通过法律程序，出现纠纷可通过法律程序进行解决，处置程序较为简便。

(4) 个人信用贷款是指银行向个人发放的、无须提供任何担保的贷款。

个人信用贷款主要依据借款申请人的个人信用记录和个人信用等级确定贷款额度，信用等级越高，信用额度越大，反之越小。

知识链接 5-8

汽车消费贷款纠纷引发的社会问题

1. 银行盲目追求利润，降低信贷审查的门槛

汽车消费贷款市场是一个被看好的利好市场。如果能够良性运转，无论是银行还是汽车经销商、保险公司都能够从中获利。而且，汽车消费贷款往往有多种担保方式，包括保险公司的保证保险担保、汽车经销商的保证担保、物的抵押担保等。如果借款人不还贷款，可以要求担保人还，银行似乎在放贷的同时已经把风险转嫁出去，只等着从中获取利益。可是几年业务做下来，却是大面积的逃债，收益没得到还忙着追债。原因何在呢？主要是银行内控机制没有落到实处，在利益的驱动下，盲目追求利润，降低了汽车消费信贷审查的门槛。具体表现为以下几个方面：①严重违反贷款通则规定的贷款程序，对借款人的信用等级以及借款的合法性、安全性、赢利性等情况不作审查即草率发放贷款；②法律意识不强，办理贷款手续不完备，易产生漏洞；③对借款人提供的抵押物担保的真实性、有效性及实现权利的可行性审查不实，导致担保权利不能实现，还有的不按照规定办理抵押登记，导致无法实现自己的优先受偿权；④对保证人审查不严、要求过低，一些保证人只需在银行账户上存入几十万的保证金，就可以成为大批借款的担保人，达到一定数额后，这家公司突然清盘不干，最终银行便掉进了一个事先挖好的陷阱里；⑤实践中银行认可

由汽车经销商代办手续的模式，相当多购车人在办理汽车消费贷款手续时，无需直接到银行办理业务，而是由汽车经销商代为办理，购车者个人资料难免存在虚假，大大增加了还贷风险。

2. 保险公司审核保单不严，车贷险产品设计不合理

按规定，保险公司在签发保单前必须对投保人的资信情况进行调查，这是控制风险的关键。但是，为了追求利润，很多保险公司的车贷险都以“打包”形式销售，一些公司销售人员为了拉业务，大力承揽车贷险，导致保险公司在审核保单时急功近利，把关不严，内控失效，承接了大量高风险保单。还有就是车贷险产品设计不合理。例如，大部分公司的保险责任规定，保险事故发生后3个月，投保人仍未履行约定的还款义务，保险公司负责赔偿投保人未偿还的全部贷款和利息以及逾期息、罚息。目前，我国信用体系仍不健全，该规定使得保险公司实际上承担了偿还贷款的连带保证责任，信贷风险全部转嫁到了保险公司，责任范围过大，会导致银行审贷不严并极易诱发借款人道德风险。

3. 汽车经销商忽视风险防范和资信审查，甚至采取种种手段套骗银行贷款

实践中，一些银行与汽车经销商签订《汽车消费贷款业务合作协议》，约定由汽车经销商为银行提供贷款所需的有关资料，并对所提供资料的真实性、合法性负责，而银行负责对汽车经销商提供的资料进行审查并决定是否放贷。这样一来，就给汽车经销商欺瞒客户、套骗贷款提供了方便。例如，有的汽车经销商为了扩大市场份额，在经营过程中一再降低首付门槛，忽视风险防范和资信审查，甚至出现了一户多贷、恶性贷款、无效担保等现象；有的经销商甚至作零首付，自己给银行提供虚假的首付款发票，加大了车贷风险；还有的经销商以欺骗手段让贷款购车人在空白合同上签字，然后再在该空白合同上擅自填上高于贷款购车人要求的贷款数额将钱贷出自用，但却对贷款购车人称是银行审贷没通过，原来填的手续作废了，导致名义上的贷款人和实际用款人的分离。以上种种都给银行汽车消费贷款带来巨大的风险，极易诱发诚信危机。

(资料来源：http://www.110.com/ziliao/article-41574.html.)

5.3.2 个人征信系统

1. 个人征信系统的含义

个人信用征信，也就是个人信用联合征信，是指信用征信机构经过与商业银行及有关部门和单位的约定，把分散在各商业银行和社会有关方面的法人和自然入的信用信息，进行采集、加工、储存，形成信用信息数据库，为其客户了解相关法人和自然人的信用状况提供服务的经营性活动。

个人征信系统(个人信用信息基础数据库)是我国社会信用体系的重要基础设施，是在国务院领导下，由中国人民银行组织各商业银行建立的个人信用信息共享平台。该数据库采集、整理、保存个人信用信息，为金融机构提供个人信用状况查询服务，为货币政策和金融监管提供有关信息服务。

我国最大的个人征信数据库是中国人民银行建立并已投入使用的全国个人信用信息基础数据库系统，该基础数据库首先将依法采集和保存全国银行信贷信用信息，其中主要包括个人在商业银行的借款、抵押、担保数据及身份验证信息，在此基础上，将逐步扩大到保险、证券、工商等领域，从而形成覆盖全国的基础信用信息服务网络。全国个人信用信息基础数据库系统首先向商业银行提供个人信用信息的查询服务，满足商业银行对信贷征信的需求；同时依法服务于其他部门的征信需要，并依法逐步向有合格资质的其他征信机构开放。

2. 个人征信系统的主要功能

个人征信系统的功能分为社会功能和经济功能两种。

(1) 社会功能：随着该系统的建设和完善，通过对个人重要经济活动的影响和规范，逐步

形成诚实守信、遵纪守法、重合同讲信用的社会风气，推动社会信用体系建设，提高社会诚信水平，促进文明社会建设。

(2) 经济功能：帮助商业银行等金融机构控制信用风险，维护金融稳定，扩大信贷范围，促进经济增长，改善经济增长结构，促进经济可持续发展。

截至2010年底，企业和个人征信系统已经分别为近1700万户企业和7.77亿自然人建立了信用档案。“十一五”期间我国社会信用环境不断改善。

建立企业和个人征信系统是改善我国金融生态、完善金融基础设施的重要举措。企业和个人征信系统数据库信息主要是信贷信息，已经与所有商业银行、政策性银行、信用合作社以及其他金融机构连接，还与公安部的人口数据库联网，实现了个人身份信息真实性在线核查。

企业和个人征信系统已经成为商业银行贷前审查的必经环节，在商业银行贷后管理中也发挥着重要作用。

央行数据显示，截至2010年底，企业征信系统累计查询量达到1.52亿次，个人征信系统累计总查询量达到8.12亿次。

根据中国人民银行征信中心调查显示，仅2010年第三季度，商业银行利用征信系统，拒绝高风险客户信贷业务申请661.9亿元，预警高风险贷款480.7亿元，清收不良贷款47.3亿元。

中央银行也指出，社会信用意识也得到提高。越来越多的个人主动查询自己的信用报告，关心自己的信用记录。央行数据显示，个人主动查询自己信用报告的数量从2006年的97人次迅速上升到2010年的127.5万人次。

3. 个人征信系统的管理与应用

1) 个人征信系统信息来源

我国的个人标准信用信息采集工作主要通过两个渠道汇入中国人民银行的个人信用数据库。

(1) 当客户通过银行办理贷款、信用卡、担保等信贷业务时，客户的个人信用信息就会通过银行自动报送给《个人标准信用信息基础数据库》。

(2) 个人信用信息基础数据库通过与公安部、工业和信息化部、住房和城乡建设部以及人力资源和社会保障部等政府相关部门、公用事业单位进行系统对接，可以采集诸如居民身份信息、个人手机费、社保金等非银行系统信用记录情况。个人征信系统采集到上述信息后，按照数据主体对数据进行匹配、整理和保存，即将属于同一个人的所有信息整合在其名下，形成该人的信用档案，并在金融机构查询时生成信用报告。个人征信系统对采集到的数据只是进行客观展示，不做任何修改。因此，个人征信系统数据的准确性有赖于数据提供者所提供的数据的准确性。

随着信用标准化工作的不断深入开展，我国征信机构标准化个人信息采集的方式也会得到不断改进，采集范围也会随之扩大，采集效率也会进一步提高，从而使得个人信用信息记录可以更为全面、客观地反映个人的信用信息状况。

知识链接 5–9

据中央银行相关负责人2010年11月12日介绍，截至2010年9月底，全国累计建立中小企业信用信息档案210.8万户，个人征信系统收录自然人数7.1亿。

中国人民银行征信管理局巡视员在北京举行的全国征信知识宣传周启动仪式上说，在央行中小企业信用信息档案中，已有23.9万户的中小企业取得银行授信意向，14万户中小企业累计获得46 708亿元银行贷款，贷款余额25 820亿元。在中央银行个人征信系统中，有信贷记录人数约为2.2亿，系统累计提供4亿多次个人信用报告查询服务。

另据介绍，截至2010年9月底，涉农金融机构共为1.27亿农户建立了信用档案，并对其中8 037万农户进行了信用评定，获得信贷支持的农户达7 254万户，贷款发生额超过2.95万亿元，贷款余额1.24万亿元。

(资料来源：http://news.sinhuanet.com/2010-11/13/C_12769360.htm.)

2) 个人征信系统录入流程

(1) 数据录入。商业银行在贷款发放后，各机构录入人员按照借款人提交的申请资料，在录入系统中进行信息录入。录入资料包括借款申请书、借款合同、购房信息等。录入人员对录入信息的准确性、及时性和完整性负责。系统可自动生成征信数据的机构则无须人工录入。

(2) 数据报送和整理。商业银行应当遵守中国人民银行发布的个人信用数据库标准及其有关要求，准确、完整、及时地向个人信用数据库报送个人信用信息。征信服务中心建立完善的规章和采取先进的技术手段以确保个人信用信息的安全，并根据生成信用报告的需要，对商业银行报送的个人信用信息进行客观整理、保存，不得擅自更改原始数据。

当征信服务中心认为有关商业银行报送的信息可疑时，应当按有关规定的程序及时向该商业银行发出复核通知，商业银行应当在收到复核通知之日起5个工作日内给予答复。

商业银行如发现其所报送的个人信用信息不准确，应当及时报告征信服务中心，征信服务中心收到纠错报告将立即进行更正。

(3) 数据获取。个人征信系统通过专线与商业银行等金融机构系统端口相连，并通过商业银行的内联网系统实现个人信用信息定期由各金融机构提供给个人征信系统，汇总后，金融机构实现资源共享。

3) 个人征信查询系统

(1) 个人基础数据库信用信息查询主体。目前主要有3方面可以进行查询：①商业银行。在审核信贷及担保业务申请时，在取得个人书面授权同意后，可以查询个人的信用报告。另外，商业银行在对已发放信贷进行贷后风险管理的情况下，也可查询个人的信用信息。②金融监督管理机构以及司法部门等其他政府机构。根据相关法律、法规的规定，这些机构可按规定的程序查询个人信用报告。③个人。个人获得自己的信用报告之后，可以根据其意愿提供给其他机构，或通过书面申请授权给机构、个人查询的权利。现在，个人征信系统由政府出资建设管理，查询个人信用报告是征信中心提供的一种服务，原则上需要收取一定成本费用，目前暂不收费。查询可以到当地的中国人民银行分支行征信管理部门，或直接向征信中心提出书面查询申请。

(2) 个人征信查询系统的内容。个人基本信息：①个人身份信息。个人身份信息是指能反映个人身份、便于识别、联系个人的信息。该部分指标的主要提供机构和权威部门都是公安厅，是个人最重要的基础信息。该部分共包括姓名、性别、民族、出生日期、出生地、户口信息、住址信息、通讯信息、婚姻状况、配偶情况、学历信息、证件信息等信息情况。②居住信息。居住信息涵盖了被查询者的工作单位姓名、邮政编码、居住状况等信息情况。③个人职业信息。个人职业信息反映的是个人的就业情况、工作经历、职业、单位所属行业、职称、年收入等信息。该信息提供了除身份信息外可了解和识别个人信息的另一条渠道，能反映个人的工作稳定程度、从业情况、职业、相关的工作能力及资格以及一定的社会地位，能够从一定程度上反映个人的资信情况和还款能力。

信用交易信息：信用交易信息作为信用指标体系的第二部分，是记录个人经济行为、反映个人偿债能力和偿债意愿的重要信息。根据人民银行公布的《个人信用信息基础数据库管理暂行办法》，个人信贷交易信息是指商业银行提供的自然人在个人贷款、信用卡等信用活动形成的交易记录，在《个人信用报告》中，信用交易信息分为信用汇总信息和信用明细信息。其中涵盖了信用卡与贷款的明细特殊交易、个人结算账户信息、查询记录等情况。①信用卡信息。信用卡信息包括卡类型、担保方式、币种、开户日期信用额度、共享授信额度、最大负债额、透支余额、本月应还款金额、本月实际还款金额、最近一次实际还款日期、当前逾期期数、当前逾期总额、信用卡最近24个月每月还款状态记录。②贷款信息。贷款信息包括贷款种类、担保方式、比重、账户状态、还款频率、还款月数、贷款发放日期、贷款到期日期、贷款合同金额、每月还款状态记录等项目。

目前，个人征信系统的信息来源主要是商业银行等金融机构，收录的信息包括个人的基本信息、在金融机构的借款、担保等信贷信息。随着信息系统的不断发展与完善，人民银行加大了与相关政府部门信息共享协调工作的力度。

个人征信系统除了主要收录个人的信贷信息外，还将收录个人基本身份信息、民事案件强制执行信息、缴纳各类社会保障费用和住房公积金信息、已公告的欠税信息、缴纳电信等公共事业费用信息、个人学历信息以及会计师(律师)事务所、注册会计师(律师)等对公众利益有影响的特殊职业从业人员的基本职业信息。

(3) 个人征信安全管理。

① 授权查询。商业银行查询个人信用报告时应当取得被查询人的书面授权。书面授权可以通过在贷款、贷记卡、准贷记卡以及担保申请书中增加相应条款取得。

② 限定用途。中国人民银行颁布的《个人信用信息基础数据库管理暂行办法》有明确规定：除了本人以外，商业银行只有在办理贷款、信用卡、担保等业务时，或贷后管理、发放信用卡时才能查看个人的信用报告。

③ 信息安全。

存储着个人信用报告的数据库是非常安全的。个人的信息是通过保密专线从商业银行传送到征信中心的个人信用信息基础数据库的，在这个过程中没有任何人为干预，由计算机自动处理。整个系统采用了国内最先进的计算机防病毒和防黑客攻击的安全系统，个人信息如同银行存款一样安全。

④ 查询记录。个人信用信息基础数据库还对查看个人信用报告的商业银行信贷人员(即数据库用户)进行管理，每一个用户都要登记注册，而且计算机系统还自动追踪和记录每一个用户查询个人信用报告的情况，并展示在个人的信用报告中。

⑤ 违规处罚。商业银行如果违反规定查询个人的信用报告，或将查询结果用于规定范围之外的其他目的，将被责令改正，并处以1万元以上3万元以下的罚款；涉嫌犯罪的，则将依法移交司法机关处理。

⑥ 密码管理。商业银行各级用户应妥善保管自己的用户密码，至少两个月更改一次密码，并登记密码变更登记簿。各查询用户的用户名及密码仅限本人使用、严禁他人使用或将密码告知他人。

4) 个人征信系统管理模式

(1) 个人征信系统的网络流程管理。目前，个人征信系统的信用信息主要使用者是金融机构，通过专线与商业银行等金融机构总部相连(即一口接入)，并通过商业银行的内联网系统将终端延伸到商业银行分支机构信贷人员的业务柜台，从而实现个人信用信息定期由各金融机构流入个人征信系统，汇总后金融机构实时共享的功能。个人征信系统由人民银行直属单位——中国金融电子化公司开发完成。个人征信系统建立了完善的用户管理制度，对用户实行分级管理、权限控制、身份认证、活动跟踪、查询监督的政策；数据传输加压加密；对系统及数据进行安全备份与恢复；对系统进行评估，有效防止计算机病毒和黑客攻击等，建立有效安全保障体系，保证了信息的安全性。

(2) 个人征信系统的授权管理。根据《个人信用信息基础数据库管理暂行办法》规定，商业银行只能经当事人书面授权，在办理审核个人贷款申请、审核个人贷记卡和准贷记卡申请、审核个人作为担保人、对已发放的个人信贷进行贷后风险管理和受理法人或其他组织的贷款申请或其作为担保人，需要查询其法定代表人及出资人信用状况等业务时，才可以向个人信用数据库查询个人信用报告。

除对已发放的个人信贷进行贷后风险管理的情况之外，商业银行查询个人信用报告时应取得被查许人的书面授权。书面授权可以通过在贷款、贷记卡、准贷记卡以及担保申请书中增加相应条款取得。商业银行应制定贷后风险管理查询个人信用报告的内部授权制度和查询管理程序。而征信服务中心可以根据个人申请有偿提供其本人信用报告，此时，如果有申请查询，则须核实申请人身份。同时，查询人员、查询时间、查询原因等，该数据库都有记录。

商业银行应当建立保证个人信用信息安全的管理制度，确保只有得到内部授权的人员才能接触个人信用报告并经常对个人信用数据库的查询情况进行检查，确保所有查询符合规定，并定期向人民银行及征信中心报告查询检查结果。

案例分析

宜昌道乐燃气有限公司常年财务顾问建议方案

中国工商银行三峡分行营业部

作为商业银行，首先是预测公司的收益及股利情况，再运用一些财务分析和定价模型来计算企业价值。因此，我们把分析预期收益和盈利等价值决定因素的方法统称为企业基本面分析。公司的收益情况，不仅和公司自身的经营管理及科技水平密切相关，而且和企业所处的宏观经济环境以及所在的行业有着很高的关联度。

道乐公司是经商务部批准成立的中外合资企业，经营范围为天然气工程的建设和经营，天然气销售和供应及相关产品开发、设计生产、销售和维修，享有宜昌地区 30 年的天然气独家垄断经营权。其上级母公司为松桔燃气实业（深圳）有限公司。截至 2005 年 8 月该公司资产总额为 16 303 万元，流动资产合计 11 686 万元，其中：货币资金 5 071 万元，应收帐款 744 万元，其他应收帐款 108 万元，预付帐款 5 693 万元，存货 69 万元；固定资产合计 4 617 万元，其中：固定资产净值 2 232 万元，工程物资 34 万元，在建工程 2 351 万元。负债总额 9 364 万元，流动负债合计 262 万元，其中：应付帐款 68 万元；长期负债合计 9 102 万元，其中：长期借款 9 000 万元，系工行项目贷款，102 万元为计提利息。所有者权益合计 6 939 万元，其中：实收资本 7 000 万元，未分配利润-61 万元。

试分析：请你作为商业银行代表为该公司提出建议方案。

小　　结

评价借款人情况应遵循“6C”原则。贷款的操作规程包括贷款申请、对借款人的信用等级评估、贷款调查、贷款审批、签订借款合同、贷款发放、贷后检查、贷款归还等。

贷款管理制度主要包括行长负责制，审贷分离、分级审批制度、贷款“三查”制度、离任审计制度等。

按贷款风险程度可将贷款分为正常贷款、关注贷款、次级贷款、可疑贷款和损失贷款。

企业信贷业务是我国商业银行的重要资产业务，是银行取得利润的主要途径。

以客户为导向是现代银行经营价值革命的结果，客户分析是正确预测信用风险、避免其发生的关键步骤。选择优质客户，对客户品质和还款能力进行评价是银行信贷业务人员所面临的重要课题。

我国目前个人贷款业务初步形成了以个人住房贷款为主体，个人消费贷款以及个人经营类贷款等多品种共同发展的贷款体系。

个人征信系统(个人信用信息基础数据库)是我国社会信用体系的重要基础设施，该数据库采集、整理并保存个人信用信息，为金融机构提供个人信用状况查询服务，为货币政策和金融监管提供有关信息服务。

习　　题

一、单项选择题

1．一般只贷给那些信誉卓著的大公司的贷款是(　　)。

A．抵押贷款　　B．信用贷款　　C．分期偿还贷款　　D．批发贷款

2．(　　)又称通知贷款。

A．短期贷款　　B．长期贷款　　C．定期贷款　　D．活期贷款

3．以特定的担保品作为保证的贷款是(　　)。

A．抵押贷款　　B．信用贷款　　C．分期偿还贷款　　D．一次性还清贷款

4．借款人能够履行合同，有充分把握能按时足额偿还贷款本息的贷款是(　　)。

A．正常贷款　　B．关注贷款　　C．次级贷款　　D．可疑贷款

5．借款人缺陷已经很明显，正常经营收入不足以保证还款，需要通过售、变卖资产和对外融资，乃至执行担保来偿还的贷款是(　　)。

A．正常贷款　　B．关注贷款　　C．次级贷款　　D．可疑贷款

6．借款人无法足额偿还贷款本息，即使执行担保，也肯定要造成较大损失的贷款是(　　)。

A．正常贷款　　B．关注贷款　　C．次级贷款　　D．可疑贷款

7．由两家或两家以上的银行依据同样的贷款条件并使用一份共同的贷款协议，按约定的时间和比例，向借款人发放的由一家共同的代理行管理的贷款是(　　)。

A．自营贷款　　B．委托贷款　　C．特定贷款　　D．银团贷款

8．在贷款成本之上加一定的利差来决定贷款利率，这种定价方法是(　　)。

A．基准利率定价法　　B．成本加成定价法

C．客户盈利性分析法　　D．成本-收益定价法

9. 从贷款的质量风险程度分析，贷款的本息偿还仍然正常，但发生了一些可能会影响贷款偿还的不利因素，这种贷款属于(   )。

A. 正常贷款　　B. 关注贷款　　C. 次级贷款　　D. 可疑贷款

10. 银行以银行认可的，具有代为清偿债务能力的法人、其他经济组织或自然人作为保证人而向个人发放的贷款是(   )。

A. 个人抵押贷款　B. 个人质押贷款　C. 个人保证贷款　D. 个人信用贷款

二、名词解释

行长负责制　　贷款五级分类　　授信额度　　担保贷款　　抵押贷款

质押贷款　　个人住房贷款　　个人消费贷款　　个人征信系统

三、判断题

1. 贷款五级分类制度是根据内在风险程度将商业贷款划分为正常、关注、次级、可疑、损失5类，其中后3类称为不良贷款。 (   )

2. 借款人的偿债能力和借款人的赢利能力、营运能力、资本结构和净现金流量等因素密切相关。 (   )

3. 贷款担保的方式有保证、抵押和质押，这些担保方式可以单独使用，也可以结合使用。 (   )

4. 中小企业不能获得无抵押贷款。 (   )

5. 个人教育贷款是银行向在读学生或其直系亲属、法定监护人发放的用于满足其就学资金需求的贷款。 (   )

四、简答题

1. 简述贷款的操作规程。
2. 简述贷款质量评价五级分类。
3. 简述企业贷款的种类。
4. 影响企业贷款定价的因素有哪些?
5. 简述个人贷款的种类。
6. 个人征信查询系统的内容有哪些?

实 训 项 目

1. 实训内容

深入当地某中小企业(或个人)，了解其在商业银行的贷款过程。

2. 实训要求

(1) 实训项目以协作小组形式完成。每小组以3～4人为宜，确定小组负责人。

(2) 事先制订调研计划。计划内容要详细周密、切实可行。

(3) 实地调研，掌握第一手资料。

(4) 自主学习与协作学习相结合，体现小组团队合作精神。

(5) 撰写调研报告。报告内容要体现出调查分析的过程以及得出的基本结论。

项目 6 商业银行证券投资管理

工作任务描述

党的十六大确定了解放思想、实事求是、与时俱进的思想路线，提出了推进资本市场改革开放和稳定发展的整体方略，十六大会议精神为商业银行的证券投资指明了方向，带来了机遇，提供了空间。对于商业银行来说，要贯彻十六大会议精神，必须按照发展要有新思路，改革要有新突破，开放要有新局面，各项工作要有新举措的要求，积极进取，奋发有为，以规范防风险，以创新求发展，将商业银行建设成为真正的现代金融企业。过去，我国商业银行的生利资产业务主要依靠贷款，这种单一的投资渠道限制了商业银行的发展。近 10 年来，我国商业银行锐意改革，开展证券投资业务是商业银行金融创新的必然要求。大力发展证券投资业务符合国际银行业发展的大方向。

通过本项目的学习，必须掌握商业银行证券投资的基本概念，认识商业银行证券投资的功能和作用，了解商业银行证券投资的种类与内容，以及业务的特点及操作要点；理解商业银行证券投资的收益率、证券投资所面临的风险及收益与风险的关系；掌握商业银行证券投资组合的策略。本项目的重点及难点是商业银行证券投资的收益、风险及组合策略，要求结合实际进行学习理解。

工 作 任 务	工 作 要 求
认真领悟商业银行进行证券投资的功能和意义	(1) 学习和掌握必要的商业银行证券投资理论，为正确分析商业银行证券投资实务提供知识储备 (2) 运用证券投资知识分析商业银行证券投资的功能和具体品种
理解商业银行证券投资的收益和风险	(1) 通过搜集到的商业银行证券投资信息资料，分析比较不同行业、不同品种证券的盈亏情况 (2) 信息收集渠道有公开出版物、网络、新闻媒体、企业内部资料等
深入商业银行和证券公司，调查商业银行证券投资受到哪些因素的影响。了解商业银行证券投资管理的方法	(1) 调研计划要详细周密、切实可行 (2) 调研报告的内容要体现出调查分析的过程以及得出的基本结论

知识概览

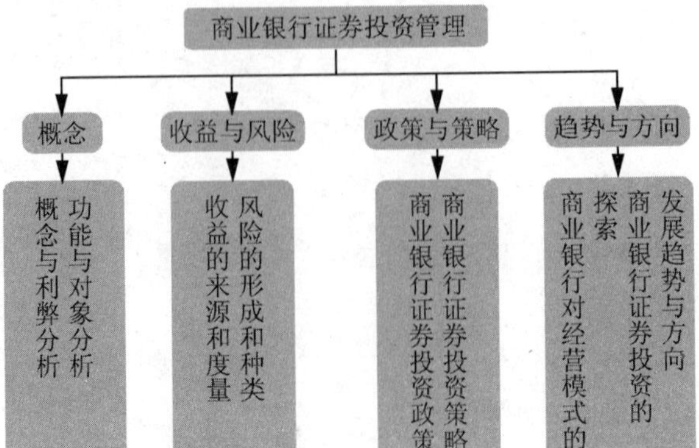

学习目标

知识目标	能力目标	学习重点和难点
(1) 明确商业银行证券投资的概念及其功能 (2) 理解商业银行证券投资的收益和风险 (3) 熟悉影响商业银行证券投资的政策和策略 (4) 了解商业银行证券投资的方法	(1) 能够学习和运用证券投资知识解释商业银行在进行证券投资的有关问题 (2) 能够识别证券投资的不同品种和不同行业的收益和风险度量 (3) 掌握证券投资信息搜集、整理和筛选的技能 (4) 具备证券投资基本分析和技术分析能力	(1) 证券投资的概念及其特征 (2) 商业银行证券投资的收益与风险 (3) 影响证券市场各类因素 (4) 商业银行证券投资管理的方法

导入案例

锌业股份：锦州市商业银行的故事也动听

近日市场又开始巨幅震荡起来，但商业银行参股概念仍是市场热点。眼睁睁地看着南京商行、宁波商行的参股公司涨了又涨，追又不甘心，参股南京商行的南京高科半年时间里已经从10元直上40元，参股宁波商行的杉杉股份则是在半年时间里从5元直上26元，如此涨幅之下，如何敢追？不追呢，又眼睁睁地看着它们一涨再涨。远在东北的一家商业银行——锦州市商业银行，如何？或许你会疑惑："这么一家经济欠发达地区的商业银行？赢利吗？何时才能上市啊？"，不要小看这家锦州市商业银行，你能想象得出它曾经上演"蛇吞象"的好戏——曾经合并了建设银行的两家县支行，还有更令你惊讶的东西在后面呢，慢慢看来——在锦州市商行的网站上，我们可以见到以下好消息。

(1) 关于创新行为，锦州商行一点都不逊色：《锦州商行获准收购异地城市信用社》继2004年初成功收购本市所辖四县十二家城市信用社、2005年购并中国建设银行黑山、北宁支行后，锦州市商业银行再次拓展发展空间的成功之举，收购抚顺市清原、新宾两县的城市信用社并设立分支机构。此举将使该行成为全国第四家、辽宁第一家在异地收购信用社并设立分支机构的城市商业银行，首开省内城市商业银行异地收购金融机构的先河。标志着该行作为地方性金融机构已经实现了跨区域经营。

(2) 关于赢利状况，更令人欣喜：今年前 4 个月，锦州商行中间业务收入占比比去年同期增长了56.61%，银行间同业市场业务收入比去年同期增加1 644万元，截至2007年4月末，锦州市商业银行实现利润11 724万元，资产收益率和资本回报率大幅提高。

(3) 关于市场最关心的IPO(initiat public offerings，首次公开募股)问题，最新消息来自6月20日上午锦州商行刚刚召开的2007年度股东大会。该次大会，应参加股东代表51人，实参加股东代表45人，占有表决权股份的 97.88%。会议听取并审议了董事长张伟所做的董事会工作报告、监事长徐化文所做的监事会工作报告、董事会秘书王晶介绍的本行异地收购城市信用社工作议案、本行股权私募工作议案、本行上市方案暨授权董事会运作上市工作议案、本行股东大会授权董事会处置不良资产及无形资产议案。会议以投票表决的方式审议通过了上述议程。

故事说到这里，你应该对锦州市商业银行产生兴趣了吧？你一定会问下一个问题：哪些上市公司参股了锦州商行啊？答案是“锌业股份(000751)2006 年报称：公司参股的锦州市商业银行，公司初始投资额 1 000 万元，本期追加投资额 2 000 万元，共计投资 3 000 万元，占被投资公司注册资本比例 2.03%。”虽然不是媒体报道中那几家最热门的城市商业银行，但苔花如米小，也学牡丹开。

(资料来源：http://money.163.com/07/0622/17/3HJVKOHG00251LJK.html.)

6.1 商业银行证券投资概述

在现代商业银行的总资产中，证券投资占据重要的地位。从 20 世纪 80 年代初一直到 90 年代，美国受联邦存款保险公司承保的银行，其资产有 20%左右分布在各种证券上，大银行的这一比例略小些，大约 15%；小银行则大些，约为 30%。20 世纪 90 年代以后，不仅各种金融创新屡屡冲破各国法规限制，使商业银行证券投资业务不断扩展，而且各国政府还纷纷放宽对商业银行证券投资的管制。证券投资为银行提供灵活的流动性的同时，在资产组合，分散风险，合理避税等方面起到积极作用。

6.1.1 商业银行证券投资的概念

1. 商业银行证券投资的定义

作为经营货币的企业，商业银行在其经营活动中，为提高企业的经济效益，商业银行需要把资金投放在各种长短期不同的证券，以实现资产的收益和保持相应的流动性，即为银行证券投资。所以，商业银行证券投资的具体含义是指商业银行将信贷资金分布在有价证券市场，买卖有价证券的一种市场经济行为。这种经济行为也是一种经营行为，它实质上是一种银行证券投资业务，也可以看作银行剩余资金的投资业务。商业银行的证券投资业务是商业银行将资金用于购买有价证券的投资行为。

2. 商业银行证券投资业务与贷款业务的异同

1) 商业银行证券投资业务与贷款业务的相同点

(1) 需要垫付资产。

(2) 会产生风险。

(3) 是商业银行的主要资产业务。

2) 商业银行证券投资业务与贷款业务的区别

(1) 流动性不同。贷款大都不能流通转让，而证券投资具的较高的流通性，可以随时在金融市场上自由买卖和转让。

(2) 地位不同。在贷款中，银行处于相对被动的地位，而在证券投资中，银行处于主动地位。

(3) 资金来源渠道与运用时间长短不同。

(4) 管理原则不同(贷款应坚持“三查制度”，证券投资应坚持“基本面与技术面分析，注重基本面，注重成长性”的原则)。

(5) 所反映的债权债务关系形式与性质不同(贷款银行与借款人之间发生直接关系，是其少数债权人之一，这种具有个人关系性质的双边关系一般通过具有法律效力的借款契约来维系；证券投资银行与证券发行人之间发生间接关系，这种不受个人关系影响的社会关系是一种市场交易性质的行为，它有专门的法律和规章来维系与保障)。

3. 商业银行从事证券投资业务的利与弊分析

1) 商业银行从事证券投资业务的利

(1) 能增加金融商品，满足顾客的多元化需求。

(2) 能增强竞争力，经营证券可以“以赢补亏”。

(3) 能降低成本，增加赢利。

(4) 能改善资产负债结构，增强资产的流动性。

(5) 能利用商业银行自成系统，机构遍布全国各地的优势，及时掌握信息，灵活经营，以较低的投入，获得较多的产出。

(6) 有利于发展和壮大金融市场，推动和深化投融资体制改革。

2) 商业银行从事证券投资业务的弊端

(1) 在一定条件下，容易导致信用扩张，增大货币供应量。

(2) 将直接融资与间接融资集于一身，容易掩盖矛盾，形成和加剧风险。

(3) 在人力、物力和财力有限的条件下，过多地参与证券投资业务，将影响其他业务尤其是商业银行主营业务的规范发展。

3) 结合我国商业银行的现状，权衡利弊

从发展的眼光来看：我国商业银行应该顺应国际商业银行的发展趋势。开展证券投资业务，应该解决好以下几个问题。

(1) 经营证券业务首先要考虑进入哪一级市场。一般是先宜在二级市场自营和经纪买卖，然后在一级市场做承销。

(2) 经营证券业务其次要考虑经营实体，是直接经营还是间接经营。如果直接经营，盈亏统一核算，则直接影响到存款人的利益；如果间接经营即另外确立经营实体，盈亏单独核算，则不直接影响存款人利益。所以，一般适宜先间接经营后直接经营。

(3) 要有法律规范，要维护证券市场的“公开、公平、公正”的“三公”交易原则。防止商业银行利用其优势(资金上、信息上、机构网点上、操作技术上的优势)造成不公平竞争。

知识链接 6-1

在城市里，银行办公大楼几乎无一例外都是全城最高的建筑，这是一个秘密，因为银行的生命线是“信任”，高大挺拔的建筑给人以稳定感和信心。一个不让人信任的银行是绝对没有生命力的。银行业务是一种信心游戏，当人们对一家银行失去信心时，就都会不约而同跑去要求取款，即使不懂经济的人也知道，银行一旦遭遇挤兑，其处境总是很困难的。银行能否度过这种传染性危机，取决于他是否有大量的现金。但从本质上来说，银行并不具备在短期内销售资产、满足存款人提取存款的能力。银行的资产主要是贷款，银行却没有可以销售贷款的市场。同时，银行通常也无权要求贷款人提前偿还贷款，即使银行有这样的权利，贷款人也很少能立即偿还。这样，银行就出现了学术界所谓的“期限结构风险”，意思是说，银行用以贷放的都是借入的资金，而银行借入资金的期限一般都要短得多。

旁观者都会警告银行“不要借短放长”。但事实上传统银行的业务就是吸收短期存款，发放长期贷款。

中国工商银行提供的住房贷款最长的达到30年，但任何人今天在工商银行存钱，明天就可以全部取出来。当然，一般来说，整个银行体系的存款余额是稳定的，只要不出现挤兑。避免单家银行挤兑的最好办法是政府向存款人承诺存的钱的安全。也就是实施存款保险。所以美国规定，银行获得银行业经营执照后，必须购买州政府所发行的债券，或者是一定数量的美国国库券。银行资产中包括一部分能随时变现的政府债券，这实际上是对存款人的一种担保，使存款人明白银行的安全有着良好的、现实的保障，当银行出现问题时，他们仍然能够随时提取存款，而对政府来说，这显然也是促销其所发行债券的捷径。

由此可见，证券投资对银行的生存与发展极为重要，它除了获取收益外，还可以在必要时迅速变现来满足银行对资产的高流动性要求，通过证券投资组合，多样化降低信用风险，克服银行资产结构单一、风险集中的问题。

6.1.2 商业银行证券投资的功能

商业银行作为经营货币资金的特殊企业，进行证券投资主要有获取收益、分散风险和增强流动性 3 个目的。商业银行证券投资的目标是实现一定风险程度下的收益最大化和一定收益条件下的风险最小化。围绕此目标，商业银行在进行证券投资过程中发挥着以下几方面的功能。

(1) 获取收益。从证券投资中获取收益是商业银行投资业务的首要目标。商业银行证券投资的收益包括利息收益和资本收益。利息收益是指银行购买一定量的有价证券后，依证券发行时确定的利率从发行者那里取得的利益。资本收益是指银行购入证券后，在出售或偿还时收到的本金高于购进价格的余额。证券投资是商业银行使其闲置的资金产生效益的最好办法，银行从事证券投资，使闲置资金得到了充分利用，增加了收益。商业银行证券投资的收益包括利息收益和资本收益。

(2) 分散风险。如果商业银行将资产全部集中在贷款上，那么一旦贷款收不回来银行就必须承担全部风险。银行将部分资金用于证券投资业务，有利于分散风险。银行通过对不同发行者、不同期限、不同收益率的证券采取分散化投资策略，将银行经营风险与投资损失降低到尽可能小的程度。而贷款很难做到这一点。降低风险的一个基本做法是实行资产分散化以分散风险。银行证券投资在分散风险方面有特殊的功效或特殊的作用。第一，证券投资为银行资产分散提供了一种选择。第二，证券投资风险比贷款风险小，更有利于资金运用。另外，证券投资比较灵活，可以根据需要随时买进卖出。

(3) 增强流动性。商业银行保持一定比例的高流动性资产是保证其资产业务安全性的重要前提。商业银行的现金资产作为应付提存的第一准备，其缺陷在于它们不是赢利资产，如果其所占比重过大，商业银行的资产收益率势必受到影响。由于短期证券可以迅速变现，而且在变现时的损失较少，大大增强了流动性。商业银行保持一定比例的高流动性资产是保证其资产业务安全的重要前提。在现金作为第一准备使用后，银行仍然需要有二级准备(指银行的短期证券投资)作为补充。此外，银行购入的中长期证券也可在一定程度上满足流动性要求，只是相对短期证券其流动性要差一些。

(4) 合理避税。商业银行投资的证券大都集中在国债和地方政府债券上，而地方政府债券往往具有税收优惠，故银行可以利用证券组合达到避税的目的，使收益进一步提高。

总之，证券投资在商业银行属于资产业务，商业银行通过证券投资来获得利润，或者是保持短期流动性。例如，商业银行购买国债，就是为了保持资金的流动性，随时可以变现，以应付存款人取款和贷款人贷款的需求。目前我国规定商业银行不可以进行股权投资。

商业银行证券投资避税的基本原则是在存在证券投资利息收入税赋差异，从而使两种债券出现税前收益率与税后收益率不一致时，银行应在投资组合中尽量利用税前收益率高的应税证券，使其利息收入弥补融资成本，并使剩余资金投资于税后收益率高的减免税证券上，从而提高证券投资赢利水平。

知识链接 6-2

合理避税

在法律允许的情况下，这个定义的关键是纳税人在税法许可的范围内，通过不违法的手段对经营活动和财务活动精心安排，尽量满足税法条文所规定的条件，以达到减轻税收负担的目的。当然，避税也不排除利用税法上的某些漏洞或含糊之处的方式来安排自己的经济活动，以减少自己所承担的纳税数额。

一般地说，避税可以认为是纳税人采取利用某种法律上的漏洞或含糊之处的方式来安排自己的事务，以减少他本应承担的纳税数额。虽然避税行为可能被认为是不道德的，但避税所使用的方式是合法的，而且不具有欺诈性质。避税是对已有税法不完善及其特有缺陷所作的显示说明，它说明了现有税法的不健全特征。税务当局往往要根据避税情况所显示出来的税法缺陷采取相应措施对现有税法进行修改和纠正。所以，通过对避税问题的研究可以进一步完善国家税收制度，有助于社会经济的进步和发展。

合理避税不同于偷税、逃税，它不是对法律的违背和践踏，而是以尊重税法、遵守税法为前提，以对法律和税收的详尽理解、分析和研究为基础，是对现有税法不完善及其特有的缺陷的发现和利用。同时，合理避税有助于保证政府和执法部门及时发现税制及税法中所存在的问题，进一步根据社会经济发展和税收征收管理的实践来健全税收制度，完善税法，有助于实现经济生活规范和社会生活规范化，有助于建立一个健全的法律社会，有利于我国在世贸组织这个大家庭中与国际社会接轨，有利于我国企业的健康发展。

避税概念在外延上有宽、狭之别。国际上将避税分为两大类，一类是可接受避税，另一类是不可接受避税，两者的划分以是否违背法律意图作为根据。可接受避税是指与法律意图相一致的避税即大概念下的避税。

1. 合理避税的方法和技巧

避税的种类按其特征和内容分为国内避税、国际避税和税负转移 3 种形式。从实用角度来看，国内避税就是指企业通过各种方法、途径和手段避开国内纳税义务。

2. 商业银行证券投资避税的原则与方法

合理避税是增加收益的重要途径。各国政府在发行国债和市政债券时，均有税收的优惠，银行可以通过合理的证券组合达到有效避税、增加收益的目的。因此，商业银行应用足税收优惠政策。

(1) 借贷的利息支出从税前利润中扣减，可以冲减利润而最终避税。

(2) 租赁是指出租人以收取租金为条件，在契约或合同规定的期限内，将资产租借给承租人使用的一种经济行为。从承租人来说，租赁可以避免企业购买机器设备的负担和免遭设备陈旧过时的风险，由于租金从税前利润中扣减，可冲减利润而达到避税。

6.1.3　商业银行证券投资的对象

20 世纪 80 年代以来，随着来自于非银行金融机构竞争压力的增大，以及金融工具和交易方式的创新，西方商业银行努力扩展证券投资的业务范围。美国等金融市场发达的国家，可供选择的证券品种相对较多。然而，在分业经营的国家里，商业银行证券投资仍以各类债券为主。我国商业银行投资就处于这种情况，目前正面临创新突破局面。

商业银行证券投资的对象目前主要是各类债券。债券按发行主体分类可以分为地方债、公司债与政府担保债券。按担保形式分类可以分为政府担保债券与一般担保债券。按期限结构分类可以分为 1 年内的短期债券、1～10 年的中期债券以及 10 年以上的长期债券。

1. 政府债券

政府债券有 3 种类型：中央政府债券、政府机构债券和地方政府债券。

1) 中央政府债券

中央政府债券，又称国家债券，是指由中央政府的财政部发行的借款凭证。按其发行对象可以分为公开销售债券和指定销售债券。公开销售债券向社会公众销售，可以自由交易；指定销售债券向指定机构销售，不能自由交易和转移。商业银行投资的政府债券一般是公开销售债券。中央政府债券与其他证券相比具有以下几个特点。

(1) 安全性高。首先保证本金的安全，在收益和风险并存的条件下低下股票和其他证券收益换取较高的安全。

(2) 流动性强。国家债券可以全部在证券交易所上市并公开价格，也可随时进行柜台交易。

(3) 抵押代用率高。中央政府债券可以用于抵押、货款。

国家债券按期限长短可分为短期和中长期国家债券。短期国家债券通常称为国库券；国库券是期限为 1 年以内的、所筹资金主要用于弥补中央财政预算暂时性的收支不平衡。国库券安全性高、流动性强、价格相对平衡，因此是商业银行重要的投资对象。中长期国家债券通常称为公债券。中长期国家债券是政府发行的期限在 1 年以上的中长期债务凭证，2～10 年为中期国家债券，10 年以上为长期国家债券，所筹资金用于平衡中央财政预算长期缺口(即赤字)。这类债券期限较长，对利率变化比较敏感，因而具有一定的利率风险。

2) 政府机构债券

政府机构债券是指除中央财政部门以外其他政府机构所发行的债券，如中央银行发行的融资债券、国家政策性银行发行的债券等。政府机构债券特点与中央政府债券十分相似，违约风险很小。故在二级市场上的交易十分活跃。政府机构债券通常以中长期债券为主，流动性不如国库券，但它的收益率比较高。它虽然不是政府的直接债务，但通常也受到政府担保，因此债券信誉比较高，风险比较低。政府机构债券通常要交纳中央所得税，不用缴纳地方政府所得税，税后收益率比较高。

3) 地方政府债券

地方政府债券是中央政府以下的各级地方政府发行的债务凭证。地方政府债券(市政债券)按其偿还保证程度分为两类，即普通债券和收益债券。普通债券一般用于提供基本的政府服务，如教育等，由地方政府的税收作担保，债券本息全部从税收收入中支付，因此安全性高。收益债券用于政府所属企业或公益事业单位的特定功用事业项目，安全性不如普通债券。

地方政府债券的发行和流通市场不如国家债券活跃。

2. 金融债券

金融债券是银行等金融机构作为筹资主体为筹措资金而面向个人发行的一种有价证券，是表明债务、债权关系的一种凭证。金融机构发行债券时可以灵活规定期限，如为了一些长期项目投资，可以发行期限较长的债券。因此，发行金融债券可以使金融机构筹措到稳定且期限灵活的资金，从而有利于优化资产结构，扩大长期投资业务。

由于银行等金融机构在一国经济中占有较特殊的地位，政府对它们的运营又有严格的监管，因此，金融债券的资信通常高于其他非金融机构债券，违约风险相对较小，具有较高的安全性。所以，金融债券的利率通常低于一般的企业债券，但高于风险更小的国债和银行储蓄存款利率。

按不同标准，金融债券可以划分为很多种类。最常见的分类有以下两种。

(1) 根据利息的支付方式，金融债券可分为附息金融债券和贴现金融债券。如果金融债券上附有多期息票，发行人定期支付利息，则称为附息金融债券；如果金融债券是以低于面值的价格贴现发行，到期按面值还本付息，利息为发行价与面值的差额，则称为贴现债券。例如，票面金额为 1 000 元，期限为 1 年的贴现金融债券，发行价格为 900 元，1 年到期时支付给投资者 1 000 元，那么利息收入就是 100 元，而实际年利率就是 11.11%。

(2) 根据发行条件，金融债券可分为普通金融债券和累进利息金融债券。普通金融债券按面值发行，到期一次还本付息，期限一般是 1 年、2 年和 3 年。普通金融债券类似于银行的定期存款，只是利率高些。累进利息金融债券的利率不固定，在不同的时间段有不同的利率，并且一年比一年高，也就是说，债券的利率随着债券期限的增加累进，如面值 1 000 元、期限为 5 年的金融债券，第 1 年利率为 9%，第 2 年利率为 10%，第 3 年为 11%，第 4 年为 12%，第 5 年为 13%。投资者可在第 1 年至第 5 年之间随时去银行兑付，并获得规定的利息。

3. 公司债券

公司债券是公司为筹措资金而发行的债务凭证，发行债券的公司向债券持有者作出承诺，在指定的时间按票面金额还本付息。

公司债券可分为两类：一类是抵押债券，是指公司以不动产或动产做抵押而发行的债券，如果债券到期公司不能还本付息，债权人就可以依法请求拍卖抵押品，将所得收入偿还债务人；另一类是信用债券，是指公司仅凭其信用发行债券。一般来说，只有那些信誉卓著的大公司才有资格发行这类债券，因为大公司实力雄厚，信用度高，容易被投资者所接受；而那些中小型公司由于不具备大公司的优势，只能发行抵押债券。

商业银行对公司债券的投资一般比较有限，其主要原因如下：

(1) 公司债券的收益一般要缴纳中央和地方所得税，税后收益比其他债券低。

(2) 公司做为私人企业，其破产倒闭的可能性比政府和地方机构大，因此公司债券的风险很大。

(3) 由于公司债券的税后收益率比较低，风险又比较高，所以公司债券在二级市场上的流动性不如政府债券。

4. 企业债券

商业银行证券投资业务中，企业债券数量一般不多的原因如下：

(1) 企业债券与政府债券相比，风险较大，尤其是一些等级较低的企业债券，承受着相当大的经营和信用风险。

(2) 企业债券的期限一般比较长，而流动性又相对较差，可能会长期占用商业银行的资金，有悖于商业银行的流动性原则。

投资企业债券的好处如下：

(1) 企业债券的收益率一般要高于其他债券，有利于增加银行的利润。

(2) 与向企业发放贷款相比，投资企业债券具有更强的流动性。

(3) 一旦企业出现经营不善的征兆，商业银行可以将债券转让变现，避免或减少蒙受的损失，所以与银行放款相比，银行投资于企业债券具有更高的安全性。

知识链接 6-3

美国著名的三大评级公司(穆迪、标准普尔、惠誉)的评级见表 6-1

表 6-1　债券评级标准及划分依据

穆迪	标准普尔	惠誉	划分依据
投资等级			
Aaa	AAA	AAA	质量最高，风险最小
Aa	AA	AA	质量高，财务状况比上面略弱
A	A	A	财务能力较强，易受经济条件变化的影响
Baa	BBB	BBB	中间等级，当期财务状况较强，缺乏优异的投资特征
投机等级			划分依据
Ba	BB	BB	具有投机特征，当期尚能支付利息，但未来不确定
B	B	B	较高投机性，对本利的偿还不确定
Caa	CCC	CCC	高度投机，违约可能性很大
Ca	CC	DDD	已经违约

5. 公司股票

股票是股份公司发给股东证明其投资并凭以领取股息的凭证，是金融市场上的长期投资工具。股票的投资者即为股份公司的股东，股东在法律上有参加企业管理的权利，有权分享公司的利益，同时也要分担公司的责任和风险，但是无权向公司要求退回投资的股金。投资者购买股票后不能退股，但可以通过股票市场转让股权，收回投资的股本。由于工商企业股票的风险比较大，因而大多数西方国家在法律上都禁止商业银行投资工商企业股票。但是，随着政府管制的放松及商业银行业务综合化的发展，股票作为商业银行的投资对象已为许多国家允许。由于我国金融市场还不成熟，对股票作为商业银行投资对象还没有明确的法律规定。本文只对商业银行进行股票投资作一般性介绍。

商业银行投资的股票一般为普通股、优先股和后配股。

1) 普通股

普通股是随着企业利润变动而变动的一种股份，是股份公司资本构成中最普通、最基本的股份，是股份企业资金的基础部分。

普通股的基本特点是其投资收益(股息和分红)不是在购买时约定，而是事后根据股票发行公司的经营业绩来确定。公司的经营业绩好，普通股的收益就高；反之，若经营业绩差，普通股的收益就低。普通股是股份公司资本构成中最重要、最基本的股份，也是风险最大的一种股份，但又是股票中最基本、最常见的一种。在我国上海证券交易所与深圳证券交易所上市的股票都是普通股。

2) 优先股

优先股是“普通股”的对称，是股份公司发行的在分配红利和剩余财产时比普通股具有优先权的股份。优先股也是一种没有期限的有权凭证，优先股股东一般不能在中途向公司要求退股(少数可赎回的优先股例外)。优先股的主要特征有三：一是优先股通常预先定明股息收益率。由于优先股股息率事先固定，所以优先股的股息一般不会根据公司经营情况而增减，而且一般也不能参与公司的分红，但优先股可以先于普通股获得股息，对公司来说，由于股息固定，它不影响公司的利润分配。二是优先股的权利范围小。优先股股东一般没有选举权和被选举权，对股份公司的重大经营无投票权，但在某些情况下可以享有投票权。

如果公司股东大会需要讨论与优先股有关的索偿权，即优先股的索偿权先于普通股，而次于债权人，优先股的优先权主要表现在两个方面。

(1) 股息领取优先权。股份公司分派股息的顺序是优先股在前，普通股在后。股份公司不论其赢利多少，只要股东大会决定分派股息，优先股就可按照事先确定的股息率领取股息，即使普遍减少或没有股息，优先股亦应照常分派股息。

(2) 剩余资产分配优先权。股份公司在解散、破产清算时，优先股具有公司剩余资产的分配优先权，不过，优先股的优先分配权在债权人之后，而在普通股之前。只有还清公司债权人债务之后，有剩余资产时，优先股才具有剩余资产的分配权。只有在优先股索偿之后，普通股才参与分配。

优先股的种类很多，为了适应一些专门想获取某些优先好处的投资者的需要，优先股有各种各样的分类方式。

3) 后配股

后配股是在利益或利息分红及剩余财产分配时比普通股处于劣势的股票，一般是在普通股分配之后，对剩余利益进行再分配。如果公司的赢利巨大，后配股的发行数量又很有限，则购买后配股的股东可以取得很高的收益。发行后配股，一般所筹措的资金不能立即产生收益，投资者的范围又受限制，因此利用率不高。

知识链接 6-4

常见的股票种类

A股、B股、H股是按英文字母作为代称的股票分类。A股是以人民币计价，面向中国公民发行且在境内上市的股票；B股是以美元、港币计价，面向境外投资者发行，但在中国境内上市的股票；H股是以港元计价在中国香港发行并上市的境内企业的股票。此外，中国企业在美国、新加坡、日本等地上市的股票，分别称为N股、S股和T股。由于A股、B股及H股的计价和发行对象不同。另外，值得一提的是，上海市挂牌B股以美元计价，而深圳市B股以港元计价，故两市股价差异较大，如果将美元、港元以人民币进行换算，便知两地股价大体一致。香港股市有所谓“红筹股”、“蓝筹股”之分。红筹股是指最大控股权直接或间接隶属于中国内地有关部门或企业，并在香港联合交易所上市的公司所发行的股份。即在港上市的中资企业。人们形容中国是红色中国，而她的国旗又是五星红旗，因此把中国相联系的上市公司发行的股票称为红筹股；美国人打牌下赌注，蓝色筹码为最高，红色筹码为中等，白色筹码为最低，后来人们就把股票市场上最有实力、最活跃的股票称为蓝筹股。蓝筹股几乎成了绩优股的代名词。随着内地陆续赴港上市，现也有人将红筹股做了更严谨的定义，即必须是某公司在港注册，接受香港法律约束的中资企业才称为红筹股，而公司在内地注册，只是借用香港资本市场筹资的企业，另称为“H股”。但一般仍以红筹股广泛地作为在港上市的中资企业的代名成长股是指发行股票时规模并不大，但公司的业务蒸蒸日上，管理良好，利润丰厚，产品在市场上有竞争力的公司的股票。热门股是指交易量大、交易周转率高、股价涨跌幅度也较大的股票。热门股的形成往往有其特定的经济、政治、社会上的原因。绩优股是指那些业绩优良，但增长速度较慢的公司的股票。这类公司有实力抵抗经济衰退，但这类公司并不能给你带来振奋人心的利润。周期股是指经营业绩随着经济周期的涨缩而变动的公司的股票。航空工业、汽车工业、钢铁及化学工业都属于此类。再生股是指经营发生困难甚至破产，经过整顿后重新获得投资者认可的企业股票。防守性股是普通股股票，这些普通股股票同股价循环股正好相反，它们在面临不确定性和商业衰退时收益和红利却要比社会平均的高，具有相对的稳定性。概念股是指能迎合某一时代潮流但未必能适应另一时代潮流的公司所发行的，股价呈巨幅起伏的股票。投机股是指那些价格很不稳定或公司前景很不确定的普通股。这主要是那些雄心很大，开发性或冒险性的公司的股票，热门的新发行股以及一些面值较低的石油与矿业公司发行的普通股票。

6. 金融创新工具

金融自由化的发展加速了金融创新。商业银行的证券投资业务也涉及一些金融创新工具。这些金融创新工具主要有结构化票据、剥离证券和资产支持证券。结构化票据在实践中效果不好，这里不作介绍，仅介绍以下两种。

1) 剥离证券

剥离证券是一种将原生长期证券的本金和利息支付分开后应发行的债券。其中，对应原生证券本金流的债券称为 PO(principal only，仅支付本金)证券。而对应原生证券利息流的债券称为 IO(interest only，仅支付利息)证券。其中最可能被剥离本金流和利息流的原生证券是长期(10 年或 15 年以上)国债和住房抵押贷款证券。

2) 资产支持证券

资产支持证券是以具有相同特征的资产(主要是贷款)为支持而发行的证券，是贷款证券化的表现。这类贷款有住房抵押贷款、汽车贷款、信用贷款和小企业贷款等。银行主要投资于住房抵押贷款支持的证券。这类证券信用风险小，收益较高，在近二十多年来获得快速发展，很受商业银行的欢迎。

6.2 商业银行证券投资的收益和风险

知识链接 6-5

证券投资的收益

证券投资是公开交易的市场，由于证券投资的大部分品种是股票，所以人们习惯于将它称为股市。股市是一个神奇的地方，在这里，资本和产业巧妙地结合在一起，产业借资本以扩张版图，资本因产业而得到增值。有人把股市比作赌场，从而对它产生排斥的情绪，但这种看法是错误的，它们两者形似而神非。股市和赌场最大的不同在于：后者是用一个零在博弈，赢家所赚的钱必然对应于输家所赔的钱，而股市则不同，所有投资者可以共同分享企业增长所带来的实惠，实现其财富梦想。虽然有部分人在股市中操作不得法，没有成熟的投资理念，追高杀跌，亏空了家当，但是不可否认的一点是，有更多的人在股市中积攒了巨大的财富。他们中有很多是为广大投资者熟知的，如股神巴菲特，大名鼎鼎的索罗斯和罗杰斯，华尔街著名的基金经理彼得林奇和比尔米勒等不一而足。或许有投资者会认为成功投资的传奇专属于西方成熟的资本市场，但是投资是没有国度，也不分市场的，成功的投资理念具有普适性，正如列子所讲的“东方有圣人出焉，西方有圣人出焉，此心同，此理同。”事实也正是如此，如日本的是川银藏，中国的私募投资教父赵丹阳，都依靠正确的投资理念获得了巨大的成功。在这些响亮名字的背后，同样蕴含的是广大投资者的财富梦想，他们或者委托成功的投资人士理财，或者身体力行纵横市场，不断积攒着惊人的财富。

股神沃伦 · 巴菲特于 1930 年 8 月出生美国内布拉斯加州奥巴马市，从小就极具投资意识，他钟情于股票和数字的程度远远超过了家族中的任何人，11 岁时就买进自己的第一只股票。1949 年，巴菲特考入哥伦比亚大学金融系，拜师于价值投资的创始人本杰明·格雷厄姆。格雷厄姆反对投机，主张通过分析企业的赢利情况、资产情况及未来前景等因素来评价股票。富有天才的巴菲特很快成了格雷厄姆的得意门生。当他21岁学成毕业的时候，获得最高A+的成绩。

1956年，25岁的巴菲特和另外7人合伙成立了一个投资公司，当时他只占100美元。1962年，巴菲特合伙人公司的资本达到了720万美元，其中有100万美元是属于巴菲特个人的。他将几个合伙人企业合并成一个“巴菲特合伙人有限公司”。最小投资额扩大到10万美元。这类似于今天的私募基金。

1965年，巴菲特收购了一家名为伯克希尔-哈撒韦的纺织企业。并把它打造成自己的旗舰投资平台。40年时间，伯克希尔公司由一家纺纱厂变成巴菲特庞大的投资金融集团。他的股票在上涨了近10 000倍，而同期标准普尔500家指数才上涨了近50倍。

而到2008年，根据福布斯的排名，巴菲特的资产总值达到620亿美元，超过比尔·盖茨，再次成为全球首富。巴菲特这个有史以来最伟大的投资家，令全世界无数的投资者都对他顶礼膜拜，人们都想学习巴菲特的投资理念，模仿他的投资风格。就连很多华尔街的基金经理们，也都是巴菲特投资理论的忠实信徒。

巴菲特投资中国石油(以下简称中石油)是在2000年中石油刚刚在香港交易所上市不久，当时股价跌破了发行价1.27港元，最低1.10港元。而就是在这种情况下，巴菲特发现了中石油的价值所在，以1.10港元到1.20港元之间的价格买进11.09亿股中石油H股；随后又以1.61港元至1.67港元不等的价格增持8.58亿股中石油H股，持股量增至23.48亿股，斥资约38亿港元，成为仅次于英国石油公司的中石油第三大股东。

7年的时间过去了，中石油H股的股价于2007年9月24日收盘达到14.30港元。巴菲特已经在中石油上的投资取得了丰厚的回报。正当中石油的股价节节上升的时候，巴菲特已经开始减持其所拥有的股份。

7月12日，巴菲特以每股平均价格12.441港元出售了1 690万股中石油的股票，涉资约为2.1亿港元，将其持有的中石油股权比例从11.05%下调至10.96%。

此后几个月内，巴菲特又几次减持中石油的股份。到2007年11月19日，已悉数清仓所有中石油股份，其所持中石油股份的套现均价约为13.47港元。总共获利277亿港元(约35.5亿美元)，7年的年收益率已经达到了16%，相当可观。但谁也没有想到，在此之后，受到国际油价屡创新高、公司油气储备新发现以及回归A股等因素的推动，中石油的股价一路飙升，到2007年12月1日创出20.25的高价。从巴菲特第一次开始减持中石油开始计算，中石油的累积升幅达35%，他因此少赚了至少128亿港元，人们不禁感叹：股神这次是不是失算了？

巴菲特后来谈到：“我当时卖掉中石油是因为我觉得它不再是物超所值，它的价格已经接近或者超过了应有的价值。”他承认，在其抛出后，中石油股票大涨让他很吃惊。巴菲特始终认为，中石油是一个基础很好的公司。如果价格再度跌到价值之下，他会考虑重新购入。

这样看来，巴菲特早早就抛出中石油，最根本的原因就是中石油还不是巴菲特所认为的应该永远保留的股票。到2006年为止，巴菲特持有可口可乐长达20年，持有美国运通长达14年，当巴菲特在2007年7月卖出中石油的时候，中石油的市盈率是15倍，而可口可乐是22.51倍，美国运通是19.25倍。中石油是亚洲最赚钱的公司，市盈率也比可口可乐和美国运通低，但为什么中石油没能成为巴菲特眼中伟大的公司呢？

正如他自己所言：“你知道的，有很多像这样很好的企业，其实我希望我买了更多，而且本应该持有更久，石油利润主要是依赖于油价，如果石油在30美金一桶的时候，我们很乐观，如果到了75美金，我不是说它就下跌，但是我就不像以前那么自信。30美金的时候是很吸引力的价格，根据石油的价格，中石油的收入在很大程度上依赖于未来10年石油的价格，我对此并不消极，不过30美元一桶的时候我非常肯定，到75美元一桶的时候我就持比较中性的态度，现在石油的价格已经超过了75美元一桶。

我们可以看出：类似于中石油这类企业利润取决于外部因素(油价和政府控制)的企业，并不能成为巴菲特眼中伟大的公司。这恐怕也是巴菲特没有投资其他石油股票的原因。巴菲特2000年出手中石油更多是因为对其价值低估，对于这种投资，巴菲特会有一个很明确的目标收益，达到就会兑现，这是巴菲特长线的投资理念。获得该他收获的部分，不该他收获的部分巴菲特绝不贪，因为还有很多的投资渠道可供选择，没必要死守这一个投资标的。从这点来看，巴菲特又一次坚守了自己的价值投资原则。之后，事实再次证明了巴菲特的远见卓识。随着全球油价越过100美元大关，向每桶120美元挺进，而中石油股价也节节跳水，跌回12港元以下。巴菲特又给全球的投资者上了生动的一课。

6.2.1 商业银行证券投资的收益

商业银行证券投资的收益主要体现在商业银行证券交易投资业务对其利润的贡献上，它主要有以下几方面的收益来源。

1. 利息收益

证券投资的利息收益主要指债券的票息收益。票息收益高低取决于两个因素，一是证券投资金额大小，二是票息利率的高低。各银行证券投资金额占总资产的比例不同，收益总量也有明显差异。

2. 交易收益

交易收益是指银行在现货证券市场和衍生产品市场通过交易实现的收益。各家银行交易收益占非利息收入的比例差异很大，这反映了各家银行对于交易业务的参与程度以及交易能力的差异。一般而言，资产规模大、国际化程度高的银行交易收益占比要高。

3. 投资收益率的计算

证券投资收益水平可以通过投资收益率的计算来确定。

投资收益率的计算方法主要有以下几种。

1) 票面的收益率

票面的收益率又称名义收益率，是指证券票面收益与票面额的比率。附有息票的债券，其名义收益率也是息票率。息票率＝息票利息额/债券面值×100%。

2) 当前收益率

当前收益率是债券到期前按当前市场价格出售或购买时的收益率。它体现出债券市场价格对债券收益率的影响。当前收益率等于债券票面收益除以当前市场价格。它是证券票面利息与证券市场价格的比率。

3) 到期收益率

到期收益率是指持券人一直将债券持有到最终期限时的实际收益率，是票面收益率、市场利率、票面价格、购买价格及购买成本等因素综合作用而得到的收益率。到期收益率是衡量银行持有到期证券收益较为科学的指标，因为到期收益率把证券未来所产生的现金流全部贴现到现在，考虑到资金时间价值，比票面收益率和和当前收益率更为全面和准确。到期收益率用公式表示为

到期收益率＝[(到期本息和－债券买入价)/剩余到期年限]/债券买入价×100%

4) 到期税后收益率

在有些国家，投资者购买债券的利息收入也要缴纳所得税，纳税后的收益才是净收益或实际收益。因此，在计算到期收益率时应把资本赢利的差别税率考虑进去，作为一个负因素予以扣除。

5) 持有期收益率

债券持有期收益率＝[债券年利率＋(债券卖出价－债券买入价)/持有年限)]/债券买入价×100%

股票持有期收益率是投资者持有股票期间的股息收入与买卖差价占股票买入价格的比率。股票持有期收益率的公式为

股票持有期收益率＝[出售股价－购买股价/持有年限＋年现金股利]/本期股票价×100%

6.2.2 商业银行证券投资的风险

1. 商业银行证券投资占总资产的比例与风险的形成

一般而言，商业银行进行证券投资业务主要出于 3 个目的：一是将证券作为生息资产，意在获取资金来源与资产运用之间的利差；二是出于交易目的，赚取基于客盘的买卖价差或者自营交易的资本利得；三是用证券来进行资产负债管理，调配资产与负债的持续期结构。当然，在利用债券进行资产负债管理的同时，银行也会综合考虑证券本身的收益状况。虽然各商业银行的目的各异，经营策略不同，但是最终结果是资产结构中都会存在相当比例的证券投资。当商业银行证券投资占总资产比例过大时，必然会形成过量风险，有时甚至会威胁到商业银行的生存，如美国的次贷危机就是一个典型的例子。目前，许多投资银行为了赚取暴利，采用 20～30 倍杠杆操作，假设一个银行 A 自身资产为 30 亿，30 倍杠杆就是 900 亿。也就是说，这个银行 A 以 30 亿资产为抵押去借 900 亿的资金用于投资，假如投资赢利 5%，那么 A 就获得 45 亿的赢利，相对于 A 自身资产而言，这是 150%的暴利。反过来，假如投资亏损 5%，那么银行 A 赔光了自己的全部资产还欠 15 亿。最终导致破产。

2. 我国商业银行和证券业合作的现状

投资者投资证券希望获得到期收益，但由于投资过程中不确定因素太多。投资者的资金有时不但不能获得收益甚至损失本金。这就是商业证券投资的风险。

商业银行对证券投资业务风险要给予特别关注，尽管目前我国商业银行尚不能进入二级市场进行股票交易，但银行业和证券业已经开展了非常广泛和卓有成效的合作。合作领域主要体现在 5 个方面。

(1) 商业银行为证券公司提供了资金存款和交易清算服务，同时为交易提供快捷高效的不可或缺的清算服务，建立了汇划，结算，清算于一体的服务体系。

(2) 商业银行为证券公司提供资金支持。

(3) 商业银行可以实行代理证券业。

(4) 银证双方可以在资产领域开展合作，银证可以在货币市场、资本市场进行多方面的合作，形成商业银行与证券公司双赢的局面。

(5) 从商业银行的角度看，通过融资可以有效地解决流通性问题，有助于利用资金资源把握市场机会，实现自有资金的保值、增值，吸引更多的银行客户进入证券市场，同时降低经营成本。

随着我国证券监管当局对证券业机构监管力度的加大和证券公司市场退出机制的确立，商业银行的证券公司业务所面临的各类风险逐渐显现。例如，撤销鞍山证券，关闭大连证券，托管富有证券，以及行政接管南方证券等，每一次证券公司的市场退出和调整不仅给国家造成损失，也对银行机构带来巨大风险。对此，商业银行和有关各方应积极采取措施，分析风险成因，度量风险大小，控制风险发生。

3. 我国商业银行投资所面临的风险

1) 系统性风险

系统性风险一般是指政策风险、宏观经济风险、市场周期波动风险和通货膨胀风险等，

这些风险影响证券市场上的所有证券，不能通过多样化投资来化解，所以又称不可分散风险。

(1) 政策风险与宏观经济风险。国家的宏观经济发展状况直接影响证券市场上投资者的投资信心。政策的重大变化也会给投资者以巨大的影响。1996 年 12 月 26 日，人民日报社论《要正确认识当前的股票市场》的发表和证券交易税从 3‰调高到 5‰，曾导致股票市场暴跌。商业银行证券投资的发展历程，同样是紧随着国家对商业银行混业经营模式上政策的变化。

(2) 市场周期波动风险。市场周期波动风险是指由空头和多头等市场条件所引起的投资总收益变动中的相应部分。当证券指数从周期波动某个较低点(波谷)持续稳定上升时，这种上升趋势称为多头市场(bull market，牛市)。多头市场在市场指数达到某个较高点(波峰)并开始下降结束。而空头市场(bear market，熊市)则是市场指数从较高点一直呈下降趋势至某个较低点。从这个点开始，证券市场又进入多头市场，多头市场和空头市场的这种交替，导致市场收益发生变动，进而引起市场风险。需要指出的是，多头市场的涨潮和空头市场的跌风是就市场总趋势而言的。实际上，在多头市场上，证券也可能出现跌势，而在空头市场上，也有些证券呈现涨态。

引起空头和多头市场交替的重要决定因素是经济周期(business cycle)，它是整个国民经济活动的一种波动。经济周期包括 4 个阶段，即高涨、衰退、萧条和复苏，这几个阶段依次循环，但不是定期循环。多头市场是从萧条开始，经复苏到高涨，而空头市场则是从高涨开始，经衰退到萧条。因此，一个较好的投资时期选择应该是这样的，恰好在证券市场价格于多头市场上升前买进，恰好在证券市场价格于空头市场降低前卖出，即买低卖高。

(3) 利率风险是指市场利率的变动影响证券的市场价格，从而给投资者带来损失的风险。市场利率与证券价格呈反方向变化：当市场利率上涨时，证券价格必然下跌；反之，当市场利率下跌时，证券价格必然上升。当市场利率上涨，证券价格下跌时，固定利率的投资者此时出售，价格上受损失；不出售，则利息上受损失。

另一方面，利率风险对持有不同期限的投资者有不同的影响。一般来说，长期债券对利率变动的敏感性要大于短期债券。利率上升，长期债券持有者遭到的损失大于短期债券；利率下降，长期债券获得的利益要高于短期债券。

(4) 通货膨胀风险是指因物价水平发生变化导致投资资本收益的不确定性而造成的损失。物价水平连续上涨后，货币购买力随之下降，致使货币持有者无形中受损。当然，也使投资者承担通货膨胀的损失。在进行购买力风险的分析时，应将名义收益率与通货膨胀率进行比较。名义收益即投资的货币收益。名义收益率是未根据通货膨胀率进行调整的收益率。对投资者来说，更重要的是实际收益率。它是根据通货膨胀调整的收益率。实际收益率的公式为

实际收益率＝名义收益率－通货膨胀率

如果名义收益率大于通货膨胀利率，则为正实际收益率，可以避免或减小通货膨胀带来的风险。如果名义收益率小于通货膨胀率，则为负实际收益率，就要承担通货膨胀带来的损失。当然，一般来说，投资者所承担的购买力风险比非投资者承担的购买力风险要小。

2) 非系统性风险

(1) 信用风险是指由于证券发行人到期不能付息而使投资人遭受损失的可能性。这种风险主要受证券发行人的经营能力、资本额大小、事业的前途和事业的稳定性等影响。

一般说来政府债券信用风险小，特别是中央政府债券，无信用风险可言。对公司债券和股票，国外有专门的资信评级机构，对公司发行的证券进行评判并分为不同级别。一类是投资级证券，即信誉较可靠、信用风险不高的证券；一类是投机级证券，指那些信誉较差、存

在较大信用风险的证券，供投资人选择。

(2) 流动性风险又称流动能力风险或变现能力风险，是指将持有证券变卖为现款的速度快慢，因此越易变现，就表示流动能力风险越小；反之，流动能力风险就越大。在进行流动能力风险的分析时，应注意上市股票有热门股与冷门股之分，前者交易频繁，极易变现，可谓无流动性风险，后者在几个月内难以流动一次，流动性风险就大。

目前商业银行对证券公司开展的各类业务及由此形成的风险点主要有以下几方面。

一是商业银行向证券公司拆借资金，包括场内交易和场外交易。按规定场内交易期限为7天以内，场外交易应以隔夜为主，但实际上部分商业银行对证券公司拆放期限较长，资金拆借存在一定的信用风险。

二是商业银行以“逆回购”方式对证券公司进行融资。虽然“逆回购”有国债作抵押，但国债“不足值”和国债跌价也为银行带来信用风险和市场风险。

三是证券公司向银行申请办理的股票质押贷款。有关政策对“抵押率”、“平仓线”等作出了明确的规定，但如果质押品连续跌价或市场交易量过小，商业银行也可能因难以平仓而形成损失。此外，部分用于质押的证券是非流通证券(如法人股)或暂不流通的证券(如法人股转配等)，流动性较差会增加质押品处置的成本，给银行带来损失。

四是商业银行通过各种非正常途径向证券公司发放贷款以及进行其他方式的融资，这种情况很多是由历史原因形成的。

五是商业银行对证券公司所办实体及附属企业发放的贷款。由于母公司与子公司有千丝万缕的联系，这部分贷款应并入银行对整个证券公司的风险敞口(额度或头寸)进行管理。

六是委托理财，主要是部分银行业机构将资金委托给证券公司用于国债及其他投资。一些城市商业银行和城乡信用社此类业务量较大。当证券公司难以“持续经营”时，银行业机构的清偿顺序很可能排在自然人、债权人之后，这可能对银行造成损失。

七是银行对证券公司发债及其他业务进行担保，包括银行对证券公司发行债券提供的担保，以及商业银行作为委托人代理发行证券公司承销的各类债券等。有关业务中，当债务人难以还款时，银行可能要发生垫款，并由此形成损失。

八是证券公司对银行贷款进行的担保。这类银行贷款的借款人多是证券公司的附属企业或关联企业。由于借款人与第二还款人来源之间的关联关系，任何一方出现风险都会对另一方的财务状况和市场信誉带来不利的影响。通过这种方式提供的信用是要打“折扣”的。

商业银行在与证券公司的业务往来中，一方面要满足证券公司合理的资金需求，支持我国资本市场的健康发展；另一方面对有关业务也要加强管理，切实防范风险。

商业银行首先要在风险管理理念上有所调整，将证券公司视为可能发生违约的交易对手。其次，在技术层面，要完善规章制度，运用有关风险管理办法，对证券公司和有关业务分别进行评级，对证券公司实行统一授信。特别是要加强对金融市场风险等问题的研究和管理。同时，商业银行应对证券公司业务形成的资产和表外项目进行风险评价，对可能发生的损失及时提取准备金，为化解风险提供物质基础。

3) 证券投资的收益与风险同增关系

一般来说，证券投资的预期收益高，承受投资的风险也就大。反过来，风险程度低的证券，其投资收益也小。

证券投资收益与风险的交替原理认为：收益与风险存在着一种相互替代的关系，也就是说，风险增加可造成收益减少，而风险减少会带来收益增加。

风险与收益的交替关系可以简单表示为

风险增加＝收入减少；风险减少＝收益增加

但要注意上述风险增加或减少所带来的收益减少或增加并非指实际的收益变化，而只是指风险变动引起的投资者主观估计上的收益变动。

4) 处理收益与风险关系的一般原则

现实生活中，证券的收益和风险都会经常变化，为避免银行处于不利局面，需要随时调整证券投资组合。调整证券投资组合，处理收益与风险关系的原则是：在承担既定风险的条件下争取尽可能高的收益，或在取得同样收益的情况下承担尽可能少的风险。这也是证券投资中的最佳组合原则。

根据这个原则，调整头寸通常可以做两个方向的比较：一是横向比较，二是纵向比较。横向比较就是指与银行同业中条件相同或类似的其他银行进行比较，纵向比较就是指与本银行以前的历史情况进行比较。不管是横向比较还是纵向比较，风险与收益的变动不外乎以下3种情况。

(1) 风险不变，收益变动。这时收益有增加和减少两种可能，银行应设法避免后者，争取前者。

(2) 收益不变，风险变动。此时风险有增加和减少两种可能。银行应尽量设法避免前者，争取后者。

(3) 收益和风险同时变动。应当说，上述两种情况只是收益与风险关系中的特例，在具体运作中大量存在的还是收益与风险的同时变动。这种变动可分为4种情况。

① 风险和收益同时增加。这里又因两者增长幅度不同可分为两种情形：风险增长快于收益增长和风险增长慢于收益增长。银行要竭力争取后者，尽量避免前者。

② 风险与收益同时减少。这也分为两种情况：风险减少快于收益减少和收益减少快于风险减少。银行应力争前者，尽量避免后者。

③ 风险减少，收益增加。显然，这种情况对投资者十分有利，商业银行应竭力促成这种情况。

④ 风险增加，收益减少。这是投资者最忌讳的情况，商业银行应尽量避免这种情况产生。

6.3 商业银行证券投资的政策与策略

6.3.1 商业银行证券投资的政策

在商业银行证券投资管理的实践中，一般分为收入型投资政策、增长型投资政策和混合型投资政策。收入型投资政策的重点放在基本收益上，增长型投资政策的重点放在投资的资本金升值上，强调未来获得的资本收益。这些政策主要包括证券投资目标，管理职责，每一种证券的监管规定以及银行确定的投资规模、质量和期限等。

1. 制定商业银行证券投资政策准则应当考虑的因素

(1) 银行可接受的证券投资风险总水平。保证本金的安全性是银行进行证券投资首先要考虑到的因素，本金的安全包括保持本金的原值和保证本金的购买力。

(2) 投资与流动性计划的协调。流动性是商业银行信用管理的“黄金法则”，银行进行证券投资时要充分考虑其投资证券的流动性。

(3) 资产多样化对证券的要求。多元化证券投资可以实现证券投资较好的组合，降低投资风险。

2. 确定证券投资组合政策

(1) 确定证券组合规模。

(2) 确定证券的种类及质量标准。

(3) 确定期限。

3. 商业银行证券投资政策

证券投资政策主要包括以下方面。

(1) 证券投资目标。投资目标的选择直接关系到投资组合中证券的构成。

(2) 管理职责。有效的证券投资管理与合理分配投资管理职责有很大关系。

(3) 每一种证券的监管规定以及银行确定的投资规模、质量和期限等。

6.3.2 商业银行证券投资的策略

在证券交易投资业务中，需要采取一系列的投资策略和方法，以求尽量减少风险和增加收益。商业银行的证券投资活动应尽可能使投资收益最大化，并尽力使投资风险降低到最低限度。这里主要介绍几种常见的证券投资组合方法。

1. 分散投资法

实行分散投资的意义就在于降低投资风险，保证投资者收益的稳定性。因为一旦一种证券不景气时另一种证券的收益可能会上升，这样各种证券的收益和风险在相互抵消后，仍然能获得较好的投资收益。证券分散投资包括个方面。

1) 对象分散法

对象分散法就是商业银行在证券投资时，应将其投资的资金广泛分布于各种不同种类的投资对象上。具体来说，在证券对象上，可用一部分资金购买政府债券，一部分资金购买公司债券，还用一部分资金购买股票。在行业对象上，应避免将资金集中投放在一个行业上，而应分散投资在各种行业上。即使是在同一个行业也应分资金去购买不同的企业或公司的证券，而不应投资购买一个公司的证券。

2) 时机分散法

由于证券市场瞬息万变，人们很难准确把握证券行市的变化，有时甚至会出现失误，为此在投资时机上要分散进行，即商业银行在购买证券时可以慢慢投入，经过几个月或更长时间完成投资。这样可避免由于投资时机过于集中或者把握不准时机而带来的风险。

3) 地域分散法

地域分散法是指商业银行不仅仅持有某一地区的证券，而应购买国内各个地区乃至于国际金融市场上发行的各国证券。这样做的好处是可以避免由于某一地区政治、经济的动荡而可能出现的投资损失。

4) 期限分散法

市场利率变化是影响证券行市的重要因素。由于不同时期市场利率的变化方向和变动幅度不同，从而导致不同期限的证券市场的变动方向和变动幅度也大不一样。实行期限分散化，购买不同期限的证券，就可以减少利率变动对商业银行所持有证券行市的影响，降低利率风险。在上述的分散投资法中，最主要的就是期限分散法，即将资金分散投入到各种期限的证券上。

2. 有效组合法

有效组合法就是在证券投资总额一定的情况下，坚持以下两种组合形式，可以尽量争取收益最大化和风险最小化：即选择风险相同，预期收益较高的证券组合；预期收益相同，风险较低的组合。

3. 计划投资法

计划投资法是指商业银行根据对证券价格变动趋势的把握，按计划的模式进行投资。此法多用于股票投资，并且遵循高价抛出、低价买进的原则。具体有以下几种计划法。

1) 分级投资计划法

当投资人选择普通股为投资对象时，采用这种方法的第一步，就是要确定股价变动的某一等级或幅度(如确定为上升或下跌 1 元、2 元或 3 元为一个等级)。当股价每下跌一级时，便购进一个单元数量的股票，而当股价每上升一级时，便卖出一个单位数量的股票。这样，投资人就可使他的平均买进价格低于出售价格。

采用这种方法的好处在于既可以防止交易过量，又可以减少损失。这种方法也有缺点，表现在当市场为持续上升的多头市场，投资人由于分次出售而失去本来可以得到的更大的利润。当市场为持续下跌的空头市场，则投资人不得不连续不断地加码购买，可能失去出售的机会，不得不终止计划执行。

2) 固定资金计划法

固定资金计划法实际上是把股票的投资金额固定在一定的数量上。严格遵循上升时卖出、下跌时买进的原则。具体操作的步骤是，首先，投资人分别购买股票和债券。把投资于股票的资金确定在某一个固定的金额上，并不断地维持这个金额。在固定金额的基础上确定一个百分比，当股价上升使所购的股票价格总额超过确定的百分比时，就可以出售股票的增值部分来购进债券，同时确定另一个百分比，当股价下跌使股票市价总低于这个百分比时，就出售债券来购买股票，以弥补不足部分。这种方法的优点是方法简单。正常情况下，股价变动要比债券价格变动大，而固定金额投资法以股票价格为操作目标，遵循“逢低进，逢高出”的原则，不断循环操作。可使投资人获得较多的收益。这种方法的不足之处是，如果购买的股票价格持续上涨，当上升到所预定的百分比时，投资人就出售股票来购买债券，可能失去更多的收益机会。如果购买的股票价格持续下跌，投资人要不断地出售债券来购买股票，那也会造成不良后果。

3) 固定比率计划法

固定比率计划法是指银行将投资资金分别投放于股票和债券，并使股票金额保持固定比率的一种投资方法。它与固定金额计划法的区别在于，关系。而固定比率计划法则正是着眼于维持这个比率。实质上这也是一种投资组合法。它把投资组合的构成简单地分为两个部分：一是防御性部分，主要由价格相对稳定的债券组成；二是进取性部分，主要由普通股票组成。两部分在投资总额中各占多少比率，最终由投资者根据自己的目标决定。

4) 变动比率计划法

变动比率计划法是银行随着某种股票价格的平均数变动，而相应调整投资总额中股票和债券各自所占比率的一种投资方法。它与固定比率计划法的根本区别在于，固定比率计划法要求股票和债券的投资比率是不变的，而变动比率计划法则要求是可变的。采用这种方法的具体操作过程是，当某种股价的平均数上升到一定幅度时，便相应地卖出一定数额的股票，从而使得股票在投资总额中的比率减少；反之，当某种股价的平均数下降到一定幅度时，则相应买入一定数额的股票，使得股票在投资总额中的比率增大。

4. 趋势投资法

趋势投资法又称道氏理论。道氏理论认为，在证券市场的运行上，一种趋势一旦确立，一般要保持一个相对稳定的时期，所以趋势投资法所关心的是市场的主要趋势或者长期趋势。道氏理论将趋势分成 3 种：第一种是主要趋势，是指长期的上升趋势或者长期的下降趋势；第二种是次要趋势，是指上升的市场中所发生的急剧下降，或者下降的市场中发生的急剧上升；第三种是日常趋势，则是指股票价格的日常波动。按照趋势投资法，当整个股市的主要趋势是上升时，投资人可以购买并持有股票，待到市场出现看跌的信号，即主要趋势开始转变向下时，投资人就出售其持有的股票，转变他的投资地位，持有现金伺机而动。由于主要趋势是会不断变动的，当看涨市场与看跌市场交替出现时，投资人顺势而做，就可以获得长期投资的利益。

但趋势投资法也有缺点，主要表现在以下几个方面。

(1) 若投资人错误地估计了股市的发展趋势，将给投资者带来灾难性的损失。

(2) 即使投资者正确地估计了市场发展的趋势，但如果投资者拒绝进行证券组合的调整，短期的股市波动也会给投资人带来相当的损失，显然不利于投资者获得最佳利益。

6.4 我国商业银行证券投资的发展历程

6.4.1 我国商业银行对经营模式的探索

1. 初始参与

改革开放以来，我国商业银行对分业经营模式和混业经营模式进行了艰难的探索，作出了许多尝试，在分业经营模式下，商业银行只能从事传统的银行存贷款业务，不能参与证券投资业务。混业经营模式既可以从事银行贷款业务，也可以从事证券、保险、信托等金融业务。

改革开放以后，即 20 世纪 80 年代到 1993 年之前，我国尝试过实行的是商业银行贷款业务和证券投资业务的混业经营。商业银行成为中国证券市场创立的初始参与者，但这次尝试是不成功的。1992 年下半年开始，社会上出现了房地产热和证券投资热，银行大量信贷资金通过同业拆借进入证券市场，导致了金融秩序的混乱，因此从 1993 年 7 月开始大力整顿金融秩序。1993 年国务院发布《关于金融体制改革的决定》，结束了商业银行混业经营，实行了商业银行金融业务分业经营、分业监管。1995 年 5 月 10 日通过的《中华人民共和国商业银行法》第四十三条明确规定："商业银行在中华人民共和国境内不得从事信托投资和股票业务，不得投资于非自用不动产"，"商业银行在中华人民共和国境内不得向非银行金融机构和企业投资"。作出这些限制的主要原因是防止银行信贷资金和同业拆借资金挪用、投放到证券市场甚至房地产市场。银行信贷资金和同业拆借资金的转移投机产生了不良后果：①增大了银行的经营风险；②助长了投机行为和泡沫经济；③增大了金融监管、宏观金融调控的难度；④助长混乱、不当行为，影响银行信誉和形象。

由此可见，造成关键危害的并不是商业银行从事证券投资业务，而是商业银行利用其从事证券业务的机构进行的信贷资金、同业拆借资金转移投机。除此之外，并不存在其他有关商业银行经营证券业务弊大于利的事实证据。

2. 二次探索

在国际银行业混业经营的大趋势下，我国资本市场迅速发展，我国商业银行的混业经营模式开始了第二次探索。这次探索是从银行可以设立基金公司开始的，《中华人民共和国证券投资基金法》(以下简称《证券投资基金法》)为银行设立基金公司提供了法律依据。同时，应当看到，我国商业银行在遵守《商业银行法》的严格规定的同时，从来没有停止在法律框架内进行的对混业经营的探索。由于监管法律的效力范围仅仅限于我国境内，商业银行的境外经营业务从事混业经营是不受限制的。我国几大商业银行在境外成立了各自的控股，这些控股公司通过注册成立子公司，就可以在境内从事证券投资业务，绕开了《商业银行法》禁止银行从事混业经营的红灯，参与到资本市场的各个方面。

6.4.2 我国商业银行证券投资的发展趋势

在国际经济全球化和市场竞争日益激烈的趋势下，商业银行发展证券投资业务要跳开传统证券承销和证券经纪狭窄的业务框架，跻身于金融业务的国际化、多样化、专业化和集中化之中，努力开拓各种市场空间。

1. 业务的多样化趋势

商业银行的证券投资业务要跳出传统证券发行与承销、证券交易经纪、证券私募发行等狭窄的业务框架，形成证券承销与经纪、私募发行、兼并收购、项目融资、公司理财、基金管理、投资咨询、资产证券化、风险投资等多元化的业务结构。企业的股份制改革，大规模、跨地区、跨行业甚至国际化的资金流动和资产的重新调整、配置对投资银行业务产生了更大的需求。金融市场的深化改革，金融工具的不断创新，促进了投资银行业务向多样化发展。

2. 国际化趋势

商业银行证券投资业务全球化有深刻的原因，其一，全球各国经济的发展速度、证券市场的发展速度快慢不一，使得银行业纷纷以此作为新的竞争领域和利润增长点，这是投资银行业务向外扩张的内在要求。其二，国际金融环境和金融条件的改善，客观上为投资银行业务实现全球经营准备了条件。随着世界经济、资本市场的一体化和信息通信产业的飞速发展，昔日距离的限制再也不能成为金融机构的屏障，业务全球化已经成为商业银行开展投资银行业务能否在激烈的市场竞争中占领制高点的重要问题。外国银行开展投资银行业务已经有很长时间了，在这一领域有些成功的例子，也积累了丰富的经验，先进的技术和完善的经营管理方法。我国商业银行开展投资银行业务才刚起步，有许多不足，我们应该学习外国投资银行的技术和完善的经营管理方法，多加强与他们的合作，引进新的金融产品，提高整体业务水平。

3. 业务专业化的趋势

商业银行开展证券投资业务有其他非银行金融机构无法比拟的优势，应该利用自己的优势开展专业化的服务。一是固定收益理财业务。商业银行在固定收益领域已经具有丰富的投资经验和专业的投资人员，将传统的自营投资业务向新型固定收益理财业务拓展具有广阔的市场前景。可开展针对个人、公司、企业的客户理财市场，建立稳固的客户群，扩大理财业务品种，提供更具专业的投资理财服务。二是财务顾问业务。商业银行在日常的存款、贷款、结算等业务中与客户建立了密切的联系，且与不同类型、规模的客户具有直接的财务接触，因此在客户资源、信息来源等服务手段方面较其他可提供财务顾问服务的机构有明显优势。可帮助客户就重大投资项目选择投资方向和投资时机、设计融资方案，也可提供日常经营管理和财务诊断，还可提供涉及市场最新动态和金融工具、可能的投融资机会和商业伙伴等专业化高价值信息。三是资产证券化业务。商业银行将各种流动性差的金融资产或不良资产，如住房抵押贷款、信用卡应收款等分类整理为一批资产组合作价买入，再以买下的金融资产为担保发行证券，用于收回购买资金。

4. 集中化的趋势

近年来，由于受到保险公司及其他金融机构理财的业务竞争，如收益债券的运销、欧洲美元被辛迪加认购等，更加剧了这种趋势。

21世纪，我国商业银行面临着来自各方面的竞争压力，这些竞争压力既包括同业竞争、国内竞争、服务质量和价格的竞争，也包括金融业与非金融业、国内与国外、网上银行和网下银行等多元竞争。因此，努力发展商业银行证券投资业务，有利于商业银行应对来自方方面面的挑战，在激烈的竞争中求得生存和发展。

案例分析

王政复古与金钱崛起

1867年12月26日深夜，寒风瑟瑟。在日本京都三井家族的庄园里，家族掌门人三井三郎助正襟危坐，在他的旁边是一个装满金银的木箱。仆人们屏住呼吸，倾听着院外的动静。巨大的客厅在黑夜里显得更加空旷，蜡烛噝噝的燃烧声在静谧的房间中清晰可闻。空气仿佛凝固了。此时，三井正在等待一个决定家族命运的重要时刻。

他已经得到准确情报，德川幕府正在调集三万大军准备杀向京都。倒幕派的长州藩和萨摩藩也已经招募了大批武士，在王政复古的大旗下，誓言废掉统治日本长达200年的德川幕府，将大权归还天皇。一时间，京都城下战云密布，决定日本命运的决战即将拉开大幕。

三井家族作为德川幕府的金融代理人，曾为幕府统治立下汗马功劳，也获得了巨大的利益。但是，日本已不再是锁国时代的日本，西方列强已经敲开了日本的大门，整个国家正处在被彻底殖民的巨大危机之中。德川幕府的腐败统治和严酷剥削，早已使民众的暴力反抗如星星之火已成燎原之势，而幕府对西方列强的软弱妥协，更激起各藩贵族与武士压抑已久的反叛之心。三井对时局洞若观火，早已开始向倒幕派秘密提供大笔资金。不过，他还不愿也不敢公开表示自己的倾向。

今夜，三井将做出事关家族300年基业的重大抉择，将赌注全部压向倒幕派，公开与德川幕府决裂！

清脆的敲门声骤然响起，天皇的特使到了。

此刻，就在三井家附近的皇宫里，一位踌躇满志的少年正在激情中来回踱步，憧憬着日本光明的未来。他就是几个月前刚刚即位的明治天皇。几天前，他发布诏书，宣布接受德川幕府交出的行政权力，收回旁落长达700余年的天皇统治权。在这位年方15岁的天皇身边，云集着来自各藩的诸侯，其中势力最大的就是西南部的长州和萨摩两藩。这些人早已不堪忍受德川幕府的统治，几次三番起兵造反，其属下武士，彪悍勇猛，能征惯战，后来日本帝国陆军和海军的名将中，大部分都出自这两大藩镇。

明治天皇年纪虽小，但雄心勃勃、谋略过人。他对眼下的局势也有自己的判断，德川幕府将历代天皇置于汉献帝的位置上固然可恨，但能保证身边的这些倒幕派，不会再度成为新的德川家族呢？就在3年前，胆大妄为的长州藩，甚至准备武装绑架他的父亲孝明天皇，以“挟天子以令诸侯”的方式，来推翻德川家族的统治。明治天皇的处境，与清帝国康熙皇帝亲政前，被鳌拜胁迫非常相似。

不过，眼下最紧迫的，就是如何打败不甘心失去大权的德川家族。他们的3万大军很快就会打到京都城下，而最要命的就是，他的新政权囊中空空如也，没有钱是打不了仗的。明治天皇不得不求助于当时的日本首富三井家族。

在特使的引导下，三井带着装满金银的箱子来到皇宫，等待他的是帝国财政大臣。寒暄之后，大臣直言相告，政府没钱，战端将启。三井立刻献上宝箱，随即就被任命为帝国新的财政代理人，全权负责筹措财政经费。

三井家族何德何能，以至于明治天皇在危难之时，敢以政权存亡的重任相托？

这个三井的来历的确非同凡响。三井家族开始建立金融帝国的时间，竟比英格兰银行还早10年。其祖三井高利以服装业起家，于1683年在江户(今天的东京)开设“三井两替店”，从事钱币兑换、典当和放款等金融业务，其商业模式与中国的钱庄非常类似。当时，江户为政治中心，京都是天皇居住之地，大阪是繁荣的商业都市。随着日本战国时代的结束，各种产业开始兴盛起来。三大都市之间的贸易越来越紧密。三井高利敏锐地发现了这一机会，在京都、大阪陆续开设了“三井两替店”的分店，开始建立起一个小型金融网络。有贸易就有金融服务，商业汇票和票据贴现被创造出来，汇票很快进入了三井家族在几个都市之间的金融网络，资本与信用开始远程流动，三井家族的利润节节攀升。

当时，商人要在商业中心大阪购买商品，而银子却存在政治中心江户，银子和货物反向运动浪费时间和金钱，同时也不安全。幕府也有类似的麻烦，在大阪收来的商业税金，需要长途运送到江户的幕府金库，很不方便。三井高利看准了这一机会，向幕府提出解决方案，由三井高利在大阪收取政府税金，然后通过三井家族的金融网络将钱汇到江户，一张汇票就可解决政府的难题，不必搬动沉重的银子。德川幕府当然很高兴这样的简单操作，并且很大方地提出了60天的汇票期限。一段时间后，三井高利的服务令幕府相当满意，将期限进一步延长到150天。

这下可乐坏了三井高利。政府将如此巨大的一笔钱，近乎于免费地交给三井高利使用如此长的时间，而三井高利可以用幕府在大阪的税金，来采购自家和为其他商人代购的商品，然后在江户的分店支付银子给幕府金库。其实，从大阪到江户，三井高利只需要15～20天的时间就可以办好所有商品的采购和运输，等于得到了130天的政府巨额零利息贷款，这钱正可用于短期放贷，获取暴利。

三井高利的远程汇兑业务与山西票号的模式几乎一模一样，虽然金融汇兑网络规模比山西票号小很多，但却早出了100多年。在西方列强进入亚洲之前，日本人的金融意识可能比中国人更先进。

更为重要的是，德川幕府对三井的信任达到了空前的程度。西方列强打开日本国门后，幕府规定，外国银行的所有本地业务，必须通过三井家族，这样就使得外国银行无法直接与日本商人接触。三井家族扮演了清朝广州十三行的角色，而且三井一家独揽了对外国的一切贸易金融的接口，从而使三井家族的金融与商业网络在日本一家独大。

经过180多年的发展，到明治天皇时，三井家族庞大的金融帝国，早已成为各方势力争相拉拢的关键力量。

就在明治新政府面临德川幕府的反扑和各地骚乱不断的危难之时，三井临危受命，为政府紧急筹集300万两白银的国债，这是日本有史以来发行的第一次国债，其规模之大、筹集时间之急迫，在日本历史上闻所未闻。三井家族金融帝国立刻紧急动员起来，所有金融网络一起高速运转。他们放出大量国债推销员，每个推销员都必须熟练掌握标准化的4分钟演讲推销技能，他们在全国各地的商人、银行家和家庭主妇之间奔走，以天皇危难国家兴亡的激情震撼了社会各界，销售最后取得了惊人的成功，300万两白银的天量国债数额，被380万两超额认购。

三井拯救了明治新政权！从三井家庭金融帝国奔涌而出的海量金钱，源源不断地流向最渴求粮饷的前线军营。

试分析:

(1) 试用本项目学习的理论分析明治新政府面临德川幕府的反扑和各地骚乱不断的危难之时反败为胜的奥秘。

(2) 分析本案例，论述三井家族金融帝国采取哪些举措来拯救了明治新政权。

小结

本项目共分为4部分，第一部分讲述了商业银行证券投资的定义、业务特点及经营模式。商业银行证券投资的功能主要是获取收益、分散风险、增强流动性以及合理避税。商业银行证券投资的对象以各类债券为主，主要有国债、地方债、公司债、政府担保债券、1～10年的中期债券以及10年以上的长期债券。第2部分重点阐明了商业银行证券投资的收益和风险。商业银行证券投资的收益主要有利息收益和交易收益。商业银行证券投资的风险主要有系统性风险和非系统性风险。系统性风险是指政策风险、宏观经济风险、市场周期波动风险和通货膨胀风险等，非系统性风险有信用风险，流动性风险又称流动能力风险或变现能力风险。制定商业银行证券投资政策准则应当考虑银行可接受的证券投资风险总水平和投资与流动性计划的协调以及资产多样化对证券的要求等因素。第3部分分析了商业银行证券投资的政策与策略，确定证券投资组合政策。商业银行证券投资策略有分散投资法、有效组合法、计划投资法、趋势投资法、梯形投资法与杠铃投资法等。第4部分介绍了我国商业银行证券投资的发展。我国商业银行从事证券投资经营模式经历了初始参与和二次探索。我国银行从事证券投资业务的意义是实现资产分散化，控制经营风险；增强银行竞争力，推进银行业务国际化。我国商业银行证券投资的发展方向是业务的多样化趋势、国际化趋势、业务专业化的趋势和集中化的趋势。努力发展商业银行证券投资业务，有利于商业银行应对来自方方面面的挑战，在激烈的竞争中求得生存和发展。

习　　题

一、填空题

1．商业银行证券投资具有以下几个功能：(　　)、(　　)和(　　)。
2．商业银行证券投资的对象主要为(　　)、(　　)、(　　)、(　　)和(　　)。
3．市政债券按其偿还的保障可分为两类：(　　)和(　　)。
4．投资预期收益率是指(　　)和(　　)之和。
5．证券投资的收益由(　　)和(　　)构成。
6．商业银行证券投资的风险主要有(　　)、(　　)、(　　)和(　　)。
7．美国著名的四大评级公司是指(　　)、(　　)、(　　)(　　)。
8．当今商业银行的金融创新工具主要有(　　)和(　　)。

二、名词解释

商业银行证券投资　　系统性风险　　流动性风险
对象分散法　　梯形期限策　　略杠铃投资方法

三、简答题

1. 商业银行证券投资的目的和功能是什么？
2. 商业银行证券投资避税的基本原则是什么？
3. 商业银行证券投资的收益的来源有哪些？
4. 简述我国商业银行投资所面临的风险。
5. 我国商业银行从事证券投资业务的意义是什么？
6. 试述我国商业银行证券投资的发展趋势？

实 训 项 目

学生自由组织成 *N* 个学习小组到附近的商业银行调查该商业银行证券投资业务的范围，目前有哪些证券投资的品种，其中收益较好的品种有哪些？

1. 实训内容

对比几种不同的证券投资品种，选择安全和收益最大边际效益的投资种类，上互联网进行模拟操作，每天观测行情变化。

2. 实训要求

认真领会国家政策，了解市场行情，组织学生进行模拟投资大赛。每周统计收益情况，并公布排名情况。

项目 7　商业银行中间业务与表外业务管理

工作任务描述

随着金融市场的发展和银行职能的不断转化，商业银行信用媒介的角色日益淡化，投资、信托、基金、保险、代理、咨询等广阔的中间业务领域已经成为商业银行不愿放弃的“淘金阵地”。国内中资银行近年推出了 200 多种中间业务，涵盖了企业经营、金融同业、社会管理、居民生活等诸多领域。作为金融企业，商业银行和其他企业一样，追求自身利益的最大化——利润最大化，银行为实现这一目标力求确保自身金融资产的赢利性、流动性和安全性，表外业务恰好具备这“三性”的统一，成为商业银行积极发展表外业务的内在因素。本项目要研究的问题是：什么是商业银行的中间业务？什么是表外业务？中间业务和表外业务的关系如何？

工 作 任 务	工 作 要 求
了解商业银行的中间业务及中间业务的类型	(1) 了解商业银行的中间业务的概念和特点 (2) 掌握商业银行中间业务的主要类型：支付结算类业务、银行卡业务、代理类中间业务、基金托管业务和咨询顾问业务
知道商业银行的表外业务及其类型	(1) 掌握商业银行表外业务的概念 (2) 掌握商业银行表外业务的主要类型：担保类业务、承诺类业务和金融衍生交易类业务
熟悉商业银行的中间业务与表外业务的关系	(1) 熟悉商业银行中间业务与表外业务的联系 (2) 熟悉商业银行中间业务与表外业务的区别

知识概览

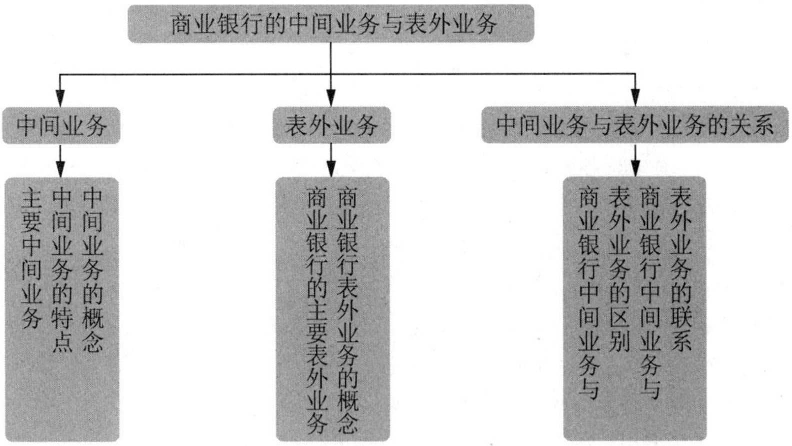

学习目标

知识目标	能力目标	学习重点和难点
(1) 了解商业银行中间业务的概念和特点 (2) 掌握商业银行的主要中间业务 (3) 掌握商业银行的主要表外业务 (4) 了解商业银行的中间业务与表外业务的关系	(1) 能够掌握商业银行的中间业务与表外业务的概念 (2) 能够识别和熟悉商业银行的主要中间业务与表外业务 (3) 能清楚商业银行的中间业务与表外业务的关系	(1) 商业银行的中间业务与表外业务的概念及其特征 (2) 商业银行中间业务的类型 (3) 商业银行的表外业务的主要类型

导入案例

自助银行如何从“鸡肋”变成“香饽饽”

近年来，自助银行已成为我国现代都市生活中不可或缺的消费模式，但同时，相对于建设成本，自助银行的投资回报率偏低的问题也日益明显。相当多的自助银行就像是“鸡肋”……不建似乎不行，建了使用率又太低，银行的收入与投入相比不成比例。而在发达国家，自助银行已成为银行对个人小额业务的主流渠道，成为银行业重要的优质资产，成为银行业降低成本、提高竞争力的重要法宝……自助银行的服务成本仅为柜台的四分之一。我国的自助银行如何才能从“鸡肋”变成“香饽饽”呢？

最近，一家市场监测机构采取杂志刊载问卷、在线调查、数据库定向问卷调查、信函问卷调查等多种形式，针对新型银行服务展开了调查。回收的近3万份有效问卷显示，被调查者中使用过自助银行业务的人占整体人群的68.1%；被访者在自助银行业务上使用最多的功能是ATM取款，使用过自助银行业务的人当中，经常使用该业务的人占到了75.3%，82.1%的使用者表示非常熟悉或者熟悉该业务操作流程。虽然这项调查的回复问卷者的代表性值得怀疑，但是调查至少显示，在城市消费者中已有相当一批人对于自助银行不再陌生，已经进行了足够的尝试。现在的问题是，既然如此，自助银行业务为什么不能风行起来呢？如果我们跳出在银行业务之间进行比较的思维定式，可以将自助银行与电脑的普及应用相比较。显然电脑操作的复杂程度远高于自助银行操作，而电脑操作目前已经成为办公的主流模式，而且使用自助银行出现差错的概率事实上并不高，人们大概可以得出一个结论：以前被广为重视的介绍自助银行使用方法、提高交易安全性等目前可能已不再是推广自助银行服务的真正关键所在。业内已有专家指出，业务品种不够丰富、功能不够完备、不能充分满足个人零售业务需要，以及选址缺乏规划才是目前发展自助银行的最大问题。

目前我国自助银行里各种设备，业务内容单一，无法或没有真正扩展银行业务的各类增值服务，如代缴费业务，小额贷款，基金、保险、彩票等产品的销售，更不用说个性化的理财服务了。自助银行陷入了从业务内容单一，到自助设备利用率低，再到业务增值空间小，然后回到业务内容单一的恶性循环。据业内专家认为，现行的自助银行要改变现状，必须向现代自助银行发展，必须对现行的服务模式加以改进，彻底改变业务内容单一的通病。通过专用软件的使用，增加主动和被动咨询功能，增强业务推广能力，加强银行对客户的沟通和业务营销，吸引更多的中间业务，从而扩大自助银行的业务受理范围，提高自助银行的使用率和获利能力。我国银行业应该借鉴发达国家经验，将自助银行真正办成一间服务个人客户的小型无人银行，成为银行柜面业务的全面延伸，甚至可以通过发布商业广告，销售体育比赛、音乐会门票等方式获得额外收益，改变目前自助银行获利能力不强的局面。

参考发达国家银行业发展的轨迹，业内专家指出，我国目前正处在自助银行大发展的前夜。目前，除了银行，还有一些投资型公司试图开拓我国自助银行运营服务市场。而且，目前广电运通、立德金融设备等国内企业正在快速崛起，已经能够提供包括软、硬件在内的自助银行整体解决方案，相关产品市场已不再是进口产品的一统天下，自助银行的建设成本进一步降低，我国自助银行从"鸡肋"变成"香饽饽"有望早日到来。

(资料来源：http://finance. sina. com. cn/20050603/1140104157.shtml.)

7.1　商业银行的主要中间业务

商业银行开展的中间业务是指商业银行不动用或很少动用自己的资金，而是利用其信誉、技术、人才、设施等方面的优势，以中间人的身份替客户办理收付和其他委托事项，以收取手续费的业务。这类业务主要是以接受客户委托或代理的方式开展，具有收入稳定、风险程度低等特点，它集中体现了商业银行的服务性功能。

7.1.1　商业银行中间业务的概念和特点

1. 商业银行中间业务的概念

商业银行中间业务是指商业银行不需使用信贷资金，利用自身特有的条件、优势向社会提供各种金融服务从中收取服务费的业务。开展此类业务活动，既不影响负债业务也不会影响资产业务，因此称为中间业务。

2. 商业银行中间业务的特点

办理中间业务时商业银行不直接作为信用活动的一方出现，因此商业银行的中间业务具有下列特点。

(1) 提供资金与服务相分离，充分利用非资金资源。商业银行在从事中间业务时，并不运用自身资金，而是通过运用自身的信誉、机构、设备及人员，依靠其特有的场地、人力、金融技术、经营技巧、金融工具，为客户提供服务、给予承诺、提供保证等，并收取一定的手续费，从而实现对自身非资金资源的充分利用。

(2) 成本低，收益高。由于商业银行在办理中间业务时通常不运用或不直接运用自己的资金，这就大大降低了商业银行的经营成本。中间业务的收入常被称作非利息收入，即来自于商业银行存贷款利息之差以外的收入，这部分收入不受存款和贷款规模的影响，如果积极开拓中间业务，增加商业银行收入具有很大的潜力。

(3) 以接受客户委托的方式开展业务。商业银行办理中间业务，尤其是在办理信用性中间业务时，是以接受客户委托的方式开展中间业务的。

(4) 中间业务的交叉性。中间业务具有交叉性，一种中间业务可能是由两种以上中间业务组成的。

(5) 透明度低，不易监管。中间业务，通常无法直接在资产负债表内进行反映，只有一部分在资产负债表外以脚注的形式列明，许多业务的规模和质量均不能真实地反映在财务报表中。因此，无论是股东、债权人还是监管人员、税收人员都很难充分了解银行的整体经营水平，难以评价其经营成果，降低了银行经营的透明度，从而给银行经营带来了很大的风险隐患。因此，中间业务的发展，对银行业的监管水平提出了更高的要求。

7.1.2 商业银行的主要中间业务概述

商业银行的中间业务是指商业银行以代理人的身份为客户办理的各种业务，目的是获取手续费收入。主要包括支付结算类中间业务、代理类中间业务、银行卡业务、基金托管业务和咨询顾问类业务。

1. 支付结算类中间业务

支付结算类中间业务是由商业银行的存款业务衍生出来的一种业务，是银行代客户清偿债权债务、收付款项的一种传统中间业务。具体地讲，就是各部门、各企业事业单位以及个人之间所发生商品交换、劳务供应和资金调拨等经济活动时，借助银行的结算工具来实现债权债务的货币收付行为。结算工具是银行用于结算的各种票据，一般通行的票据有汇票、本票和支票 3 大类。

1) 汇票

汇票是由发票人签发一定金额，委托付款人于指定到期日无条件付款给受款人或持票人的票据。承兑是指汇票付款人承诺在汇票到期日支付汇票金额的票据行为。汇票经受款人背书后可以转让，进入市场流通。其流通能力的大小依赖于关系人信用程度的高低。

商业银行在结算中使用的汇票，主要有银行汇票和银行承兑汇票。银行汇票是汇款人将款项交存当地出票银行，由出票银行签发的，由其在见票时，按照实际结算金额无条件支付给收款人或持票人的票据。银行汇票有使用灵活、票随人到、兑现性强等特点，适用于先收款后发货或钱货两清的商品交易。

银行承兑汇票是由在承兑银行开立存款账户的存款人出票，向开户银行申请并经银行审查同意承兑的，保证在指定日期无条件支付确定的金额给收款人或持票人的票据。对出票人签发的商业汇票进行承兑是银行基于对出票人资信的认可而给予的信用支持。我国的银行承兑汇票每张票面金额最高为 1 000 万元(含 1 000 万元)。银行承兑汇票按票面金额向承兑申请人收取万分之五的手续费，不足 10 元的按 10 元计。承兑期限最长不超过 6 个月。承兑申请人在银行承兑汇票到期未付款的，按规定计收逾期罚息。

2) 本票

本票(promissory notes)是一个人向另一个人签发的，保证即期或定期或在可以确定的将来的时间，对某人或其指定人或持票人支付一定金额的无条件书面承诺。《中华人民共和国票据法》(以下简称《票据法》)第七十三条规定本票的定义是：本票是由出票人签发的，承诺自己在见票时无条件支付确定的金额给收款人或持票人的票据。

本票按发票人不同，划分为银行本票和商业本票。银行本票是申请人将款项交存银行，由银行签发的承诺自己在见票时无条件支付确定的金额给收款人或者持票人的票据。银行本票按照其金额是否固定可分为不定额和定额两种。不定额银行本票是指凭证上金额栏是空白的，签发时根据实际需要填写金额(起点金额为 5 000 元)，并用压数机压印金额的银行本票；定额银行本票是指凭证上预先印有固定面额的银行本票。银行本票分为定额本票和不定额本票两种，定额银行本票面额为 1 000 元、5 000 元、10 000 元和 50 000 元，其提示付款期限自出票日起最长不得超过 2 个月。商业本票又称一般本票。企业为筹措短期资金，由企业署名担保发行的本票。商业本票的发行大多采折价(discount)方式进行，但大多数是通过经济中介商的渠道而发售的。商业本票的利率因发行公司的信用等级不同而有所差异，企业信用愈好的商业本票，其市场的流通性愈佳，在此级市场的市场价格会愈好。基本上，商业本票可分为两类：一类企业因实际交易行为，以付款为目的而签发的，称为交易商业本票；一类是企业为筹措短期资金而发行的，称为融资商业本票。

3) 支票

支票(cheque)是出票人签发，委托办理支票存款业务的银行或者其他金融机构在见票时无条件支付确定的金额给收款人或持票人的票据。支票是以银行为付款人的即期汇票，可以看作汇票的特例。支票出票人签发的支票金额，不得超出其在付款人处的存款金额。如果存款低于支票金额，银行将拒付。这种支票称为空头支票，出票人要负法律上的责任。

开立支票存款账户和领用支票，必须有可靠的资信，并存入一定的资金。支票可分为现金支票和转账支票。支票一经背书即可流通转让，具有通货作用，成为替代货币发挥流通手段和支付手段职能的信用流通工具。运用支票进行货币结算，可以减少现金的流通量，节约货币流通费用。

4) 汇兑

汇兑是汇款人委托银行将其款项支付给收款人的结算方式。单位和个人的各种款项的结算，均可使用汇兑结算方式。汇兑又称“汇兑结算”，是指企业(汇款人)委托银行将其款项支付给收款人的结算方式。这种方式便于汇款人向异地的收款人主动付款，适用范围十分广泛。

汇兑根据划转款项的不同方法以及传递方式的不同可以分为信汇和电汇两种，由汇款人自行选择。信汇是汇款人向银行提出申请，同时交存一定金额及手续费，汇出行将信汇委托书以邮寄方式寄给汇入行，授权汇入行向收款人解付一定金额的一种汇兑结算方式。电汇是汇款人将一定款项交存汇款银行，汇款银行通过电报或电传给目的地的分行或代理行(汇入行)，指示汇入行向收款人支付一定金额的一种汇款方式。

5) 托收承付

托收承付又称异地托收承付，是指根据购销合同由收款人发货后委托银行向异地付款人收取款项，由付款人向银行承认付款的结算方式。根据《支付结算办法》的规定，托收承付结算每笔的金额起点为 10 000 元，新华书店系统每笔的金额起点为 1 000 元。这一规定对原托收承付的金额起点 100 000 元作了改变。结算款项划回可用邮寄或电报两种方式。

6) 委托收款

委托收款是指收款人委托银行向付款人收取款项的结算方式。委托收款分邮寄和电报划回两种，由收款人选用。前者是以邮寄方式由付款人开户银行向收款人开户银行转送委托收款凭证、提供收款依据的方式，后者则是以电报方式由付款人开户银行向收款人开户银行转送委托收款凭证,提供收款依据的方式。

2. 代理类中间业务

代理类中间业务指商业银行接受客户委托、代为办理客户指定的经济事务、提供金融服务并收取一定费用的业务，包括代理政策性银行业务、代理中国人民银行业务、代理商业银行业务、代收代付业务、代理证券业务、代理保险业务、其他代理业务等。

(1) 代理政策性银行业务，指商业银行接受政策性银行委托，代为办理政策性银行因服务功能和网点设置等方面的限制而无法办理的业务，包括代理贷款项目管理等。

(2) 代理中国人民银行业务，指根据政策、法规应由中央银行承担，但由于机构设置、专业优势等方面的原因，由中央银行指定或委托商业银行承担的业务，主要包括财政性存款代理业务、国库代理业务、发行库代理业务、金银代理业务。

(3) 代理商业银行业务，指商业银行之间相互代理的业务，如为委托行办理支票托收等业务。

(4) 代收代付业务，是商业银行利用自身的结算便利，接受客户的委托代为办理指定款项的收付事宜的业务，如代理各项公用事业收费、代理行政事业性收费和财政性收费、代发工资、代扣住房按揭消费贷款还款等。

(5) 代理证券业务是指银行接受委托办理的代理发行、兑付、买卖各类有价证券的业务，还包括接受委托代办债券还本付息、代发股票红利、代理证券资金清算等业务。此处有价证券主要包括国债、公司债券、金融债券和股票等。

(6) 代理保险业务是指商业银行接受保险公司委托代其办理保险业务的业务。商业银行代理保险业务，可以受托代个人或法人投保各险种的保险事宜，也可以作为保险公司的代表，与保险公司签订代理协议，代保险公司承接有关的保险业务。代理保险业务一般包括代售保单业务和代付保险金业务。

(7) 其他代理业务，包括代理财政委托业务、代理其他银行银行卡收单业务等。

3. 银行卡业务

银行卡是由经授权的金融机构(主要指商业银行)向社会发行的具有消费信用、转账结算、存取现金等全部或部分功能的信用支付工具。银行卡业务的分类方式一般包括以下几类：

(1) 依据清偿方式，银行卡业务可分为贷记卡业务、准贷记卡业务和借记卡业务。借记卡可进一步分为转账卡、专用卡和储值卡。

(2) 依据结算的币种不同，银行卡可分为人民币卡业务和外币卡业务。

(3) 按使用对象不同，银行卡可以分为单位卡和个人卡。

(4) 按载体材料的不同，银行卡可以分为磁性卡和智能卡(IC 卡)。

(5) 按使用对象的信誉等级不同，银行卡可分为金卡和普通卡。

(6) 按流通范围，银行卡还可分为国际卡和地区卡。

(7) 其他分类方式，包括商业银行与营利性机构/非营利性机构合作发行联名卡/认同卡。

4. 基金托管业务

基金托管业务是指有托管资格的商业银行接受基金管理公司委托，安全保管所托管的基金的全部资产，为所托管的基金办理基金资金清算款项划拨、会计核算、基金估值、监督管理人投资运作，包括封闭式证券投资基金托管业务、开放式证券投资基金托管业务和其他基金的托管业务。

5. 咨询顾问类业务

咨询顾问类业务指商业银行依靠自身在信息、人才、信誉等方面的优势，收集和整理有关信息，并通过对这些信息以及银行和客户资金运动的记录和分析，并形成系统的资料和方案，提供给客户，以满足其业务经营管理或发展需要的服务活动。

(1) 企业信息咨询业务，包括项目评估、企业信用等级评估、验证企业注册资金、资信证明、企业管理咨询等。

(2) 资产管理顾问业务，指为机构投资者或个人投资者提供全面的资产管理服务，包括投资组合建议、投资分析、税务服务、信息提供和风险控制等。

(3) 财务顾问业务，包括大型建设项目财务顾问业务和企业并购顾问业务。大型建设项目财务顾问业务指商业银行为大型建设项目的融资结构、融资安排提出专业性方案。企业并购顾问业务指商业银行为企业的兼并和收购双方提供的财务顾问业务，银行不仅参与企业兼并与收购的过程，而且作为企业的持续发展顾问，参与公司结构调整、资本充实和重新核定、破产和困境公司的重组等策划和操作过程。

(4) 现金管理业务，指商业银行协助企业，科学合理地管理现金账户头寸及活期存款余额，以达到提高资金流动性和使用效益的目的。

知识链接 7-1

商业银行中间业务暂行规定

第一条　为进一步促进商业银行发展中间业务，规范与完善银行服务，提高竞争能力，同时有效防范金融风险，根据《中华人民共和国中国人民银行法》、《中华人民共和国商业银行法》，特制定本暂行规定。

第二条　本暂行规定所称的商业银行是指依照《中华人民共和国商业银行法》设立的吸收公众存款、发放贷款、办理结算等业务的银行机构。

第三条　本暂行规定所称中间业务是指不构成商业银行表内资产、表内负债，形成银行非利息收入的业务。

第四条　商业银行开办中间业务，应经中国人民银行审查同意，并接受中国人民银行的监督检查。

第五条　商业银行申请开办中间业务，应符合以下要求：

(一) 符合金融市场发展的客观需要；

(二) 不损害客户的经济利益；

(三) 有利于完善银行的服务功能，有利于提高银行的盈利能力；

(四) 制定了相应的业务规章制度和操作规程；

(五) 具备合格的管理人员和业务人员；

(六) 具备适合开展业务的支持系统；

(七) 中国人民银行要求的其他条件。

第六条　中国人民银行根据商业银行开办中间业务的风险和复杂程度，分别实施审批制和备案制。

适用审批制的业务主要为形成或有资产、或有负债的中间业务，以及与证券、保险业务相关的部分中间业务；适用备案制的业务主要为不形成或有资产、或有负债的中间业务。

第七条　适用审批制的中间业务品种包括：

(一) 票据承兑；

(二) 开出信用证；

(三) 担保类业务，包括备用信用证业务；

(四) 贷款承诺；

(五) 金融衍生业务；

(六) 各类投资基金托管；

(七) 各类基金的注册登记、认购、申购和赎回业务；

(八) 代理证券业务；

(九) 代理保险业务；

(十) 中国人民银行确定的适用审批制的其他业务品种。

第八条 适用备案制的中间业务品种包括：

(一) 各类汇兑业务；

(二) 出口托收及进口代收；

(三) 代理发行、承销、兑付政府债券；

(四) 代收代付业务，包括代发工资、代理社会保障基金发放、代理各项公用事业收费(如代收水电费)；

(五) 委托贷款业务；

(六) 代理政策性银行、外国政府和国际金融机构贷款业务；

(七) 代理资金清算；

(八) 代理其他银行银行卡的收单业务，包括代理外卡业务；

(九) 各类代理销售业务，包括代售旅行支票业务；

(十) 各类见证业务，包括存款证明业务；

(十一) 信息咨询业务，主要包括资信调查、企业信用等级评估、资产评估业务、金融信息咨询；

(十二) 企业、个人财务顾问业务；

(十三) 企业投融资顾问业务，包括融资顾问、国际银团贷款安排；

(十四) 保管箱业务；

(十五) 中国人民银行确定的适用备案制的其他业务品种。

第九条 中国人民银行受理商业银行开办中间业务的申报材料后，对适用审批制的业务品种，应在30个工作日内发出正式批复文件。对适用备案制的业务品种，中国人民银行监管部门应在受理申报材料后15个工作日内以备案通知书的形式答复申请银行。

第十条 中国人民银行审查商业银行开办中间业务的申请，可以对商业银行开办中间业务的适用对象和适用范围作出特别限定。

第十一条 商业银行开办本规定第七条、第八条未列出的中间业务，按审批制报中国人民银行审查。由中国人民银行根据业务性质及风险特征确定适用审批制或备案制。

第十二条 对中国人民银行已经发布专门业务管理办法的中间业务品种，若办法已规定了相应的审批或备案制度，按专门业务管理办法执行。

第十三条 国有独资商业银行、股份制商业银行新开办中间业务，应由其总行统一向中国人民银行总行申请，经中国人民银行总行审查同意后，由其总行统一授权其分支机构开展业务。

商业银行分支机构开办中间业务之前，应就开办业务的品种及其属性向中国人民银行当地管辖行报告。

第十四条 城市商业银行新开办中间业务品种，应由其总行统一向中国人民银行分行、营业管理部申请，经中国人民银行分行、营业管理部审查同意后，由其总行统一授权其分支机构开展业务。

城市商业银行分支机构开办中间业务之前，应由其总行于开办前就开办业务的品种及其属性向中国人民银行当地管辖行报告。

第十五条 商业银行分支机构开办中间业务品种，不应超出其总行经中国人民银行审查同意开办的业务品种范围。

第十六条 商业银行总行申请开办适用审批制的业务品种，应提交下列文件和资料(一式三份)：

(一) 开办申请；

(二) 可行性研究报告。报告应至少包括如下内容：

1、拟开办业务品种的定义；

2、拟开办业务品种的风险特征和防范措施；

3、拟开办业务品种成本和收益预测；

4、拟开办业务品种的管理人员和业务人员配备情况；

5、拟开办业务品种的支持系统；

6、开发和实施拟开办业务品种的方案。

(三) 拟开办业务品种的规章制度、操作规程和相关内部控制制度;

(四) 中国人民银行要求提供的其他文件和资料。

第十七条 商业银行申请开办适用备案制的业务品种，应提交下列文件和资料:

(一) 开办申请，开办申请应就以下内容进行说明:

1、拟开办业务品种的定义;

2、拟开办业务品种成本和收益预测;

3、拟开办业务品种的管理人员和业务人员配备情况;

4、拟开办业务的支持系统。

(二) 申请开办业务品种的操作规程和相关内部控制制度;

(三) 中国人民银行要求提供的其他文件和资料。

第十八条 商业银行开展中间业务，应加强与同业之间的沟通和协商，杜绝恶性竞争、垄断市场的不正当竞争行为。

第十九条 对国家有统一收费或定价标准的中间业务，商业银行按国家统一标准收费。对国家没有制定统一收费或定价标准的中间业务，由中国人民银行授权中国银行业协会按商业与公平原则确定收费或定价标准，商业银行应按中国银行业协会确定的标准收费。

第二十条 商业银行应健全内部经营管理机制，加强内部控制，保证对中间业务的有效管理和规范发展。

第二十一条 商业银行应制定中间业务内部授权制度，并报中国人民银行备案。

商业银行内部授权制度应明确商业银行各级分支机构对不同类别中间业务的授权权限，应明确各级分支机构可以从事的中间业务范围。

第二十二条 商业银行应加强对中间业务风险的控制和管理，并应依据有关法律、法规和监管规章，建立和实施有效的风险管理制度和措施。

第二十三条 商业银行应建立监控和报告各类中间业务的信息管理系统，及时、准确、全面反映各项中间业务的开展情况及风险状况，并及时向监管当局报告业务经营情况和存在的问题。

第二十四条 商业银行应注重对中间业务中或有资产、或有负债业务的风险控制和管理，对或有资产业务实行统一的资本金管理；应注重对交易类业务的头寸管理和风险限额控制；应对具有信用风险的或有资产业务实行统一授信管理。

第二十五条 商业银行应建立中间业务内部审计制度，对中间业务的风险状况、财务状况、遵守内部规章制度情况和合规合法情况进行定期或不定期的审计。

第二十六条 中国人民银行在对银行中间业务监督和检查过程中，发现有下列情形之一的，将根据《金融违法行为处罚办法》、《金融机构高级管理人员任职资格管理办法》和有关法规进行处罚，对情节特别严重的，将强制停办相关业务，取消负直接领导责任的高级管理人员的任职资格。

(一) 未经中国人民银行批准或予以备案，擅自开办中间业务;

(二) 开办业务过程中，违反了国家法律法规，危害了国家和公众利益;

(三) 开办业务过程中，逃避中国人民银行监督检查;

(四) 开办业务过程中，存在不正当竞争行为;

(五) 业务经营过程中，未严格执行操作规程和内部控制制度，内控混乱，造成严重风险及实际重大资金损失;

(六) 中国人民银行认定需要进行处理的其他情形。

第二十七条 银行在业务经营过程中，存在本暂行规定第二十六条以外的其他违

法违规行为，或者违反本暂行规定的其他条款，中国人民银行将依据有关法律、法规和规章进行处理。

第二十八条 本规定由中国人民银行负责解释。

第二十九条 本规定自发布之日起实施。

二〇〇一年六月二十一日

7.2 商业银行的主要表外业务

表外业务是指商业银行从事的，不列入银行资产负债表内，不涉及资产负债内金额的变动，但构成银行的或有资产和或有负债的交易活动，主要包括担保类业务、承诺类业务和金融衍生交易类业务。这类交易活动虽然不列入银行资产负债表，但他们与表内资产项目和负债项目关系密切，在一定的条件下会转化为表内业务，因此需要在资产负债表的脚注中加以记载反映，以便于银行和有关管理当局对这类交易进行必要的核算和管理。

7.2.1 担保和承诺业务

担保和承诺业务是银行的传统的中间业务，这类业务主要是银行在某一交易活动中以第三者的身份，应交易活动的双方中某一方的委托要求，为其现存债务进行担保，或是银行保证对委托人应履行的有关义务承担损失的赔偿责任。一般分为担保类中间业务和承诺害中间业务。

1. 担保害中间业务

担保类中间业务指商业银行为客户债务清偿能力提供担保，承担客户违约风险的业务。主要包括银行承兑汇票、备用信用证、各类保函等。

(1) 银行承兑汇票，是由收款人或付款人(或承兑申请人)签发，并由承兑申请人向开户银行申请，经银行审查同意承兑的商业汇票。商业银行的票据承兑是一种传统的银行担保业务。

(2) 备用信用证，是开证行应借款人要求，以放款人作为信用证的收益人而开具的一种特殊信用证，以保证在借款人破产或不能及时履行义务的情况下，由开证行向收益人及时支付本利。

(3) 各类保函业务，包括投标保函、承包保函、还款担保函与借款保函等。

(4) 其他担保业务。

2. 承诺类中间业务

承诺类中间业务是指商业银行在未来某一日期按照事前约定的条件向客户提供约定信用的业务，主要指贷款承诺，包括可撤销承诺和不可撤销承诺两种。

(1) 可撤销承诺附有客户在取得贷款前必须履行的特定条款，在银行承诺期内，客户如没有履行条款，则银行可撤销该项承诺。可撤销承诺包括透支额度等。

(2) 不可撤销承诺是银行不经客户允许不得随意取消的贷款承诺，具有法律约束力，包括备用信用额度、回购协议、票据发行便利等。

7.2.2 金融衍生交易类业务

1. 金融期货

金融期货(financial futures)指是交易双方在金融市场上，以约定的时间和价格，买卖某种金融工具的具有约束力的标准化合约。以金融工具为标的物的期货合约。金融期货引作为期货交易中的一种，具有期货交易的一般特点，但与商品期货相比较，其合约标的物不是实物商品，而是传统的金融商品，如证券、货币和利率等。 金融期货交易产生于20世纪70年代的美国市场，目前，金融期货交易在许多方面已经走在商品期货交易的前面，占整个期货市场交易量的 80%，成为西方金融创新成功的例证。

1) 金融期货的特点

(1) 交易标的物的特定性。金融期货市场交易的对象是特定的金融产品，如利率、外汇和股票指数等，进行交易时，大多是按照约定的利率、汇率、指数等换算成货币单位以现金交割，而不是以实物交割。

(2) 风险性。由于金融期货的高收益性和高杠杆性，刺激了一大批投机者进入市场，从而使得金融期货成为一种风险极大的投资方式。

(3) 国际性。由于交易制度的改进和通信技术的提高，以美国为中心的国际金融市场已初步形成。世界上几大著名的交易所通过联网结算、建立“相互对冲”制度，形成了 24 小时不间断的全球性金融期货市场。

2) 金融期货的类别

按照交易对象的不同，金融期货一般分为 3 类，即外汇期货、利率期货和股票指数期货。

(1) 外汇期货(foreign exchange futures)是交易双方约定在未来某一时间，依据现在约定的比例，以一种货币交换另一种货币的标准化合约的交易，是指以汇率为标的物的期货合约，用来回避汇率风险。它是金融期货中最早出现的品种。自 1972 年 5 月芝加哥商品交易所的国际货币市场分部推出第一张外汇期货合约以来，随着国际贸易的发展和世界经济一体化进程的加快，外汇期货交易一直保持着旺盛的发展势头。它不仅为广大投资者和金融机构等经济主体提供了有效的套期保值的工具，而且也为套利者和投机者提供了新的获利手段。

(2) 利率期货是指以债券类证券为标的物的期货合约，它可以回避银行利率波动所引起的证券价格变动的风险。利率期货的种类繁多，分类方法也有多种。通常，按照合约标的的期限，利率期货可分为短期利率期货和长期利率期货两大类。

(3) 股票指数期货(以下简称股指期货)是一种以股票价格指数作为标的物的金融期货合约。股市投资者在股票市场上面临的风险可分为两种。一种是股市的整体风险，又称系统风险，即所有或大多数股票的价格一起波动的风险。另一种是个股风险，又称非系统风险，即持有单个股票所面临的市场价格波动风险。通过投资组合，即同时购买多种风险不同的股票，可以较好地规避非系统风险，但不能有效地规避整个股市下跌所带来的系统风险。进入 20 世纪 70 年代之后，西方国家股票市场波动日益加剧，投资者规避股市系统风险的要求也越来越迫切。由于股票指数基本上能代表整个市场股票价格变动的趋势和幅度，人们开始尝试着将股票指数改造成一种可交易的期货合约并利用它对所有股票进行套期保值，规避系统风险，于是股指期货应运而生。

2. 金融期权

金融期权(financial option)是以期权为基础的金融衍生产品，指以金融商品或金融期货合约为标的物的期权交易。具体地说，其购买者在向出售者支付一定费用后，就获得了能在规定期限内以某一特定价格向出售者买进或卖出一定数量的某种金融商品或金融期货合约的权利。金融期权是赋予其购买者在规定期限内按双方约定的价格(striking price，协议价格)或执行价格(exercise price)购买或出售一定数量某种金融资产(underlying financial assets，潜含金融资产或标的资产)的权利的合约。

1) 金融期权的特点

(1) 期权交易的对象是一种权利。商品交易的对象是商品，金融期货交易的对象是期货合约。期权交易由于是一种权利买卖，即买进或卖出某种金融产品的权利，但并不承担一定要买进或卖出的义务，这个权利是单方面的，这是期权交易的一个显著特征。

(2) 期权交易具有很强的时间性。期权的持有者只有在规定的时间内才有效，或执行期权，或放弃转让期权，超过规定的有效期，期权合约自动失效，期权购买者所拥有的权利随之消失。例如：美式期权，买方(或卖方)只能在期权成交日至期权到期日之前的任何一个工作日的纽约时间上午 9 时 30 分以前向对方宣布，决定执行或不执行期权合约。欧式期权的买方(或卖方)只能在期权到期日当天纽约时间上午 9 时 30 分以前向对方宣布执行或不执行期权合约。可见，期权交易的时间有严格规定。

(3) 期权投资具有杠杆效应。期权投资可以以小博大，即支付一定的权利金为代价购买到无限盈利的机会。因此，购买期权具有杠杆效应。例如，美国 A 公司买入马克看涨期权的协定为$ 0.330 0，支付的期权费为$ 0.020 0，购买一个标准的马克合同是 DM 125 000。当合同到期，如市场价为每马克 0.380 0 美元时，行使期权每马克可获利 0.05 美元(0.380 0－0.330 0)，扣除期权费 0.02 美元，购买者的纯利润为每马克 0.03 美元(0.05－0.02)，共获利为 0.03×125 000＝3 750 美元，可见投资者只付出 2 500 美元，即可获净利 3 750 美元，这充分说明了期权投资的杠杆效应。

(4) 期权的供求双方具有权利和义务的不对称。权利和义务的不对称是期权交易的基本特征之一，表现在期权购买者拥有履约的权利而不承担义务，期权的出售者只有义务而无权利。同时在风险与收益上也具有不对称性，期权的购买者承担的风险是有限的，其收益可能是无限的，期权的出售者收益是有限的，其风险可能是无限的。

(5) 期权的购买者具有选择权。期权的购买者具有选择权，这也是期权的又一特点。期权购买者购买的权利是可以选择的，即可以选择执行、转让或放弃。其他交易(如商品期货交易、金融期货交易和远期外汇交易等不具有选择权，如到期不执行合约规定，视为违约，要负赔偿责任。

2) 金融期权的种类

金融期权可以从不同的角度进行分类。

(1) 根据期权的内容分，可分为买权和卖权。买权指期权的买卖双方约定在到期日或期满前，买方有权按协定价从卖方手中买入特定数量的金融商品。卖权指期权的买卖双方约定在到期日或期满前，买方有权按协定价向卖方出售特定数量的金融商品。

(2) 根据期权的协定价与市场价的关系，可分为平价期权、有利期权和不利期权。平价期权即期权的协定价与市场价相等。有利期权，即期权买权的协定价低于市场价，卖权的协定价高于市场价，由于协定价对卖方有利，所以称为有利价。不利期权，买方的协定价高于市场价，卖方的协定价低于市场价，由于协定价对买方不利，所以称为不利期权。

(3) 根据履行期限分，可分为美式期权和欧式期权。美式期权是指买方可以在成交日至期权到期日之前的任何时间，要求卖方履约。欧式期权是指买方在到期日的当天才可以要求执行期权。

3) 最常用的金融期权交易策略

(1) 看涨期权，分为买入看涨期权和卖出看涨权。买入看涨期权是指购买者获得了在到期日以前按协定价购买合同规定的某种金融产品的权利。采用这种期权交易策略是因为购买期权合同者通常预测市价将上涨。当市价上升时，购买者的收益是无限的；当价格下跌时，购买者的损失是有限的(即支付的期权费)，当市价等于协议价与期权费之和时，购买者不亏不盈，处于盈亏平衡点。卖出看涨期权指期权合同的卖方在收取一定的期权费后给买方以协定价购买某金融产品的权利。采用这种期权交易策略是因为出售期权合同者通常预测市价下跌。当市价下跌时，出售者最大收益即期权费；当市场上涨时，出售者风险是无限的；当市价等于协定价与期权费之和时，出售者不亏不盈。处于盈亏平衡点。

(2) 看跌期权，分为买入看跌期权和卖出看跌期权。买入看跌期权指合同的买入者获得了在到期日以前按协定价格出售合同规定的某种金融产品的权利。采用这种期权交易策略是因为买入看跌期权者预测市价将下跌。

当市价下跌时，购买者的收益无限；当市价上涨时，其损失有限(即支付的期权费)；当市价等于协定价和期权费之差时，购买者不亏不盈，处于盈亏平衡点。

卖出看跌期权指期权合同的卖方在收取一定的期权费后给买方以协定价出售某种金融产品的权利。采用这种期权交易策略是因为出售期权合同者通常预测市价将上涨。当市价下跌时，出售者风险无限；反之，出售者的最大收益即期权费；当市价等于协定价和期权费之差时，出售者不亏不盈，处于盈亏平衡点。

3. 互换业务

互换业务是一种典型的货币市场冲销工具。一般包括货币互换与利率互换。

(1) 利率互换是相同货币债务间的调换，而货币互换则是不同货币债务间的调换。货币互换双方互换的是货币，它们之间各自的债权债务关系并没有改变。初次互换的汇率以协定的即期汇率计算。货币互换的目的在于降低筹资成本及防止汇率变动风险造成的损失。

(2) 货币互换通常涉及两种货币，持有不同货币的交易双方兑换各自持有的一定金额的货币，并约定在未来某日进行一笔反向交易。比较常见的货币互换结构包括本金的初始交换、利息分期支付、按照交换的本金数量和初始交易日的汇率计算、本金在到期日按照相同的汇率再交换。

知识链接 7-2

第一笔人民币利率互换业务

继瑞士银行北京分行 2008 年 1 月成功申请人民币业务执照及 3 月推出人民币债券及回购交易之后，目前已成功完成了第一笔人民币利率互换业务。瑞士银行北京分行 4 月与一家中国本地银行完成了第一笔人民币利率互换业务，成功地增强了公司帮助客户提高资产收益和处理债务的能力。这次交易是瑞银中国战略发展中的重要一步，也是为其客户提供的产品组合中的重要部分。

中国的人民币利率互换市场于 2006 年 2 月建立。自此，市场有了快速的发展和增长。2007 年，交易额达 2 170 亿人民币(300 亿美元)。2008 年 1 月，中国人民银行开放了利率互换市场，除了银行以外，其他跨行市场经营者也能够提供这些产品。2008 年第一季度的交易额已达到 840 亿人民币(120 亿美元)。瑞士银行北京分行的人民币业务包括债券、回购、衍生品、货币市场和储蓄产品。北京分行在 2005 年已开始外币业务。

4. 资产证券化

1) 资产证券化的概念

广义的资产证券化是指某一资产或资产组合采取证券资产这一价值形态的资产运营方式，它包括以下 4 类。

(1) 实体资产证券化，即实体资产向证券资产的转换，是以实物资产和无形资产为基础发行证券并上市的过程。

(2) 信贷资产证券化，是指把欠流动性但有未来现金流的信贷资产(如银行的贷款、企业的应收帐款等)经过重组形成资产池，并以此为基础发行证券。

(3) 证券资产证券化，即证券资产的再证券化过程，就是将证券或证券组合作为基础资产，再以其产生的现金流或与现金流相关的变量为基础发行证券。

(4) 现金资产证券化，是指现金的持有者通过投资将现金转化成证券的过程。

狭义的资产证券化是指信贷资产证券化。按照被证券化资产种类的不同，信贷资产证券化可分为住房抵押贷款支持的证券化(mortgage-backed Securitization，MBS)和资产支持的证券化(Asset-backed securitization，ABS)。

概括地讲，一次完整的证券化融资的基本流程是，发起人将证券化资产出售给一家特殊目的机构(special purpose vehicle，SPV)，或者由 SPV 主动购买可证券化的资产，然后 SPV 将这些资产汇集成资产池(assets pool)，再以该资产池所产生的现金流为支撑在金融市场上发行有价证券融资，最后用资产池产生的现金流来清偿所发行的有价证券。

2) 资产证券化的作用

资产证券化对发起人的作用如下所述

(1) 增强资产的流动性。从发起人(一般是金融机构)的角度来看，资产证券化提供了将相对缺乏流动性、个别的资产转变成流动性高、可在资本市场上交易的金融商品的手段。通过资产证券化，发起者能够补充资金，用来进行另外的投资。例如，商业银行利用资产证券化提高其资产流动性。一方面，对于流动性较差的资产，通过证券化处理，将其转化为可以在市场上交易的证券，在不增负债的前提下，商业银行可以多获得一些资金来源，加快银行资金周转，提高资产流动性。另一方面，资产证券化可以使银行在流动性短缺时获得除中央银行再贷款、再贴现之外的救助手段，为整个金融体系增加一种新的流动性机制，提高了流动性水平。

(2) 获得低成本融资。资产证券化还为发起者提供了更加有效的、低成本的筹资渠道。通过资产证券化市场筹资比通过银行或其他资本市场筹资的成本要低许多，这主要是因为发起者通过资产证券化发行的证券具有比其他长期信用工具更高的信用等级，等级越高，发起者付给投资者的利息就越低，从而降低筹资成本。投资者购买由资产担保类证券构成的资产组合的整体信用质量，而不是资产担保类证券发起者的信用质量。同时，资产证券化为发起者增加了筹资渠道，使他们不再仅仅局限于股权和债券两种筹资方式。

(3) 减少风险资产。资产证券化有利于发起者将风险资产从资产负债表中剔除出去，有助于发起者改善各种财务比率，提高资本的运用效率，满足风险资本指标的要求。例如，根据《巴塞尔协议》和我国《商业银行法》的要求，一个稳健经营的商业银行，资本净额占表内外风险加权资产总额的比例不得低于 8%，其中核心资本不得低于 4%。为了满足这一要求，许多银行必须增加资本或出售资产。由于增加资本是昂贵的，通过资产证券化交易出售资产就成为商业银行满足《巴塞尔协议》要求的有效途径。资产证券化可以将一部分资产从资产负债表上分离出去，减少分母资产数额，提高资本充足率以更好地满足监管要求。

(4) 便于进行资产负债管理。资产证券化还为发起者提供了更为灵活的财务管理模式。这使发起者可以更好地进行资产负债管理，取得精确、有效的资产与负债的匹配。借短贷长的特点使商业银行不可避免地承担资产负债期限不匹配风险，通过资产证券化市场，商业银行即可以出售部分期限较长、流动性较差的资产，将所得投资于高流动性的金融资产，也可以将长期贷款的短期资金来源置换为通过发行债券获得的长期资金来源，从而实现了风险合理配置，改善了银行的资产负债管理。同时，由于资产证券化允许将发起、资金服务等功能分开，分别由各个机构承担，这有利于体现各金融机构的竞争优势，便于确立金融机构各自的竞争策略。

总之，资产证券化为发起者带来了传统筹资方法所没有的益处，并且随着资产证券化市场的不断深入发展，将愈加明显。

资产证券化对投资者的益处如下所述。

从投资者的角度来看，资产担保类证券提供了比政府担保债券更高的收益。这部分高收益来源于许多因素，但最主要的是资产担保类证券的信用质量。资产证券化品种一般是以超过一个基准利率的利差来交易的。例如，在浮动利率资产证券化品种中，一般基准利率使用伦敦银行同业拆借利率，该种投资工具称为“基于利差的投资工具”。资产证券品种的出现满足了投资者对“基于利差的投资工具”的需求，从而达到投资多样化及分散、降低风险的目的。

资产证券化可以帮助投资者扩大投资规模。一般而言，证券化产品的风险权重比基础资产的风险权重低的多。比如，美国住房贷款的风险权重为 50%，而由联邦国民住房贷款协会发行的以住房抵押贷款为支撑的过手证券却只占 20%的风险权重，金融机构持有的这类投资工具可以大大节省为满足资本充足率要求所须要的资本金，从而可以扩大投资规模，提高资本收益率。资本金所创造的压力已经成为对银行等金融机构对支撑证券进行投资的主要驱动力。

投资者的风险偏好各不相同，资产证券化为投资者提供了多样化的投资品种，例如，有的投资者对风险比较厌恶，就会选择国债等风险较低的投资品种，相应会得到较低的收益，而有的投资者风险偏好较高，就会投资股票或衍生金融工具，当然要求的收益也较高。而资产担保类证券丰富了投资品种的风险/收益结构，为投资者提供了更多的投资品种选择。

现代证券化交易中证券一般不是单一品种，而是通过对现金流的分割和组合，可以设计出具有不同档级的证券。不同档级证券具有不同的偿付次序，以“熨平”现金流波动。升值将不同种类的证券组合在一起，形成合成证券，从而可以更好地满足不同投资者对期限、风险和利率的偏好。资产证券化技术可以提供无限证券品种和灵活的信用、到期日、偿付结构等，这样就可以“创造”出投资者需要的特定证券品种。这种的多样性与结构的灵活性是资产证券化的优良特性，也是投资期最关注的性质。

3) 资产证券化的运作程序

一般而言，资产证券化的基本运作程序是：发起人将需要证券化的资产出售给一家特设信托机构 SPV，或者由 SPV 主动购买可证券化的资产，然后将这些资产汇集成资产池，再以该资产池产生的现金流为支撑在金融市场上发行有价证券融资，最后用资产池产生的现金流来清偿所发行的有价证券。这一过程中，SPV 以证券销售收入向资产权益人偿付资产出售价款，以资产产生的现金流向投资者偿付所持证券的权益。具体来讲，这一操作程序包括以下几个步骤。

(1) 发起人要确定证券化资产，组建资产池。

(2) 设立特设信托机构 SPV。SPV 是资产证券化的关键性主体，它是一个专为隔离风险而设立的特殊实体，设立目的在于实现发起人需要证券化的资产与其他资产之间的“风险隔离”。在 SPV 成立后，发起人将资产池中的资产出售给 SPV，将风险锁定在 SPV 名下的证券化资产范围内。

(3) 资产的真实销售。即证券化资产完成从发起人到 SPV 的转移。在法律上，实质意义上的资产证券化中的资产转移应当是一种真实的权属让渡，在会计处理上则称为“真实销售”。其目的是保证证券化资产的独立性——发起人的债权人不得追索该资产，SPV 的债权人也不得追索发起人的其他资产。

(4) 进行信用增级。SPV 取得证券化资产后，为吸引投资者并降低融资成本，SPV 必须提高拟发行资产支持证券的信用等级，使投资者的利益能得到有效保护和实现。信用提高技术成为资产证券化成功与否的关键之一。

(5) 资产证券化的信用评级，即由信用评级机构对未来资产能够产生的现金流进行评级以及对经过信用增级后的拟发行证券进行评级。资产支持证券的评级为投资者提供证券选择的依据，从而构成资产证券化的又一重要环节。

(6) 发售证券。在经过信用评级后，SPV 作为发行人如中诚信托和中信信托，通过各类金融机构如银行或证券承销商等，向投资者销售资产支持证券。

(7) 向发起人如国家开发银行和中国建设银行支付资产购买价款，即 SPV 将证券发行收入按照事先约定的价格向发起人支付购买证券化资产的价款。

(8) 管理资产池。资产支持证券发行完毕后到金融市场上申请挂牌上市，但 SPV 还需要对资产池进行管理和处置，对资产所产生的现金流进行回收。管理人可以是资产的原始权益人即发起人，也可以是专门聘请的有经验的资产管理机构。在信贷资产证券化运作中，管理人主要负责收取债务人按期偿还的本息并对其履行债务实施监督，在房地产证券化运作中，管理人主要负责通过出租或出售房地产等方式获取收益。

(9) 清偿证券。按照证券发行时的约定，待资产支持证券到期后，由资产池产生的收入在还本付息、支付各项服务费之后，若有剩余，按协议规定在发起人和 SPV 之间进行分配，整个资产证券化过程即告结束。对资产证券化的基本运作程序了解之后，我们可以看到，整个资产证券化的运作都是围绕 SPV 这个核心展开的，SPV 是整个资产证券化发行与交易结构中的中心。

7.2.3 中间业务与表外业务的关系

1. 中间业务与表外业务的联系

中间业务和表外业务，属于商业银行三大业务之一，具有成本低、风险低、收入高、潜力大的特点，是与商业银行的资产业务和负债业务相伴而生并长期依存的中介业务。在存贷利差小的微利时代，它独立于资产业务和负债业务之外，既是国内各商业银行互相竞争的目标和谋求新生存空间的重地，也是国际银行业务激烈竞争的主要对象。两者的共同之处在于以下方面。

(1) 都不在资产负债表上反映。中间业务是银行不动用自己的资产、负债，而以中间人/代理人的身份接受委托为客户办理收付、代理、咨询和其他委托业务事项，提供各类金融服务并收取手续费的经营活动；表外业务也是银行充当中介者所提供的非资金服务。因此，不管中间业务还是表外业务一般都不直接列入银行的资产负债表，也就是通常都不会引起资产负债表内业务的变化。

(2) 具有相同的收入形态。存贷款利息差是当前商业银行主要的利润来源，中间业务和表外业务给银行带来的都是非利息收入，包括各种服务费、手续费、佣金等。所以，在赢利来源或者收入形态方面表现大同小异。

(3) 业务范围有小部分重合。虽然两者包括的具体业务不同，但是从上面那个图就可以看出在业务方面还是存在部分重合的。例如，信用证业务属于中间业务，但就其内涵来说，信用证业务又具有担保业务的性质，因此，可以说信用证业务既是中间业务又是表外业务。

2. 中间业务与表外业务的区别

虽然商业银行的中间业务与表外业务存在一定的联系，但又是极易混淆的两个不同概念，主要区别体现在以下方面。

(1) 性质不同。中间业务是银行不运用自己的资财而以中间人的身份代替顾客办理收付和其他委托事项，提供各种金融服务，从中收取手续费的业务，一般不引起银行资产负债的变化。表外业务是指那些未列入资产负债表，但同表内资产业务和负债业务关系密切，并在一定条件下会转化为表内资产业务和负债业务的经营活动。表外业务更多地表现为创新的业务，这些业务与表内的业务一般有密切的联系，在一定的条件下还可以转化表内的业务。

(2) 风险程度不同。在中间业务中银行不直接作为信用活动的一方出现，仅仅是中间人/代理人，风险多由客户来承担，虽然在开展此类业务时有时面临一定的风险，但是相对于表内业务而言风险要小得多。而表外业务会形成银行的或有资产和或有负债，而且在一定条件下这种潜在风险会转化成现实风险，所以，总体上来讲，表外业务风险较大。例如，商业票据的发行人无力偿还债务时，作为担保者，银行则要承担连带责任。因此，对商业票据的承兑担保是银行的一种或有负债。

(3) 业务范围不同。通过上面的图我们可以发现，中间业务和表外业务在外延上虽然有一定的重叠，但两者的涵盖范围毕竟还是存在很大不同的。

(4) 受金融当局监管程度不同。一国金融当局一般对风险较小的中间业务不进行过多的干预和管制。由于表外业务的潜在高风险性各国金融当局和一些国际组织越来越多的对其关注和管理。例如，早在 1985 年，英格兰银行就要求设在伦敦的银行在测量资本充足性时把票据发行便利项下的包销承诺包括进去，在计算风险资产比例时，无论是否实际支用相应的资金，这些便利都要按 50%的比例计算；1986 年，美国联邦储备银行提议在风险资产比例的计算中应包括一些表外项目。

案例分析

商业银行多方委托贷款业务的推出与暂停

2002 年以来，各地商业银行先后开办了一种以个人委托贷款业务为创新基础的新业务——多方委托贷款。这种业务一经推出，就受到委托人和借款人两方面的欢迎。相对于个人委托贷款，应当说多方委托贷款很受市场推崇，业务发展非常顺利。民生银行于 2002 年 8 月在杭州首推个人委托贷款，结果市场反应较为冷淡。为走出尴尬局面，民生将个人委托贷款的方式由原来的“一对一”(即单独委托贷款，就是个人单独贷款给一个项目)转变为“多对一”(即多方委托贷款，就是企业向一群人借款)，收到了意想不到的效果。据悉，2002 年 12 月底民生银行在南京开展的“多对一”个人委托贷款项目，短短 3 天内筹资达上亿元。

但到 2003 年 1 月，人民银行认为这种“多对一”的多方委托贷款存在风险、而且与现行银行业务制度存在一定的抵触。由于委托贷款在中间业务监管模式上属适用备案制的业务，所以人民银行通过不予备案的方式暂停了这项业务。

试分析：为什么多方委托贷款比传统的单独委托贷款更受市场和银行的欢迎，而人民银行却要暂停这项业务呢？

小　结

商业银行中间业务是指商业银行不需使用信贷资金，利用自身特有的条件、优势向社会提供各种金融服务从中收取服务费的业务。开展此类业务活动，既不影响负债业务也不会影响资产业务，因此称为中间业务。

商业银行的中间业务主要包括支付结算类业务、银行卡业务、代理类业务、基金托管业务和咨询顾问类业务。

表外业务是指商业银行从事的，不列入银行资产负债表内，不涉及资产负债内金额的变动，但构成银行的或有资产和或有负债的交易活动。

商业银行的表外业务主要包括担保类、承诺类和金融衍生类业务。

商业银行的中间业务与表外业务既有相同之处也有不同之处，相同之处表现在：都不在资产负债表上反映；具有相同的收入形态；业务范围有小部分重合。不同之处表现在：性质不同；风险程度不同；业务范围不同；受金融当局监管程度不同。

习　题

一、单项选择题

1．表外业务迅速发展的原因主要有(　　)。

A．规避资本管制，增加赢利来源

B．适应金融环境变化

C．为转移和分散风险

D．客户对银行服务需求的多样化

2．对开证行而言，备用信用证的优点体现在(　　)。

A．业务成本较低

B．可带来较高的赢利

C．提高借款人的信用等级

D．使受益人获得较高的安全性

3．远期利率协议具有以下几个特点(　　)。

A．成本较低　　B．灵活性大　　C．保密性　　D．期限较长

4．从固定利率到浮动利率的互换是(　　)。

A．息票利率互换　　B．基础利率互换

C．交叉货币利率互换　　D．货币互换

5．表外业务具有以下几个特点(　　)。

A．灵活性大　　B．规模庞大　　C．交易集中

D．盈亏巨大　　E．透明度低

6．银行允诺对顾客未来交易承担某种信贷义务的业务是(　　)。

A．担保　　B．承诺　　C．期货　　D．远期利率协议

7. 表外业务包括(　　)。
A. 担保　　B. 承诺　　C. 期货　　D. 租赁

二、名词解释

中间业务　　表外业务　　金融期货　　资产证券化

三、判断题

1. 信用证的产生是和国际贸易的发展密不可分的。　(　　)
2. 金融期货交易的对象是期货合约。　(　　)
3. 如果未来利率上升，远期利率协议的买方实际支付的利率水平为协议利率。　(　　)
4. 互换的前提条件是交易双方的信用等级不同。　(　　)
5. 银行的贷款承诺一经作出，不经客户同意不可撤销。　(　　)
6. 借助于表外业务，银行可扩大其信用规模。　(　　)

四、简答题

1. 什么是商业银行的中间业务？它有什么特点？
2. 简述商业银行的中间业务的类型。
3. 简述最常用的金融期权交易策略。
4. 简述金融期权的特点。
5. 金融服务类中间业务与表外业务有何异同？
6. 简述资产证券化的运作程序及作用。
7. 为何要对表外业务加强监管？如何加强对表外业务的监管？

实 训 项 目

1. 实训内容

(1) 根据个人理财相关产品和服务产品知识，利用网络，以组为单位，收集目前国内商业银行主要的个人理财服务－基金与国债买卖相关的资料。

(2) 对上述资料就开放式基金与封闭式基金和凭证式国债与记账式国债进行整理。

2. 实训要求

通过本次实训，要求学生根据已了解的商业银行个人金融业务相关产品的基础知识，以组为单位进行商业银行个人理财相关服务－基金买卖和国债买卖资料的收集整理，以熟悉商业银行个人理财相关服务－基金(开放式和封闭式)买卖及国债(凭证式和记账式)买卖，进而了解和熟悉基金和国债相关知识。

项目 8 商业银行财务分析

工作任务描述

在商业银行的经营管理中，最直接最方便的风险识别工具就是银行的财务报表，如资产负债表、损益表、留存收益表、财务状况变动表等。对银行自身的财务报表进行分析是商业银行实行风险管理的重要内容。首先，通过财务报表可以获得各种风险指标，如流动性风险比率、利率风险比率、信用风险比率以及资本风险比率等。其次，通过对财务报表的静态分析(如比率分析、比例分析等)和动态分析(如时期比较分析、趋势分析等)，可以估计银行过去的绩效，衡量银行目前的财务和经营状况，预测银行未来的发展趋势，找出可能影响银行未来经营的风险因素。本项目要介绍商业银行的主要财务报表(如资产负债表、损益表和现金流量表)以及银行财务分析的方法(如比率分析法和杜邦分析法)。

工 作 任 务	工 作 要 求
了解商业银行的资产负债表以及资产负债表有哪些项目	(1) 了解商业银行资产负债表的概念 (2) 掌握商业银行资产负债表的主要项目：资产项目、负债项目和所有者权益项目
知道商业银行的损益表和现金流量表、损益表和现金流量表各有哪些项目	(1) 了解商业银行损益表和现金流量表的概念 (2) 掌握商业银行损益表和现金流量表的主要项目
熟悉商业银行经营业绩分析的主要方法	(1) 掌握商业银行经营业绩分析方法之比率分析法 (2) 掌握商业银行经营业绩分析方法之杜邦分析法

知识概览

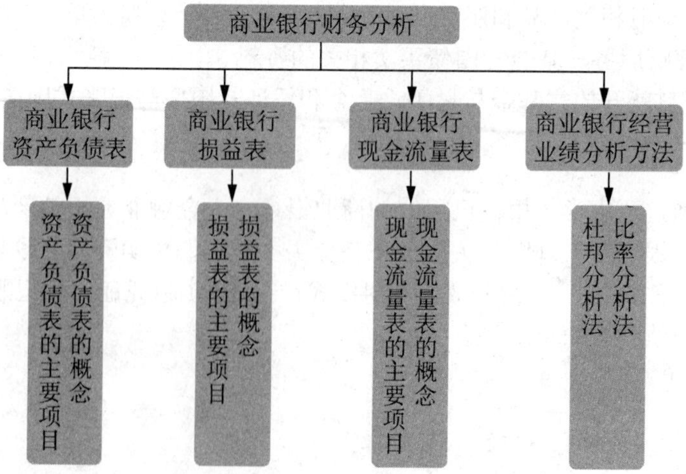

学习目标

知识目标	能力目标	学习重点和难点
(1) 认识商业银行的资产负债表及内容 (2) 理解商业银行损益表和现金流量表的概念；了解其内容 (3) 知道商业银行经营业绩分析方法	(1) 了解商业银行主要财务报表的概念及主要内容 (2) 了解各类财务报表的编制原理 (3) 能够对商业银行经营业绩进行分析	(1) 商业银行资产负债表、损益表和现金流量表概念及其主要项目 (2) 各类财务报表的编制原理 (3) 商业银行经营业绩分析方法：比率分析法和杜邦分析法

导入案例

交通银行财务报表分析

2006 年 3 月 28 日，内地第五大商业银行——交通银行公布的 2005 年度综合经营业绩，向投资者交出了亮丽的答卷：交通银行净利润为 92.49 亿元人民币，比上年同期增长 476.62%；股价自 2005 年 6 月上市以来至 2006 年 3 月，累积升幅高达 97%，这是交通银行 2005 年 6 月 23 日成为内地第一家在香港上市的商业银行以来，按照国际财务报告准则公布的第一份年度业绩。

根据交通银行的财务报表(略)，我们对其赢利能力、流动性、风险性和清偿力及安全性进行分析得到：交通银行坚持效益优先和集约经营原则，努力增加赢利资产和高收益资产，有效控制负债成本，赢利水平显著提高，资本充足率为 11.2%，核心资本充足率为 8.78%，分别比 2006 年初上升 1.48 和 2.01 个百分点，拨备覆盖率为 58.39%，比 2006 年年初提高 14.38 个百分点，资产收益率为 0.65%，股东权益报酬率为 11.13%，分别比 2005 年提高 0.51 和 8.05 个百分点，平均资产回报率为 0.72%，平均股东权益报酬率为 13.68%。

8.1　商业银行的资产负债表

资产银行资产负债表是银行最主要的财务报表，反映特定时点上银行的业务规模和结构。通过阅读资产负债表，可以得到银行各项业务规模、业务结构、清偿能力、抵御风险的能力、经营特色等定量的和非定量的管理信息。

8.1.1　资产负债表的内容

资产负债表的内容见表 8-1。

表 8-1　中国民生银行资产负债表　　单位：元

资　　产		负债及股东权益	
一、流动资产		一、流动负债	
货币资金	1 918 715 000	短期存款	$2.731\ 18\times10^{11}$
贵金属		短期储蓄存款	63 952 957 000
存放中央银行存款	54 860 062 000	财政性存款	10 877 359 000

续表

资　产		负债及股东权益	
一、流动资产		一、流动负债	
存放同业款项	10 639 246 000	向中央银行借款	0
存放联行款项	0	同业存放款项	33 893 169 000
拆放同业	62 628 450 000	联行存放款项	0
拆放金融性公司	1 929 999 000	同业拆入	0
短期贷款	$1.604\ 26\times10^{11}$	金融性公司拆入	0
抵押贷款	0	应解汇款	0
应收进出口押汇	1 548 582 000	汇出汇款	495 475 000
应收账款	0	委托存款	0
其他应收款	796 112 000	应付代理证券款	0
其他应收款净额	745 168 000	卖出回购证券款	5 422 664 000
减：坏账准备	146 444 000	应付账款	0
应收款项净额	745 168 000	预收账款	0
预付账款	0	其他应付款	1 525 112 000
贴现	6 308 565 400	应付工资	480 325 000
短期投资	13 299 073 000	应付福利费	107 499 000
应收利息	1 582 194 000	应付股利	58 020 000
委托贷款及委托投资	0	应交税金	946 145 000
自营证券	0	其他应交款	0
代理证券	0	预提费用	31 538 000
买入返售证券	20 009 640 000	发行短期债券	0
一年内到期长期债权投资	6 813 377 000	一年内到期长期负债	0
其他流动资产	0	其他流动负债	0
流动资产合计	$3.431\ 21\times10^{11}$	流动负债合计	$4.592\ 53\times10^{11}$
中长期贷款	$1\ 47\ 82\times10^{11}$	二、长期负债	
逾期贷款	5 191 463 000	长期存款	70 667 592 000
减：贷款呆账准备金	4 991 491 000	长期储蓄存款	10 140 679 000
应收租赁款	0	保证金	344 435 000
租赁资产	0	应付转租赁租金	0
长期资产合计	1.4802×10^{11}	发行长期债券	0
二、长期投资		长期借款	0
长期股权投资	50 000 000	应付债券	7 263 878 000
长期债权投资	59 455 922 000	长期应付款	0
长期投资合计	59 637 579 000	住房周转金	0
减：长期投资减值准备	131 657 000	其他长期负债	306 746 000
长期投资净额	59 505 922 000	长期负债合计	88 723 330 000
三、固定资产		负债合计	$5.416\ 77\times10^{11}$
固定资产原值	4 210 781 000		
减：累计折旧	1 008 888 000		

续表

资　产		负债及股东权益	
固定资产净值	3 201 893 000		
减：固定资产减值准备	8 970 000	三、股东权益	
固定资产净额	3 192 923 000	股本	7 258 779 000
在建工程	1 705 659 000	资本公积金	4 207 435 000
固定资产合计	4 898 582 000	盈余公积金	1 182 831 000
无形资产	117 957 000	其中：公益金	0
长期待摊费用	363 755 000	未分配利润	1 696 860 000
无形资产及其他资产合计	1 294 837 000	股东权益合计	15 459 479 000
资产总计	$5.571\,36\times10^{11}$	负债及股东权益总计	$5.571\,36\times10^{11}$

资产负债表的基本结构：

负债及所有者权益＝存款＋借入款＋股东权益

资产＝现金资产＋持有证券＋贷款＋其他资产

资产负债表的平衡公式：

资产总额＝负债总额＋股东权益总额

8.1.2 资产负债表分析

表8-1列举了在2005年12月31日这个特定的时点，民生银行资产、负债和股东权益的规模。分析表8-1可以发现，资产负债表主要由资产、负债和所有者权益3大项目组成。其中，“流动负债、长期负债”组成银行的负债项目，负债项目中的各子项目的比例关系反映了银行负债的结构。报表中的“股东权益”项目反映了银行股东投资的数量和结构。负债和所有者权益共同构成了银行的资金来源。“流动资产、长期资产、长期投资、固定资产”组成资产项目，又银行的资金运用，资产项目中各个子项目的比例关系反映了银行资产的结构。

1. 资产项目

银行资产主要项目的分类如下：①现金资产(C)；②存放在其他金融机构的存款(P)；③在金融市场购买的证券(S)；④向客户提供的贷款(L)；⑤其他资产(MA)表8-2为银行资产项目分类。

表8-2 资产项目表

单位：元

项目代号	分类	表8-1中资产项目	表8-1中余额
C	现金资产	库存现金、存放中央银行存款、存放同业款项、存放联行款项	$0.019\,187\times10^{11}+0.548\,60\times10^{11}+0.106\,39\times10^{11}$
P	与其他金融机构往来	拆放同业、拆放金融公司	$0.626\,28\times10^{11}+0.019\,30\times10^{11}$
S	持有证券	无	0
L	贷款	短期贷款、中长期贷款、逾期贷款、贴现	$1.604\,26\times10^{11}+1.478\,2\times10^{11}+0.051\,91\times10^{11}+0.063\,09\times10^{11}$
MA	其他资产	股权投资、固定资产等	——

分析表8-2，3个项目资产余额合计为$4.512\,13\times10^{11}$元。列举的项目是商业银行的主要资产业务，在银行总资产中的占比为［$(4.512\,13\times10^{11})\div(5.571\,36\times10^{11})$］$\times100\%\approx81\%$。

这个数据表明，截至目前，中国商业银行的主要资金运用仍然以贷款为主。银行的贷款包括短期贷款、中长期贷款、逾期贷款和贴现。其中的贷款损失准备金账户余额可以用于抵扣银行的损失贷款。另外，还可以观察到此报表中，持有证券余额为 0，这个数字反映了中国银行的体系问题。中国银行业实行的是“分业经营体系”，银行经营范围与非银行金融机构经营范围之间有严格的区分，银行不能经营租赁业务、证券投资业务和代客证券投资业务。

观察现金资产分类中，库存现金是为了满足存款客户提取存款的需要，也就是银行常常提取的满足银行的流动性的需要；存放在中央银行的存款是商业银行用于满足中央银行关于存款准备金比率的要求、满足银行支付结算中清算资金的需要；存放同业款项是银行用于获得其他银行为本行客户提供代理服务在服务代理银行存入的活期存款。在库存现金不能满足银行流动性的需求时，存放中央银行存款中的超额存款准备金可以迅速转化为现金作为银行流动性需求的补充。

2. 负债项目

银行负债项目主要包括两项：机构和个人存放在银行中的存款(D)；银行从金融市场借入的资金(NDB)，又称非存款资金或借入款。

(1) 存款是银行通过向家庭和机构提供金融服务，吸引家庭和机构将盈余资金存入银行而获得的资金，是银行主要的和最稳定的资金来源。其中交易账户存款、定期存款和储蓄存款被称为核心存款。

(2) 借入款是银行为了满足流动性、贷款资金需求从金融市场借入的资金。在近代负债管理理论的指导下，借入款已经逐步成为现代商业银行，特别是大型商业银行的重要资金来源。

表 8-3 负债项目分类情况

单位：元

项目代号	分类	表 8-1 负债项目	表 8-1 余额
D	个人和机构存款	短期存款、短期储蓄存款、长期储蓄存款、保证金	273 118 000 000＋63 952 957 000＋7 066 759 000＋10 140 679 000＋344 435 000
NDB	金融市场借款	向中央银行借款、同业拆借款项、财政性存款、应付债券	0＋33 893 169 000＋10 877 359 000＋726 878 000

分析表 8-3 两项目负债余额合计为 $4.702\,58\times10^{11}$。列举的负债项目的两个分类是商业银行的主要负债业务，在银行总负债中的占比为 $[(4.702\,58\times10^{11})\div(5.416\,77\times10^{11})]\times100\%\approx87\%$。家庭和机构的存款是银行的最基本的资金来源，银行从金融市场上获得的借入款主要弥补了存款资金的不足。该银行的“应付债券”是银行通过金融市场发行的长期可转换债券。

知识链接 8-1

我国同业拆借市场的形成与发展

同业拆借是指金融机构之间的短期资金融通，主要用于支持日常性的资金周转，它是商业银行为解决短期资金余缺、调剂法定准备金头寸而融通资金的重要渠道。1996 年年初至 1997 年 7 月，我国同业拆借市场又两级网络组成，商业银行总行为一级网络成员，银行分支行和非银行金融机构为二级网络成员；各省市融资中心既是一级网络成员，又是二级网络的组织者和参与者，成为沟通一级网络和二级网络的桥梁。1998 年 2 月后，二级网络终止。1998 年外资银行开始进入拆借市场，1998 年 6 月我国商业银行省级分行开始成为拆借市场成员，但拆借依然维持在商业银行总行之间。此后，各类银行相继成为市场成员。

为活跃同业拆借市场交投，促进市场更快发展，2007年8月出台《同业拆借管理办法》，从市场准入、期限管理和限额管理等3个方面放松管制。根据规定，16类金融机构可以申请进入同业拆借市场，涵盖了所有银行类金融机构和绝大部分非银行金融机构。其中，信托公司、金融资产管理公司、金融租赁公司、汽车金融公司、保险公司、保险资产管理公司等6类非银行金融机构首次纳入同业拆借市场申请人范围。

近年来，同业拆借市场的成员范围已扩大到存款类金融机构、部分非银行金融机构以及政策性银行等绝大部分金融机构。2006年年末，全国银行间同业拆借市场参与者达到703家，是市场建立之初的14倍；年交易量达到2.15万亿元，是市场建立初期的10倍多。2007年年末同业拆借成员共717家，其中，银行类金融机构609家，非银行类金融机构108家。同业拆借累计成交10.65万亿元，比2006年增长395%。

3. 股东权益

股东权益(EC)项下的资金规模常常被看作是一个银行实力的象征，用来衡量银行抵御不可预测风险的能力及保护存款人利益的能力。股东权益数量在“负债及股东权益”总量中的占比一般小于10%，这一点说明银行是靠大量对外借款来支持资产业务的。财务杠杆比率大造成银行经营过程面临巨大的风险。

4. 三项目之间的关系

银行资产、负债和股东权益的关系如下：

$$C+P+S+L+MA=D+NDB+EC$$

资产负债表中记载的负债和股东权益数额代表银行持有的资金来源的数量，决定银行进行投资项目的购买力，负债和股东权益的结构揭示了资金来源的不同渠道。资产总额代表银行累计的资金运用的数量，银行通过资金运用获得收益，为银行带来收入，并向存款人支付利息和支付银行日常的运行费用。资产的结构揭示了银行资金的运用方向。从数量上讲，可以用一个恒等式来表述：

银行资金运用数量＝银行资金来源数量

资产负债表中每一项资产必须由一定的负债来支持。因此，银行所有资金运用项目的数量总和必须等于银行资金来源项目的数量总和。更进一步讲，银行的资金运用分为管理项目和投资项目。银行在预留了必须满足日常管理项目需要的资金适量后，剩余部分才能用于投资项目。因此，银行资金运用项目中投资项目的数额一定小于银行的资金来源数额。

8.2 银行损益表

银行损益表又称为利润表，是反映银行在一段时期内各项业务收入和支出情况的财务报表。报表中记载的数据和信息反映了银行的盈亏状况，体现了银行的经营效率、管理效率和盈利能力。

损益表是反映银行在一定时期内盈亏状况的动态报表。银行的资产负债表和损益表之间有着密切的联系，资产负债表中的资产投资活动产生损益表中利息收入等收入项目，负债活动和银行管理活动产生损益表中的利息支出和费用支出等支出项目。报表使用者可以通过损益表了解银行的利润状况，了解银行的收入渠道分布状况、利息支出分布状况和费用支出分布状况。银行可以通过研究损益表发现银行哪一项资产业务发展不够，还可以给银行带来更多的收益；哪个负债项目费用过高，需要进一步控制费用支出。

8.2.1 银行损益表的内容

损益表的主要组成部分有主营业务收入、主营业务支出、净利润和可供股东分配的利润。表 8-4 中国为民生银行损益表，以此为例进行分析。

表 8-4 中国民生银行损益表(2005 年 1 月 1 日—12 月 31 日) 单位：元

一、主营业务收入	23 800 377 000	减：存货跌价损失	0
其中：利息收入	17 491 718 000	管理费用	0
金融企业往来收入	3 225 771 000	财务费用	0
手续费收入	494 049 000	五、营业利润	4 240 326 000
证券销售差价收入	0	加：投资收益	2 364 000
证券发行差价收入	0	营业外收入	0
租赁收益	0	减：营业外支出	0
汇兑收益	221 894 000	六、利润总额	4 242 690 000
房地产经营收入	0	减：所得税	1 540 171 000
其他业务收入	0	少数股东权益	0
二、主营业务支出	8 538 942 000	七、净利润	2 702 519 000
其中：利息支出	7 822 305 000	加：年初未分配利润	1 999 595 000
金融机构往来支出	3 210 984 000	盈余公积转入	0
手续费支出	121 717 000	外币未分配利润折算差	0
营业费用支出	6 006 507 000	八、可分配利润	4 702 114 000
汇兑损失	0	减：提取法定盈余公积	270 252 000
房地产经营成本	0	提取法定公益金	135 126 000
房地产经营费用	0	九、可供股东分配的利润	3 096 736 000
其他营业支出	19 436 000	减：应付普通股股利	362 931 000
三、主营业务税金及附加	1 021 109 000	提取任意盈余公积金	0
四、主营业务利润	4 240 326 000	十、未分配利润	1 696 860 000
加：其他业务利润	0		

8.2.2 银行损益表分析

通过损益表可以了解银行的利润状况。

损益表平衡表公式为收入－支出＝利润

1. 主营业务收入

银行收入包括银行资金运用带来的利息收入和银行向个人和机构提供金融服务手续费收入两部分。其中，银行资金运用收入项目包括贷款(L)、利息收入和证券投资(S)。

利息收入、拆放同业和金融机构形成的金融往来利息收入。服务手续费收入包括：银行为个人和机构办理支付结算服务的汇兑收入以及银行为个人和机构办理其他金融服务的手续费收入，这部分收入也称中间业务收入。中国民生银行 2005 年损益表中主营业务收入结构见表 8-5。

表 8-5　中国民生银行 2005 年损益表中主营业务收入结构　　单位：元

业务种类	表 8-4 中收入项目	表 8-4 中余额
贷款	利息收入	17 491 718 000
拆放同业款项、存放同业款项：拆放金融公司	金融机构往来收入	3 225 771 000
支付清算	汇兑收益	221 894 000
表外业务、中间业务	手续费收入	494 049 000

由表 8-5 可知，贷款和金融往来利息收入占银行总收入的比率为：

$$(17\ 491\ 718\ 000+3\ 225\ 771\ 000)\div 23\ 800\ 377\ 000\approx 87\%$$

手续费和汇兑收入占银行总收入的比率为

$$(221\ 894\ 000+494\ 049\ 000)\div 23\ 800\ 377\ 000\approx 3\%$$

计算结果显示，中间业务收入占比仅为 3%。这是目前中国政府和金融家们普遍担心的一个问题，即我国的商业银行主要依赖贷款实现赢利结构的单一化。随着一个国家的金融市场逐步完善，更多的企业会通过资本市场筹集资金，从而放弃银行的贷款。金融专家普遍预测，商业银行的贷款市场将随着中国资本市场的发展而不断萎缩，这意味着商业银行的赢利能力将不断下降。如何扩大中间业务收入，改善银行的赢利结构，改变银行对于贷款绝对的依赖关系，这是商业银行必须积极应对的问题。

2. 主营业务支出

主营业务支出包括利息支出和营业费用支出两部分。银行的利息支出包括银行支付给存款人的利息支出和金融市场借入款的利息支出，这是银行的主要费用支出部分。营业费用支出包括银行职员支付的工资、奖金和福利部分，银行房屋和各类设备的日常运行费用或租金。表 8-6 为中国民生银行 2005 年损益表中主营业务支出结构情况，以此为例来进行说明。

表 8-6　中国民生银行 2005 年损益表中主营业务支出结构　　单位：元

业务种类	表 8-4 中支出项目	表 8-4 中余额
存款	利息支出	7 822 305 000
同业拆放款项、同业存放款项、金融公司拆入	金融机构往来支出	3 210 984 000
发行债券	手续费支出	121 717 000
营业场地租金、电子设备运营、办公消耗品、差旅费用	营业费用支出	6 006 507 000

由表 8-6 可知，存款利息支出占比＝7 822 305 000÷18 538 942 000＝42.19%

金融机构往来支出占比＝3 210 984 000÷18 538 942 000＝17.32%

营业费用占比＝6 006 507 000÷18 538 942 000＝32.40%

从上面的数据可见，该银行资金成本占比为 59.51%，营业费用占比为 32.40%，营业费用占比较大。从这个数据我们可以理解现代商业银行的一些管理措施，如实施严格的内部管理制度；控制日常费用支出、控制营业场地面积、控制电子设备的更新速度等。这些做法也是银行管理者降低营业支出，提高利润的一种手段。

3. 利润

银行主营业务收入扣除主营业务支出、主营业务税金和附加，得到主营业务利润如下：

主营业务利润＝主营业务收入－主营业务支出－主营业务税金及附加

利润总额＝主营业务利润＋投资收益

净利润＝利润总额－所得税

可分配利润＝净利润＋上年未分配利润

根据上式，计算表 8－4 有关数据如下：

主营业务利润＝2 380 037 700－1 853 894 200－1 021 109 000＝4 240 326 000(元)

利润总额＝4 240 326 000+2 364 000＝4 242 690 000(元)

净利润＝4 242 690 000－1 540 171 000＝2 702 519 000(元)

可分配利润＝2 702 519 000＋1 999 595 000＝4 702 114 000(元)

分析公式可得，银行要提高收益可以采取的策略有：①提高资产利息收入；②重新安排资产结构，提高盈利资产占比；③降低存款和借入款的利息支出；④重新安排资金来源机构，降低高利息存款和借入款的占比；⑤降低员工的工资和福利；⑥降低设备和房屋的费用等。

8.3 现金流量表

现金流量表又称资金流量表，是反映一定时期银行资金来源和资金运用变化情况的财务报表。

8.3.1 银行现金流量表的内容

银行现金流量表主要回答两个问题：银行在某一时期使用的资金来自何方？资金用到哪里去？银行现金流量表由经营活动现金流量、筹资活动现金流量、投资活动现金流量 3 部分组成。某银行的现金流量表见表 8-7。

(1) 营业务产生的资金的流入和流出包括存、贷款业务的现金流，同业拆借和贴现业务的现金流。编制的原则是：

某一时期银行获得的资金流入＝银行营业收入＋银行资产减少＋银行负债增加

某一时期银行使用的资金流出＝银行营业支出＋银行资产增加＋银行负债减少

(2) 资业务产生的资金的流入和流出。

(3) 资业务产生的资金的流入和流出。

8.3.2 银行现金流量表计算

3 部分现金流量满足恒等式：

某一时期银行获得的资金＝某一时期银行使用的资金

下面以表 8-7 某银行现金流量表进行分析。

表 8-7　某银行现金流量表(2005 年 1 月 1 日—12 月 31 日)　　单位：元

一、经营活动产生的现金流量	
贷款利息收入收到的现金	20 528 319 000
金融机构往来收入	0
其他营业收入收到的现金	0
活期存款吸收与支付净额	36 725 19 000
吸收的定期存款	0
收回的中长期贷款	4 503 92 000
同业存放和系统内存放款项吸收与支付净额	0
与其他金融机构拆借资金净额	0
金融机构其他往来收到的现金净额	0
租赁收入	0
证券及租赁业务现金增加净额	0
收到的其他与经营活动有关的现金	0
手续费收入收到的现金	494 049 000
汇兑净收益收到的现金	0
债券投资净收益收到的现金	0
经营活动现金流入小计	7.231×10^{11}
存款利息支出支付的现金	10 062 564 000
金融企业往来支出支付的现金	0
手续费支出支付的现金	121 717 000
营业费用支付的现金	0
其他营业支出支付的现金	0
支付给职工以及为职工支付的现金	2 356 723 000
支付的定期存款	0
短期贷款收回与发放净额	0
发放的中长期贷款	78 258 329 000
支付营业税及附加	0
支付的所得税款	1 269 071 000
购买商品接受劳务支付的现金	0
支付的其他与经营活动有关的现金	0
经营活动现金流出小计	$7.078\ 49\times10^{11}$
经营活动产生的现金流量净额	15 323 082 000
二、投资活动产生的现金流量	
收回投资所收到的现金	51 127 263 000
分得股利或利润所收到现金	0
取得债券利息收入所收到的现金	2 386 367 000
处置固定无形和长期资产收回的现金	3 852 000
收到的其他与投资活动有关现金	0
投资活动现金流入小计	55 839 614 000
购建固定无形和长期资产支付的现金	1 285 969 000
权益性投资所支付的现金	0
债权性投资所支付的现金	54 553 645 000

续表

二、投资活动产生的现金流量	
支付的其他与投资活动有关的现金	0
投资活动现金流出小计	55 839 614 000
投资活动产生的现金流量净额	−2 322 132 000
三、筹资活动产生的现金流量	
吸收权益性投资所收到的现金	0
发行债券所收到的现金	1 114 891 000
借款所收到的现金	0
收到的其他与筹资活动有关的现金	0
筹资活动现金流入小计	1 114 891 000
偿还债务所支付的现金	0
发生筹资费用所支付的现金	0
分配股利或利润所支付的现金	329 446 000
偿付利息所支付的现金	0
融资租赁所支付的现金	0
支付的其他与筹资活动有关的现金	0
筹资活动现金流出小计	334 055 000
筹资活动产生的现金流量净额	780 836 000

对表 8-7 中的数据进行分析，可以得出以下结果：

银行经营活动现金流入量＝贷款利息收入＋手续费收入＋收回的中长期贷款＋吸收活期存款＝20 528 319 000＋494 049 000＋45 030 925 000＋36 725 190 000＝102 778 483 000(元)

银行经营活动现金流出量＝存款利息支出＋手续费支出＋支付职员工资＋发放贷款＋支付税金＝10 062 564 000＋121 717 000＋2 356 723 000＋78 258 329 000＋1 269 071 000＝92 068 404 000(元)

银行经营活动现金净流量＝102 778 483 000－92 068 404 000＝10 710 079 000(元)

知识链接 8-2

2012 年我国商业银行财务分析报告(摘要)

全国性商业银行是我国银行业的重要组成部分。截至 2010 年 12 月 31 日，全国性商业银行的资产合计占到银行业总资产的 64.84%，负债合计占到银行业总负债的 64.96%，税后利润合计占到银行业总税后利润的 72.4%；从业人员占到银行业全部从业人员的 60%。总体而言，五家大型银行的市场份额呈持续下降趋势，而中小银行的市场份额呈上升趋势。

2010 年，国际金融危机导致的急剧动荡逐步缓解，世界经济缓慢复苏，但不确定因素仍然较多，复苏进程艰难曲折。我国果断加强和改善宏观调控，加快经济发展方式转变，经济社会发展的良好势头进一步巩固，国民经济内生动力进一步增强，进入平稳较快增长通道。以全国性商业银行为代表的银行业积极应对严峻挑战，整体发展良好。

截至 2010 年底，全国性商业银行资产总额 61.8 万亿元，比上年增长 17.45%；负债总额 58.12 万亿元，比上年增长 16.57%。所有者权益 36.78 万亿元，比上年增长 33.26%；存款、贷款分别同比增长 19.8%和 19.7%，资本充足率全部达标，资产质量大幅改善，盈利能力、抗风险能力、流动性管理水平均有较大提升。

8.4　商业银行经营业绩分析方法

从分析者的不同需求角度出发，以及伴随着对商业银行绩效评价技术手段的演进与提高，商业银行的经营业绩分析已经发展出多种方法，主要有比率分析法和杜邦分析法。

8.4.1　比率分析法

比率分析法是以绩效评估指标为核心，从赢利能力、流动性、风险性和清偿力及安全性4个方面对银行经营绩效分别作出评估，最后形成完整的结论。

1. 赢利性指标

赢利性指标是评价银行经营效益的重要指标，是用来衡量商业银行运用资金赚取收益同时控制成本费用支出的能力。赢利性指标的核心是资产收益率和股本回报率，利用这两个财务指标及其他派生财务指标可以全面有效地评估银行的获利能力。

(1) 资产收益率(return on assets，ROA)是银行净利润与总资产的比率。其将资产负债表、损益表中相关信息有机结合起来，是银行运用其全部资金获取利润能力的集中体现，数据越大，说明商业银行的资产赢利水平越高。其计算公式为

$$资产收益率=\frac{净利润}{资产总额}\times 100\%$$

(2) 营业利润率是商业银行的税后营业利润与资产总额的比率。商业银行的营业利润来自于经营活动中的利息及非利息收入，将营业外收支排除在外，反映了银行真实、稳定的获利能力。其数值越大，说明商业银行的营业利润水平越高。其计算公式为

$$营业利润率=\frac{税后营业利润}{资产总额}\times 100\%$$

(3) 银行净利差率是商业银行利差与赢利资产的比率。利差收入在商业银行的收支中所占比例最大，是影响商业银行经营绩效的关键因素。赢利资产是指那些能给商业银行带来利息收入的资产。在银行总资产中，除现金资产、固定资产外，均可看作赢利资产。一般情况下，银行经营规模的扩大、赢利资产的增加会带来利息收入的增加，但银行净利差率的提高表明银行利差收入的增长幅度大于赢利资产的增长幅度，即银行在扩大资金运用、增加收入的同时，能较好地控制相应的融资成本。因此，该指标可有效反映商业银行在筹资放款这一主要业务中的赢利能力，其数值越大，说明银行的利资产获利能力越强。其计算公式为

$$银行净利差率=\frac{利息收入-利息支出}{赢利资产}\times 100\%$$

(4) 非利息净收入率是商业银行非利息净收入与资产总额的比率。由损益表中可知，银行的非利息收入主要有手续费收入和佣金收入，这类收入的获取无须增加相应的资产投入，较高的非利息收入会明显提高银行资产收益率。非利息支出包括提取贷款损失准备金、员工薪金、折旧费等间接费用，均与银行管理效率直接相关。该指标数值越大，不仅说明商业银行的获利能力越大，也反映了其经营管理效率越高。其计算公式为：

$$非利息净收入率=\frac{非利息收入-非利息支出}{资产总额}\times 100\%$$

(5) 银行利润率是商业银行净利润与总收入的比率，该指标反映了银行收入有多大比例被

用做各项开支，又有多大比例被作为可以发放股利或再投资的利润保留下来。其数值越大，说明商业银行能够支配的利润越多；反之，则可支配利润越少。其计算公式为

$$银行利润率=\frac{净利润}{总收入}\times100\%$$

(6) 权益报酬率(rerirm on stockholders', epuity, ROE)又称净值收益率，这是商业银行净利润与资本总额的比率。该指标反映了银行的获利程度，是银行资金运用效率和财务管理能力的综合体现，与股东财富直接相关，受到银行股东的格外重视，具有极强的综合性。其计算公式为

$$权益报酬率=\frac{净利润}{资本总额}\times100\%$$

2. 流动性指标

流动性分析是商业银行财务分析的重要内容，在任何企业经营中都是赢利性和安全性之间的平衡杠杆。商业银行资金来源的特殊性，决定了流动性指标在经营绩效指标中的重要性，只有满足银行经营活动所需要的资金流动性，才能保证经营的安全性，赢利性才能够实现。流动性的指标包括资产流动性指标、负债流动性指标和综合性指标三类。

1) 资产流动性指标

(1) 现金资产比率是现金资产与总资产的比率，现金资产是流动性最强的资产，可随时用于应付客户贷款和兑付存款。该比率高则反映银行流动性状况较好，抗流动性风险能力较强。但是现金资产的赢利性很低甚至无赢利，如果比例过高，超过了银行的流动性需求，则意味着赢利资产比例降低，银行赢利能力下降。其计算公式为

$$现金资产比率=\frac{现金资产}{资产总额}\times100\%$$

(2) 短期债券比率是商业银行所持有的短期债券与资产总额的比率。银行持有的短期债券主要包括政府发行的国库券和货币市场商业票据，主要以满足流动性需要为目的。其计算公式为

$$短期债券比率=\frac{短期债券}{资产总额}\times100\%$$

(3) 证券资产比率是商业银行所持有的全部证券资产与资产总额的比率。商业银行资产组合中很大部分是所投资的各类证券，这些证券一般均可在二级市场上变现，为银行带来一定流动性供给。证券资产比重受一国商业银行监督制度和资本市场发达程度的制约。其计算公式为

$$证券资产比率=\frac{证券资产}{资产总额}\times100\%$$

(4) 短期贷款资产比率是商业银行短期贷款与资产总额的比率。贷款是银行的主要赢利资产，大多有固定期限，在到期之前很少能为银行提供流动性供给。但是一年内到期的贷款在一个营业周期内自动清偿，可以带来相应的现金流入，提供一定的流动性，因而短期贷款比率可以作为衡量银行资产流动性的重要指标。其数值越高，表明贷款的流动性越强。其计算公式为

$$短期贷款比率=\frac{一年期以内的贷款}{资产总额}\times100\%$$

2) 负债流动性指标

(1) 易变负债比率是商业银行易变负债与全部负债的比率。易变负债包括银行吸收的经纪人存款、可转让定期存单及各类借入的短期资金。这类负债受资金供求关系、市场利率、银行信誉等多种因素影响，其融资成本、规模都难以为银行所控制，是银行最不稳定的资金来

源。该指标反映了银行负债方面的流动性风险情况，其数值越高，说明银行面临的潜在流动性需求规模越大且不稳定。其计算公式为

$$易变负债比率=\frac{易变负债}{负债总值}\times100\%$$

(2) 短期资产负债比率是商业银行短期资产与易变负债的比率。银行短期资产包括同业拆出、存放同业的定期存款、回购协议下的证券资产、交易账户证券资产、一年内到期的贷款等。这部分资产是银行最可靠的流动性供给，可以较好地应付各类流动性需求，该指标衡量了银行最可靠的流动性供给和最不稳定的流动性需求之间的对比关系，数值越高，说明银行的流动性状况越好。其计算公式为

$$短期资产负债比率=\frac{短期资产}{易变负债}\times100\%$$

以上两个指标主要从负债方面考虑商业银行的流动性状况。在运用这两个指标进行绩效评估时必须注意银行的规模，一些大银行特别是地处金融中心的大银行，在经营中更多地利用增加短期负债来获取流动性，小银行依靠资产变现取得流动性，因而对于不同的银行，同一指标所反映的流动性状况可能有较大差异。

3) 综合性指标

逾期现金流量比率是商业银行预计现金流入与现金流出的比率。商业银行现金流入包括贷款收回、证券到期所得偿付、预期中的证券出售及各类借款和存款的增加等。现金流出包括正常贷款发放、证券投资、支付提存等项目，还包括预计贷款承诺需实际满足的部分及预计的其他或有负债一旦发生需要支付的部分。两者的比值等于1，表明未来可预见的资金流大致平衡；比值大于1，表明未来流动性状况良好；比值小于1，意味着银行现金供给小于现金需求，流动性会出现问题。其计算公式为

$$预期现金流量比率=\frac{现金流入}{现金流出}\times100\%$$

3. 风险性指标

在财务管理和财务分析中，风险被定义为预期收入的不稳定性，这种收入的不确定性会降低企业价值。商业银行在经营活动中往往会因某些实践的发生而导致业务活动出现不稳定性，这种不确定性就是银行风险。近年来，多变的经济环境和日益加大的金融风险迫使银行更加重视对风险的衡量与控制。

1) 利率风险

利率风险指市场利率变动的不确定性给商业银行造成损失的可能性。巴塞尔银行监管委员会在1997年发布的《利率风险管理原则》中将利率风险定义为：利率变化使商业银行的实际收益与预期收益或实际成本与预期成本发生背离，使其实际收益低于预期收益，或实际成本高于预期成本，从而使商业银行遭受损失的可能性。利率风险指原本投资于固定利率的金融工具，当市场利率上升时，可能导致其价格下跌的风险。利率风险的度量一般用到以下两个公式：

$$利率风险缺口=利率敏感性资产-利率敏感性负债$$

$$利率敏感比率=\frac{利率敏感性资产}{利率敏感性负债}$$

2) 信用风险

信用风险是借款人因各种原因未能及时、足额偿还债务或银行贷款而违约的可能性。发生违约时，债权人或银行必将因为未能得到预期的收益而承担财务上的损失。衡量银行信用

风险的指标有以下 3 个。

(1) 贷款净损失率。这是商业银行贷款净损失与贷款余额的比率。贷款净损失是指已被银行确认并冲销的贷款损失与此后经过银行努力，又重新收回部分的差额。该比率反映银行资产真实损失情况，其数值越大，银行信用风险越大。其计算公式为：

$$贷款净损失率=\frac{贷款净损失}{贷款总额}\times 100\%$$

(2) 不良贷款比率。这是商业银行不良贷款与贷款总额之比。不良贷款主要包括 3 个部分：次级类贷款、可疑类贷款与损失类贷款。

(3) 贷款损失准备金率。这是商业银行贷款损失准备金与贷款净损失的比率。贷款损失准备金来自历年的税前利润，直接用于弥补贷款损失。该项指标值越高，表明银行防范信用风险的能力越强。其计算公式为

$$贷款损失准备率=\frac{贷款损失准备金}{贷款净损失}\times 100\%$$

3) 欺诈风险

商业银行在经营中会遭受内部人员的或单独或相互勾结的欺诈骗取贷款，从而使商业银行遭受贷款损失。欺诈风险通常与内部贷款有较为密切的联系。内部贷款是指商业银行的员工、股东特别是管理者与经营者利用职权从本行所借取的贷款。因此，内部贷款占总贷款的比例越高，说明该银行越有可能存在欺诈风险，造成贷款损失。

4. 清偿力和安全性指标

商业银行清偿力是指商业银行运用其全部资产偿还债务的能力，反映了银行债权人的权益所保障的程度，清偿力充足与否也极大地影响着银行的信誉。而清偿力不足的根本原因是资本金不足，未能与资产规模相匹配，因而传统的清偿力指标主要着眼于资本充足情况。具体指标如下所述。

(1) 资本总额/资产总额，又称资本资产总额。这里的资本总额是指全部资本中属于所有者的那部分，即所有者权益。资本与资产比率将自有资本与总资产联系起来，说明商业银行在不侵蚀债权人利益的前提下，动用自有资本弥补资产损失的能力。该指标值越大，说明银行的清偿能力越强；反之，则说明银行的清偿能力越弱。但是该指标没有反映商业银行资产的结构，不同的资产组合的商业银行尽管资本资产比率相同但所面临的风险却可能有较大的差异。因此，仅用这一项指标进行清偿能力的分析是不够的。

(2) 资本总额/风险资产。为了弥补资本与资产比率的不足，人们又设计出了资本与风险资产比率。这里的风险资产是指中长期贷款、长期债券、股票等不含第一级、第二级准备金在内的资产。显然，资本与风险资产比率这一指标更多地体现了资本资产损失的保护性功能，能较准确地反映商业银行的清偿能力。但随着商业银行的业务发展，这种方法也显示出不足之处：第一是商业银行资本的构成日益复杂，在提供清偿力方面是有差异的，应区别对待；第二是这种方法没有将表外业务纳入清偿能力分析的范围；第三是不同的风险资产其风险度是不一样的，所需资本保护的程度自然也有差异。

(3) 资产增长率与核心资本增长率。该指标主要反映银行清偿能力的变化情况。一般情况下，银行资产增长率低于核心资本增长率，说明银行的清偿能力加强；反之，银行的清偿能力减弱。

(4) 现金股利/利润。银行的净值中占比例最大的是利润的积累，现金股利是银行利润的净流出。这项指标越高，表示银行的利润积累能力越差，清偿力和安全性都会受到一定的影响。

8.4.2 杜邦分析法

杜邦分析法(DuPont analysis)是利用几种主要的财务比率之间的关系来综合地分析企业的财务状况。具体来说，它是一种用来评价公司赢利能力和股东权益回报水平，从财务角度评价企业绩效的一种经典方法。其基本思想是将企业净资产收益率逐级分解为多项财务比率乘积，这样有助于深入分析比较企业经营业绩。由于这种分析方法最早由美国杜邦公司使用，故称为杜邦分析法。杜邦分析法是一种典型的综合分析法，其核心是权益报酬率，该指标有极强的综合性。

1. 两因素的杜邦财务分析

这种方法以权益报酬率为核心，揭示了银行赢利性和风险性之间的制约关系，对银行绩效进行全面分析评估。其计算公式为

$$\text{权益报酬率}=\frac{\text{净利润}}{\text{资本总额}}=\frac{\text{净利润}}{\text{资产总额}}\times\frac{\text{资产总额}}{\text{资本总额}}$$

$$\text{ROE}=\text{ROA}\times\text{EM}$$

式中，$\text{EM}=\frac{\text{资产总额}}{\text{资本总额}}$，称为资本乘数或财务杠杆比率，它反映了银行的资本杠杆作用，即每一单位的资本所能动用的产生收益的资产数额。

权益报酬率是股东所关心的与股东财富直接相关的重要指标，上面的两因素模型显示，权益报酬率受资产收益率和资本乘数的共同影响，资产收益率是银行赢利能力的集中体现，它的提高会带来权益报酬率的提高，即权益报酬率指标间接反映了银行的赢利能力。同时，权益报酬率指标也可体现银行的风险状况。提高资本乘数，可以改善权益报酬率水平，但也带来更大风险。一方面，资本乘数加大，银行净值比重降低，清偿能力风险加大，资产损失较易导致银行破产清算。另一方面，资本乘数会放大资产收益率的波动幅度，较大的资本乘数，导致权益报酬率的不稳定。

2. 三因素分析法

银行资产收益率取决于多个因素，将其分解可以扩展为三因素分析模型，能更好地从权益报酬率指标出发分析评估银行的绩效。

$$\text{ROE}=\text{ROA}\times\text{EM}=\text{PM}\times\text{AU}\times\text{EM}$$

式中，PM＝净利润/总收入，称为银行利润率；AU＝总收入/资产总额，称为资产利用率。模型显示，银行权益报酬率指标取决于上面 3 个因素，其中银行利润率和资产利用率也包含着丰富的内容。首先，银行利润率的提高，要通过合理的资产和服务定价来扩大资产规模、增加收入，同时控制费用开支使其增长速度小于收入增长速度才能得以实现，因而该指标是银行资金运用能力和费用管理效率的体现。其次，资产利用率体现了银行的资产管理效率。良好的资产管理可以在保证银行正常经营的情况下提高其资产利用率，导致资产收益率指标的上升，最终给股东带来更高的回报率。

3. 四因素分析法

银行利润率不只是和其资金运用以及费用管理效率相关，也和银行的税赋支出有关。因此可以将银行利润率作如下分解：

$$\text{PM}=\text{TME}\times\text{EME}$$

式中，TME＝净利润/税前净收入，代表税赋管理效率；

EME＝税前净收入/总收入，代表支出管理准备效率。

商业银行的税前净收入是其营业中的应税所得，不包括免税收入和特殊的营业外净收入。净利润/税前净收入越高，说明银行的税赋支出越少，税赋管理较为成功。税前净收入/总收入也反映了银行的经营道义是银行资金运用和费用管理能力的体现。实际上将 PM 分解为 TME 和 EME 后，就得到了四因素的杜邦分析模型。由此可得：

$$ROE = TME \times EME \times AU \times EM$$

从杜邦分析模型中可以看出，权益报酬率指标涉及了银行经营中的方方面面，杜邦分析法通过综合性极强的权益报酬率，间接体现了银行经营中各方面情况及其相互间的制约关系，可以以此对银行绩效进行全面的分析评估。

案例分析

表 8-8 是 A 商业银行 2000 年年末、2001 年年末比较资产负债表，试据此对该银行的资产负债管理进行综合评价。

表 8-8　比较资产负债表　　单位：万元

资产项目	2000 年度	2001 年度	比较增减数	
			金额	百分比
流动资产	121 721	83 175	−38 546	−31.7%
存放系统内	23 365	16 073	−7 292	−31.2%
分行辖内往来(借)		394		−0.8%
短期贷款`		44 587	−369	−0.8%
支行辖内往来(借)	29 825	12	−29 815	−99.9%
长期资产	3 475	14 798	11 323	326%
中长期贷款	0	500	500	
逾期贷款	2 725	8 293	5 568	204%
长期投资	186	208	22	11.8%
无形及递延资产	70	170	100	142.9%
………				
资产总额	125 266	98 142	−27 124	−21.6%
流动负债	101 813	73 731	−28 082	−27.5%
短期存款	41 604	36 422	−5 182	−12.4%
短期储蓄	15 168	21 035	5 867	38.7%
分行辖内往来(贷)	29 257	0	−29 257	−100%
一年内到期长期存款	4 862	3 901	−961	−19.8%
长期存款	14 531	7 815	−6 716	−46.2%
长期储蓄存款	7 312	14 541	7229	98.9%
所有者权益	1 610	1 856	246	15.28%

小　结

商业银行的财务报表主要有资产负债表、损益表和现金流量表。商业银行的资产负债表是使用最多的财务报表，是一种存量报表，反映特定时点上银行的财务状况，是银行经营活动的静态体现。通过银行资产负债表可以了解报告期银行实际拥有的资产总量、构成情况、银行资金的来源渠道及具体结构，从总体上了解银行的资金实力、清偿能力情况。损益表又称利润表，是商业以银行最重要的财务报表之一，与资产负债表不同，损益表表示的是流量表，是银行在报表期间经营活动的动态表现。银行损益表着眼于银行的盈亏状况，提供了经营中的收、支信息，总括地反映了银行的发展趋势，预测出该银行的经营前景、未来的获利能力。现金流量表是反映商业银行在一个经营期间内现金流量来源和运用以及增减变化情况的财务报表，是反映银行经营状况的3张主要报表之一。

商业银行经营业绩分析方法主要有比率分析法和杜邦分析法。比率分析法是以绩效评估指标为核心，从赢利能力、流动性、风险性和清偿力及安全性4个方面对银行经营绩效分别作出评估，最后形成完整的结论。杜邦分析法是利用几种主要的财务比率之间的关系来综合地分析企业的财务状况。具体来说，它是一种用来评价公司赢利能力和股东权益回报水平，从财务角度评价企业绩效的一种经典方法。其基本思想是将企业净资产收益率逐级分解为多项财务比率乘积，这样有助于深入分析比较企业经营业绩。

习　题

一、单项选择题

1．权益乘数是资产权益比率的倒数，它反映企业的(　　)。

A．赢利能力　　B．资产管理效率　　C．负债程度　　D．经营风险

2．不仅是企业赢利能力指标的核心，同时也是整个财务指标体系的核心指标是(　　)。

A．销售利润率　　B．总资产报酬率

C．权益净利率　　D．资本保值增值率

3．杜邦财务分析中最综合最具有代表性的财务比率是(　　)。

A．权益乘数　　B．资产净利润　　C．权益净利率　　D．资产周转率

4．某企业1997年度总资产净利率12%，资产负债率为50%，其权益净利率为(　　)。

A．48%　　B．30%　　C．24%　　D．6%

5．某企业的资产负债率为40%，其权益乘数为(　　)。

A．2.5　　B．1.67　　C．1.5　　D．0.4

6．在杜邦财务分析体系中，假设其他情况相同，下列说法中错误的是(　　)。

A．权益乘数大则财务风险大　　B．权益乘数大则权益净利率大

C．权益乘数等于资产权益率的倒数　　D．权益乘数大则资产净利率大

二、多项选择题

1．下列比率越高，反映企业偿债能力越强的有(　　)。

A．速动比率　　B．流动比率　　C．资产负债率　　D．利息保障倍数

2．基本的财务比率可以分为(　　)。

A．变现能力比率　　B．资产管理比率

C．负债比率　　D．赢利能力比率

3．企业权益净利率的提高，取决于(　　)。

A．销售净利率的提高　　B．总资产周转的加速

C．资产负债率的适当提高　　D．产权比率的适当提高

4．资产负债率又称举债经营比率，它的含义包括(　　)。

A．从债权人角度，负债比率越小越好

B．从股东角度，负债比率越大越好

C．从经营者角度，负债比率越大越好

D．从股东角度，当资本利润率高于债务利息率时，负债比率越大越好

5．下列计算净值报酬率的公式有(　　)。

A．净值报酬率＝销售净利率×资产周转率

B．净值报酬率＝资产净利率×权益乘数

C．净值报酬率＝(净利润÷平均净资产)×100%

D．净值报酬率＝(净利润÷年末股东权益)×100%

三、判断题

1．权益净利率＝销售净利率×总资产周转率×权益系数。(　　)

2．已获利息倍数中的“利息费用”仅指财务费用中的利息费用，而不包括计入固定资产成本的资本化利息。(　　)

3．如果某公司资产总额债 40 万元，长期负债 260 万元，则可以计算出资产负债率为 37.5%。(　　)

4．应收账款周转天数和存货周转天数之和可以简化计算营业周期。(　　)

5．流动资产周转速度越快，需要补充流动资产参加周转的数额就越大。(　　)

6．分析企业的流动比率，可以判断企业的营运能力。(　　)

7．通常情况下，速动比率保持在 1 最好。(　　)

8．资产净利率＝销售净利率×资产周转率。(　　)

9．如果流动负债为 60 万元，流动比率为 2.5，速动比率为 1.4，则年末存货价值为 84 万元。(　　)

10．在分析资产周转率时，只需选用年末资产余额作基数即可。(　　)

四、计算题

1．某公司年初流动资产为 220 万元，年末流动资产为 280 万元，本年利润总额为 100 万元，所得税税率为 30%，销售净利率为 20%。

要求：计算该公司流动资产周转率。

2．某企业 1999 年资产负债见表 8-9。

表 8-9　1999 年资产负债表　　单位：万元

资产	年初	年末	负债及所有者权益	年初	年末
货币资金	100	95	流动负债合计	220	218
应收账款净额	135	150	长期负债合计	290	372
存货	160	170	负债合计	510	590
待摊费用	30	35			
流动资产合计	425	450	所有者权益	715	720
固定资产净值	800	860			
合计	1 225	1 310	合计	1 225	1 310

另外，该企业 1998 年销售利润率为 20%，总资产周转率为 0.7 次，权益乘数为 1.71，自有资金利润率为 23.9%。1999 年销售净收入 1 014 万元(其中，赊销净额 570 万元)，净利润为 253.5 万元。

要求：根据以上资料，计算 1999 年销售利润率、权益净利率。

实 训 项 目

1. 实训内容

根据商业银行 2010 年的会计报表(自己在网上查阅)，利用比率分析法和杜邦分析法分析商业银行目前的财务和经营状况，找出可能影响银行未来经营的风险因素，预测银行未来的发展趋势，并形成分析报告。

2. 实训要求

(1) 实训项目以协作小组形式完成。每小组 3～4 人为宜，确定小组负责人。
(2) 上网查阅，掌握第一手资料。
(3) 自主学习与协作学习相结合，体现小组团队合作精神。
(4) 每个小组撰写一份分析报告。

项目 9 商业银行风险管理

工作任务描述

随着银行业竞争的日益激烈，市场环境的复杂多变，商业银行经营面临着越来越多的风险。当前，如何把握风险与利润、风险与发展之间的平衡，使银行既不承受过大的风险，又能保持适当的发展，是每个处在新的竞争环境中的银行经营者必须深思的问题。首先，要认识银行面临着哪些风险，这些风险的成因及其可能会给银行带来的危害；其次，要采取有效的措施，对各种风险进行预防、规避、分散、转移和补偿；最后，银行应该建立全面常态的风险管理机制，使风险管理贯穿于银行工作的全过程，保障商业银行安全运行。

工作任务	工作要求
认识商业银行的风险及成因	(1) 理解商业银行风险的含义和特征 (2) 认识商业银行风险的类型 (3) 掌握商业银行风险的成因 (4) 认识商业银行风险管理的重要性
掌握商业银行风险的管理程序和策略	(1) 识别商业银行的各种风险 (2) 估计和计量商业银行的各种风险 (3) 对商业银行的各种风险进行处理控制
把握商业银行各种风险的具体管理对策	(1) 防范和化解商业银行信用风险 (2) 防范和化解商业银行市场风险 (3) 防范和化解商业银行操作风险

知识概览

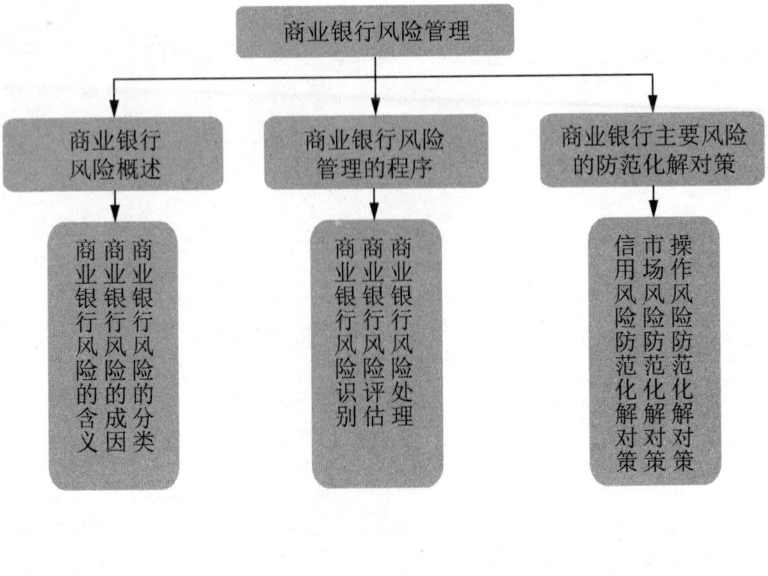

学习目标

知识目标	能力目标	学习重点和难点
(1) 认识商业银行的风险 (2) 了解商业银行风险的成因 (3) 了解我国商业银行目前风险管理的现状	(1) 能按照风险管理程序对商业银行的风险进行管理 (2) 能针对具体的各种风险采取不同的防范和化解办法	(1) 商业银行风险识别和计量办法 (2) 商业银行各种风险的防范和化解办法

导入案例

巴林银行倒闭事件

1763 年，弗朗西斯·巴林爵士在伦敦创建了巴林银行，它是世界首家“商业银行”，既为客户提供资金和有关建议，又自己做买卖。20 世纪初，巴林银行荣幸地获得了一个特殊客户：英国皇室。由于巴林银行的卓越贡献，巴林家族先后获得了 5 个世袭的爵位，从而奠定了巴林银行显赫地位的基础。巴林银行集团的业务专长是企业融资和投资管理，业务网点主要在亚洲及拉美新兴国家和地区。1994 年，巴林银行的税前利润仍然高达 1.5 亿美元，银行曾经一度希望在中国拓展业务。然而，1995 年的一次金融投机彻底让巴林银行走上了死亡之路。

令人震惊的是，这样一个让巴林银行惨痛的结局，出自一个普通的证券交易员尼克·里森之手。尼克·里森 1989 年加盟巴林银行，1992 年被派往新加坡，成为巴林银行新加坡期货公司总经理。期货交易员难免会在交易中出现一些错误。因此，他们一般都会开设一个特殊账户，用以暂时存放那些错误的交易，等待适合的行情出现时再挽回损失。但是，错误账户在尼克· 里森的手中改变了用途，他把自己失败的交易记入其中，用以掩盖损失。尼克· 里森错误地判断了日本股市的走向。1995 年 1 月，日本经济呈现复苏势头，尼克·里森看好日本股市，分别在东京和大阪等地买进大量期货合同，希望在日经指数上升时赚取大额利润。天有不测风云，1995 年 1 月 17 日突发的日本阪神大地震打击了日本股市的回升势头，股价持续下跌。巴林银行因此损失金额高达 14 亿美元，这几乎是巴林银行当时的所有资产，这座曾经辉煌的金融大厦就此倒塌，从此，这个有着 233 年经营史和良好业绩的老牌商业银行在伦敦城乃至全球金融界消失。

巴林银行集团破产的消息震动了国际金融市场，各地股市受到不同程度的冲击，英镑汇率急剧下跌，对马克的汇率跌至历史最低水平。巴林银行倒闭事件对于欧美金融业的隐性影响不可估量。

事情表面看起来很简单，尼克·里森的判断失误是整个事件的导火线。然而，正是这次事件引起了全世界密切关注，金融衍生工具的高风险被广泛认识。从尼克·里森个人的判断失误到整个巴林银行的倒闭，伴随着金融衍生工具成倍放大的投资回报率的是同样成倍放大的投资风险。这是由金融衍生工具本身的“杠杆”特性决定的。

(资料来源：http://baike.baidu.com/view/1210907.htm.)

9.1 商业银行风险概述

美国花旗银行主席及总裁沃尔特·维斯顿有一句名言：“银行家从事的是管理风险的行业。”此话指出了银行风险管理的重要性。随着银行间竞争的日趋激烈、银行业务范围的不断拓宽和规模的不断膨胀，银行面临的风险也日趋多样化与复杂化，某些高风险业务所带来的风险有可能在转瞬间葬送整个银行。

商业银行作为经营货币的企业，与生俱来就注定了其高风险的本质。风险和收益总是相伴而生，既有效地防范风险，又保证一定的经营利润是每个商业银行面临的重要任务。

商业银行的风险来源多样，首先有必要认识商业银行的各种风险及其成因。

9.1.1 商业银行风险的含义与特点

1. 商业银行风险的含义

商业银行风险是指商业银行在经营中由于各种因素而导致经济损失的可能性，或者说是商业银行的资产和收入遭受损失的可能性。它包含系统风险和非系统风险两方面。

系统风险主要指由宏观方面的因素引起的，对整个商业银行系统造成损失的可能性，如利率风险、汇率风险和政策风险。

非系统风险是指商业银行及其客户由决策失误、管理不善、经营违法或客户违约等微观因素引起的，导致个别或部分商业银行损失的可能性。

2. 商业银行风险的特征

1) 风险危害性大

商业银行作为经营货币信用业务的企业，与一般工商企业及其他经济单位相比，最显著的特点是负债经营，即利用客户的各种存款及其他借入款作为主要的营运资金，通过发放贷款和投资获取收益，其自有资本占资产总额的比率远远低于其他行业。这一经营特点决定了商业银行本身就是一种具有内在风险的特殊企业。因此，银行风险所带来的损失超过一般企业的风险损失，不仅是一个企业的损失，更涉及千家万户的经济损失。所以它具有涉及金额大、涉及面广等特点。

2) 风险与利润的相生性

商业银行风险既是银行发展的内在动力，又是制约力量之一。一方面，银行风险客观存在于银行经营活动过程中，既带来挑战，又带来机遇，推动银行通过有效风险控制，规避风险负面效应，获取较好利润。从这个意义上讲，银行风险推动银行业的发展。另一方面，银行风险可能造成的严重后果具有警戒作用，能够对银行行为产生一定的约束，成为银行业务过度扩张的有效制约力量。

9.1.2 商业银行风险产生的原因分析

商业银行风险的产生，既有外部的制度、经济形势等方面的原因，也有银行内部管理水平、人员素质等方面的原因。

1. 外部原因

1) 法规制度的影响

当前我国商业银行存在着法律法规不健全、不完善的现象，极易给商业银行的经营管理带来风险。随着《中华人民共和国中国人民银行法》、《商业银行法》、《担保法》等法规的颁布，商业银行已逐步迈入了依法经营和管理的良性轨道，但很多规范仍然没有与国际标准接轨，金融监管体制不够健全，金融奖惩制度也无章可循，制度上的失范使商业银行风险加大。如果金融监管体系健全、措施得力，就会将潜在的风险消灭在萌芽状态并减轻风险造成的损失。

2) 国家经济政策的影响

在市场经济条件下，政府通过适当的宏观经济政策对经济发展进行规划和引导，有助于克服市场经济自身存在的盲目性和滞后性。而国家经济政策的制定和实施将不可避免地引起经济活动中投资总量、投资结构、行业分布、外汇流动等方面的变化，这些变化会直接影响到相关产业的经营状况和发展前景，进而影响银行经营安全性、流动性和效益性目标的实现。在国家经济政策中，通过货币政策对货币供应量和利率的调整，会直接影响到银行客户的行为取向，进而导致商业银行风险的产生。如果货币供应量过多、物价上升，就可能出现挤兑风潮，严重威胁银行的安全；如果实际利率提高，则会增加银行的经营成本，降低银行的收益。

3) 经济形势走向的影响

在市场经济条件下，宏观经济运行常呈现出周期性波动的特点。在经济周期的不同阶段，银行所面临的风险程度也不尽相同。在经济处于复苏和繁荣阶段时，社会投资欲望强烈，商业银行信贷规模扩大，经营利润增加，风险较小；而在经济处于萧条和危机阶段时，商业银行信贷规模缩小，经营利润减少。特别是当借款人经营条件恶化，发生亏损或倒闭时，商业银行就会面临较大的风险。

4) 信用环境的影响

一个社会的信用环境或者贷款企业的信用状况将会使商业银行的贷款业务等产生风险。社会的信用环境差，商业银行经营上的风险就会增加，所以很多银行避免在信用环境差的情况下扩充业务。贷款企业的信用状况也影响着商业银行的风险。首先，在贷款条款谈判过程中，贷款企业有可能不如实申报自己的财务状况和赢利能力，通过一些违法手段骗贷；其次，在贷款发放后，银行很难对贷款企业的行为进行监督，借款人可能从事那些高风险的活动，或者拖欠或拒不偿还贷款，从而增加了银行的风险。

2. 内部原因

1) 商业银行经营管理的思想与方针

商业银行在自身的经营管理过程中如果过分强调赢利性，就会导致资产业务中的风险业务比例过大，使银行的经营风险增加。如果银行经营思想过于保守，经营方针落后于经济发展对商业银行的要求，业务品种少，业务承办不能形成足以分散风险的规模，也会加大商业银行的风险。

2) 商业银行业务结构比例状况

商业银行的业务结构比例状况主要可以从以下两个方面进行考察：资产业务、负债业务与中间业务三者之间及各业务自身种类之间的比例关系是否协调；资产负债各种业务之间的期限结构与利率结构是否协调。如果商业银行业务结构比例失调、资产负债业务期限不匹配、融资缺口过大，都会加大商业银行的经营风险。

3) 商业银行经营管理水平

规范有序的管理是任何企业正常发展的前提。商业银行如果经营管理混乱，就会造成效率低下，责权不分，违法违纪事件增加等现象，甚至使银行面临破产的结局，如上文介绍的巴林银行的破产案。在长达几年的时间里，内审部门没有及时发现该公司长期以来使用“88888”账户进行越权违规交易以及严重亏损的问题。这些都充分暴露了巴林银行在内部控制上存在的许多漏洞。提高商业的经营管理水平，形成有效的监督奖惩机制，提升工作人员自身素质，在一定程度上将会规避风险的发生。

9.1.3　商业银行风险的类型

商业银行的风险有不同的分类方法，按照风险的主体构成一般有资产风险、负债风险、中间业务风险和外汇风险；按风险产生的原因分类有客观风险和主观风险；按风险的性质分类有静态风险和动态风险；按业务面临的风险分类有信用风险、市场风险、投资风险、流动性风险和操作风险等。这里介绍几种商业银行经营管理中面临的主要风险。

1. 信用风险

信用风险是商业银行的主要风险，指获得银行信用支持的债务人不能遵照合约按时足额偿还本金和利息的可能性。简单而言，就是由客户违约而引起的风险。在商业银行业务多样化的今天，不仅涉及传统的信用风险仍然是商业银行的一项主要风险，而且贴现、透支、信用证、同业拆放、证券包销等业务中涉及的信用风险也是商业银行面临的重要风险。信用风险主要有以下几类。

(1) 本金风险，是指银行对某一客户的追索权不能得到落实的可能性。如呆账贷款，最终将表现为本金风险。

(2) 潜在替代风险，即由于市场价格波动，交易对手自交易日至交收日期间违约而导致损失的风险，其大小根据市场走势向原先预计的相反方向发展时可能造成的最大损失来计算。对银行而言，可能是交易对手违约，而市场又向不利方向发展的情况下，被迫代替交易对手完成原有交易所付出的代价。

(3) 第三者保证风险。如果债务人违约不能偿还债务，而担保方或承诺方又不能代债务人偿还债务，就出现了第三者担保风险。

(4) 证券交易和包销风险同，指的是证券二级市场交易和一级市场交易中的风险。

(5) 交收风险，指的是资金或证券交与收的过程中，通知时间和实际时间之差可能产生的风险。一旦有关交收无法执行或交手处理错误，该风险将转化为本金风险。

2. 市场风险

市场风险是指商业银行投资或者买卖动产、不动产时，由于市场价值的波动而蒙受损失的可能性。主要取决于商品市场、货币市场、资本市场、不动产市场、期货市场、期权市场等多种市场行情的变动。

市场风险是通过一系列市场参数的波动性反映的，这些市场参数包括利率、股票指数、汇率等。市场风险主要包括利率风险、汇率风险。

1) 利率风险

利率风险是指市场利率的非预期变化，对银行收益和银行资本的市场价值产生影响的可能性。

银行资产负债表上大部分项目所形成的收入和成本都要与利率挂钩。由于利率不稳定，所以收益也不稳定。任何借、贷款活动都要承担利率风险。贷款银行要承担因利率下降而造成收入减少的风险；借款企业或个人要承担因利率上升而造成的成本上升的风险。这两种情况的收入或成本与市场利率挂钩，所以都存在风险。但从另一角度看，这也意味着收益的机会。

与市场利率挂钩的方式是多样的。有时，贷款利率与一定的市场利率存在固定的联系，即执行通常所说的“固定利率”。但这只是一定时间内的固定利率，任何到期的交易若要续存，就得与新的市场条件挂钩。因此所谓的“固定利率”在到期时就变成了可变利率，而所谓的“可变利率”在两个调息日之间又是固定的。而且，两个调息日之间的时间也并非一定是等长的。例如，尽管市场利率经常变动，但银行优惠利率在两次调息之间是固定的，而其跨越的时间又是不等长的。

利率风险的另一来源是隐藏在银行产品中的隐含选择权。固定利率贷款的提前偿还就是一个典型例子。如果借贷双方没有签署禁止提前偿还的协议，那么，当利率大幅下降时，借款人可以提前偿还贷款，再以更低的利率重新借入，也就是说他拥有提前还款选择权。存款也存在类似的选择权，存款人可以在利率上升时把期限短的存款转存为期限长的固定利率存款，从而获利。对于上述两种情况，损失的都是银行。由于这些产品在银行的资产负债表中的地位非常重要，因此选择权风险是不容忽视的。衡量选择权风险要比衡量与市场利率简单挂钩所形成的一般利率风险更为困难。

2) 汇率风险

汇率风险又称外汇风险，是指当商业银行以现汇及远期形式或两者兼而有之的形式持有某种外汇的敞口头寸时，出于银行收入和成本与汇率挂钩，而且以外汇表示的资产和负债的本币价值也会受到汇率的影响，因此银行收益可能因持有期内汇率的不利变动而蒙受损失。原则上讲，汇率风险是银行外汇业务中唯一独特的风险。因为银行外汇业务中面临的其他风险也同样存在于国内业务中。自1973年以来，浮动汇率的施行给国际货币体系带来了许多不稳定因素，加剧了国际金融市场的动荡，这是这形成商业银行汇率风险的主要根源。

汇率风险是市场风险的组成部分。对于市场交易来说，外汇汇率是众多市场参数中的一个，其变动情况应与其他市场参数一起考虑。外汇风险还存在于所有以外汇表示的银行业务和市场交易中，这是因为收益必须折合成一种基本货币，外汇汇率的变化对收益的多少有直接的影响。处理外汇风险的传统方法是分币种对银行组合实行风险管理。

3. 投资风险

投资风险是指由于投资对象市场价值的波动，从而使商业银行在投资活动中投入的本金和预期收益产生损失的可能性。投资风险按商业银行的投资内容可分为证券投资风险、信托投资风险和租赁投资风险等。商业银行的投资性资产在提供流动性保障、创造收益、降低经营风险等方面起着十分重要的作用，但是，商业银行在开展投资业务时也承担了一定的风险。随着银行业务的扩大，投资风险日益成为商业银行的一种重要风险。

4. 流动性风险

流动性风险是指商业银行没有足够的现金来应付客户的取款需求和未能满足客户的贷款需求或其他即付的现金需求，而使银行蒙受信誉损失或经济损失的可能性。该风险会导致银行出现财务困难，甚至破产倒闭。

流动性风险一方面是一种本原性风险，是由流动性不足造成的；另一方面也是最常见的情况，是其他各类风险长期隐藏、积聚，最后以流动性风险的形式爆发出来。从这种意义上讲，流动性风险是一种派生性风险，即流动性不足可能是由于利率风险、信用风险、经营风险、管理风险、法律风险、国家风险、汇率风险等风险源所造成的，银行最终陷入流动性风险中不能自拔。

尽管流动性风险作为一种结构性的风险，并不会直接引发资产价值的减少，但其危害却是相当严重的。在极端情况下，流动性不足会造成银行的清偿危机、信誉危机，甚至拖垮商业银行。

5. 操作风险

操作风险是指由不完善或有问题的内部程序、员工和信息科技系统，以及外部事件所造成损失的可能性，它涵盖了商业银行内部很大范围内一部分风险，最近以来，许多商业银行由于内部控制失误而蒙受了很大的损失，操作风险因而日益受到重视。

操作风险主要包括内部欺诈风险、外部欺诈风险、客户产品和业务操作风险、业务中断与系统失败风险、执行交割和内部流程管理风险等。

通常，操作风险在两个层次上出现。

第一，技术层次上，信息系统或风险测量不完善、不健全、低效滞后。这类风险可归纳为“技术风险”。

第二，组织层次上，风险的报告和监控以及相关的制度和政策出现问题。这类风险可归纳为“组织风险”。

两种情况可能会同时发生，如巴林银行的倒闭既是由尼克·里森技术操作的失误造成的，也是由银行管理层内部控制的失效造成的。操作风险会产生这样的后果，在忽视操作风险而从未采取任何纠正措施的情况下，任何上述的系统失灵均可能导致无法估量的损失，甚至是灾难性的后果。

6. 法律风险

法律风险是指因为对法律条文的歧义、变迁、误解、执行不力、规定不细致等原因导致无法执行双边合约，造成银行面临损失的可能性，即因不完善、不正确的法律意见、文件而造成的同预计情况相比资产价值下降或负债加大的风险，以及现有法律可能无法解决与银行有关的法律问题，还有法律的变动对整个银行业产生的影响。

7. 国家风险

国家风险指的是有国外投资和信贷业务的商业银行由于所在国的经济、社会和政治环境方面的变动给银行带来损失的可能性，即一个主权国家或其居民出于某种原因不愿或无力偿还外国商业银行的贷款本息或因国际结算款项、投资收益等汇回受阻给银行造成经济损失的可能。随着商业银行跨国经营业务的发展，国家风险也成为必须考虑的风险之一。自亚洲金融危机以来国家风险对商业银行风险的影响日益显现。国家风险的分类国家风险可分为政治风险、社会风险和经济风险 3 类。通常商业银行采取国家风险评级的办法来规避风险。商业银行的国家风险评级可分为两个层次：第一层次是对各国的国家风险进行评级；第二层次是根据评级结果对不同风险等级的国家给予不同的交易信用额度并拟定相应的风险管理方案。

知识链接 9-1

我国商业银行风险防范的思考

1. 我国商业银行风险防范存在问题及原因分析

目前，总体来讲，我国商业银行面临的风险主要包括信用风险、市场风险、操作风险。自加入 WTO 以来，我国商业银行开放性不断加强，与国外银行之间的交流不断增强，银行对市场风险的认识不断加深，我国在 21 世纪初开始对银行进行改革，商业银行开始正式的参与市场竞争，在这个过程中，商业银行不断探索新的赢利模式，不断运用创新金融工具探索新的市场风险防御机制，取得了一定的成绩，但是我国银行商业化的时间毕竟还不长，目前，我国商业银行在风险防御方面还存在一些问题，主要有以下表现。

(1) 目前，我国全国范围内贷款人资信评价体系尚不完善，银行提供信贷并没有建立起统一的、合理的、健全的资信评价制度，因而商业银行信贷存在一定的主观盲目性。对居民的信用等级缺乏有效的划分手段，银行近年虽有人民银行诚信系统可以对借款人作小范围的信用佐证，但各家银行在总的“大力发展银行存贷款业务”的指导方针下，基本上都能从银行获得贷款。

自从银行商业化取向改革以来，各家商业银行为了自身生存、发展及对地区区域经济的影响，通过各种手段进行存贷款的促销，商业银行对收益性较好的房地产市场争夺也更加激烈，在这个过程中，各商业银行在贷款人的诚信审核、还款能力等方面的评价偏松，导致贷款的获得较为容易，但是商业银行同样面临较大的呆账风险。

(2) 目前，我国商业银行对资本市场把握能力不强，对市场风险的认识和防范还一定程度欠缺，运用创新金融工具进行风险防范的能力不强。中国资本市场与西方发达国家相比，还存在许多不健全和不完善的地方，银行对资本市场风险的认识还不深，银行经营业务的好坏、赢利模式很大程度上受资本市场整体发展的影响，因而部分存在我国商业银行对资本市场把握能力不强，对市场风险的认识和防范还欠缺现象。目前，我国商业银行与国际相比，由于商业银行自身的规模还不大，我国资本市场自身发展的制约，很多西方成熟资本市场已经广泛应用的金融工具，在我国资本市场上，还没有得到发展和运用，客观上导致我国商业银行风险规避能力不高。

(3) 各商业银行产品同质化现象严重，银行间争夺绩优市场竞争激烈，手段多样，在此过程中，为了满足竞争需求，存在放松信贷审核、忽视市场风险现象。目前，我国商业银行提供的金融产品都差不多，产品同质化现象广泛存在，由于金融产品和服务缺乏特色，各家商业银行为了自身生存和发展，只能采取降低审核、更加突出储户的服务功能的方式来争取更多的客户，往往会忽视对客户的审核、贷后监管等。由于缺乏合理的贷后监管，贷款人在取得商业银行提供的贷款后，往往很容易改变贷款的用途，这在一定程度上加大了贷款人按期合理偿还贷款的风险，而上述风险最终的承担者就是我国的商业银行。

(4) 目前，我国商业银行缺乏一支高素质的懂国际金融和资本运作的专家和业务员，在目前经济全球化合区域经济一体化的情况下，我国商业银行国际资本防范能力欠缺。经济全球化和区域经济一体化是21世纪经济发展的大势，任何一个国家都很难脱离而独善其身，取得经济的较快发展。加入WTO后，中国经济与国际经济之间的联系不断加强，国际资本市场对中国金融业的影响也不断增强，这要求我国商业银行不断的加深对国际金融市场风险的认识和防范，要想做到这一点，我国商业银行应建立起一支懂国际金融知识的专业化的人才队伍，并能够熟练地运用创新金融工具和合适的政策来规避国际金融市场的风险，而目前，总体上我国国际金融人才还不多，因而商业银行总体上对国际金融市场风险防范能力总体不强。

2. 目前经济环境中我国商业银行可能面临的风险

目前，世界经济的下行走势将加剧中国经济的动荡及剧烈下行风险。从美国第四大投资银行雷曼兄弟公司宣布申请破产保护开始，“次贷危机”的影响在不断扩大，美国正陷于“百年一遇”的金融危机中，这场危机引发经济衰退的可能性正在增大，世界经济运行已进入一个调整阶段。那么面对外部经济环境的不利冲击，中国经济将存在着剧烈下行的风险。一是随着从紧信贷政策的持续及经济下行，大多数企业的赢利状况转差，许多企业的还款意愿及还款能力下降，原来存在的一些信贷风险特别是中长期信贷风险可能突然爆发，银行的担保、承诺、金融衍生工具交易等一些表外业务的风险也相应加大。二是随着限制“两高”和产能过剩行业发展等国家产业政策调整执行力度的加大，银行对所涉行业的存量贷款和增量贷款的风险来自于在宏观调控及经济下行的环境中银行面临的信用风险的上升险加大。三是随着“次贷危机”出乎意料的进一步恶化，金融市场可能持续动荡，银行持有的一些海外相关资产可能遭受违约损失或者价值缩水。

另外，随着世界经济走势步入衰退，中国面临的外部需求放缓，受此影响，同时也受到国内劳动力成本上升、进口材料价格上涨以及早先出口退税政策调整、汇率升值挤压部分外向型企业利润等因素的影响，中国的出口部门可能面临较大的挑战，进而导致银行对出口行业的信贷风险提高。四是在股票市场不景气与货币政策紧缩的状态下，一些企业的财务风险加大，相应贷款银行的信用风险随之加剧。中国一些企业的收益有一大块来自于资产市场投资收益，由资产市场波动引起的企业收益变化可能对企业甚或企业集团的信贷链形成冲击，进而影响到银行的贷款质量。五是随着房地产调控的深入以及从紧货币政策的持续，一些房地产商的资金链可能出现问题，进而引起银行信贷风险上升。六是利率变化给商业银行带来的风险加大，银行“利差”缩小将会较大地减少银行赢利。七是回收银行流动性的政策使得部分银行的流动性管理依然面临考验，人民币汇率升值使得商业银行汇率风险增加由于中国外汇储备继续大量增加，依然存在

"流动性过剩"的问题，央行将继续搭配使用公开市场操作和存款准备金率等对冲工具管理银行体系流动性。八是人民币汇率升值使得商业银行汇率风险增加。

3. 构建我国商业银行合理风险防范机制的对策

结合我国商业银行风险防范存在的问题，我认为应建立起合理的商业银行风险防范机制，具体应从以下几个方面进行。

(1) 针对信用风险、市场风险、操作风险，设立最低资本金储备，将资本充足率纳入正式的金融监管框架，使商业银行的资本充足率(总资本/风险资产)达到8%，核心资本充足率达到4%，核心资本达到50%以上。

(2) 建立风险预警机制，重视信贷风险的早期防范，完善各类风险的计量方法和披露制度，通过现代计量方法和模型对客户进行动态评估，使市场参与者掌握有关风险和资本信息。商业银行可以成立专门的委员会对资信情况进行审核，在此基础上，力争与企业建立起合理的长期的互利合作的关系，构建"学习型"战略联盟，突出共享资源、开拓市场、共担风险;增强信贷营销的理念，正确处理好风险管理与提高效率的关系。

(资料来源：http://www.rztong.com.cn/newshtml/20099/ns41010.shtm.)

9.2 商业银行风险管理的程序

风险管理是指面临风险者进行风险识别、风险估测、风险评价、风险控制，以减少风险负面影响的决策及行动过程。风险管理一条总的原则是以最小的成本获得最大的保障。

商业银行风险管理是指通过系统和规范的方法对商业银行经营管理活动中的各种风险进行识别、估计、处理等方法，预测、回避、分散或是转移经营风险，从而减少或者避免经济损失，保证资金安全的行为。

商业银行风险管理的目的在于实现风险回报的替换关系最优化，并为业务发展制订计划和筹集资金。

1. 风险识别

风险的识别就是从商业银行内外部经营环境中识别可能对银行经营带来意外损失的风险因素。风险识别是风险管理的第一步，为风险估计和风险处理确定了总体方向和大致范围。

风险识别包括感知风险和分析风险两个环节。感知风险是通过系统化的方法发现商业银行所面临的风险种类、性质；分析风险是深入理解各种风险内在的风险因素。

通过风险的识别，不仅要确定银行经营管理中存在哪些风险，还要找出引起这些风险的原因。由于银行业务本身的多样性和引起风险原因的复杂性，增加了风险识别的难度，因此，识别银行风险时必须采用科学的方法。常用的风险识别方法有以下几种。

1) 财务报表分析法

在商业银行的经营管理中，最直接最方便的风险识别工具就是银行的财务报表，如资产负债表、损益表、留存收益表、财务状况变动表等，通过财务报表可以获得各种风险指标，如流动性风险比率，利率风险比率、信用风险比率等。

通过对财务报表的静态分析(如比率分析、比例分析等)和动态分析(如趋势分析等)，可以估计银行过去的绩效，衡量银行目前的财务和经营状况，预测银行未来的发展趋势，找出可能影响银行未来经营的风险因素。

知识链接 9-2

财务报表分析方法

将报表分为3个方面：单个年度的财务比率分析、不同时期的比较分析、与同业其他公司之间的比较。这里我们将财务比率分析分为偿债能力分析、资本结构分析(或长期偿债能力分析)、经营效率分析、赢利能力分析、投资收益分析、现金保障能力分析和利润构成分析。

1. 偿债能力分析

流动比率＝流动资产/流动负债

流动比率可以反映短期偿债能力。一般认为生产企业合理的最低流动比率是2。影响流动比率的主要因素一般认为是营业周期、流动资产中的应收账款数额和存货周转速度。

速动比率＝(流动资产－存货)/流动负债

由于种种原因存货的变现能力较差，因此把存货从流动资产种减去后得到的速动比率反映的短期偿债能力更令人信服。一般认为企业合理的最低速动比率是1。但是，行业对速动比率的影响较大。例如，商店几乎没有应收账款，比率会大大低于1。影响速动比率的可信度的重要因素是应收账款的变现能力。

保守速动比率(超速动比率)＝(货币资金＋短期投资＋应收票据＋应收账款)/流动负债

进一步去掉通常与当期现金流量无关的项目如待摊费用等。

现金比率＝(货币资金/流动负债)

现金比率反映了企业偿还短期债务的能力。

应收账款周转率＝销售收入/平均应收账款

表达年度内应收账款转为现金的平均次数。如果周转率太低则影响企业的短期偿债能力。

应收账款周转天数＝360天/应收账款周转率

表达年度内应收账款转为现金的平均天数。影响企业的短期偿债能力。

2. 资本结构分析(或长期偿债能力分析)

股东权益比率＝股东权益总额/资产总额×100%

反映所有者提供的资本在总资产中的比重，反映企业的基本财务结构是否稳定。一般来说比率高是低风险、低报酬的财务结构，比率低是高风险、高报酬的财务结构。

资产负债比率＝负债总额/资产总额×100%

反映总资产中有多大比例是通过借债得来的。

资本负债比率＝负债合计/股东权益期末数×100%

它比资产负债率这一指标更能准确地揭示企业的偿债能力状况，因为公司只能通过增加资本的途径来降低负债率。资本负债率为200%为一般的警戒线，若超过则应该格外关注。

长期负载比率＝长期负债/资产总额×100%

判断企业债务状况的一个指标。它不会增加到企业的短期偿债压力，但是它属于资本结构性问题，在经济衰退时会给企业带来额外风险。

有息负债比率＝(短期借款＋一年内到期的长期负债＋长期借款＋应付债券＋长期应付款)/股东权益期末数×100%

无息负债与有息负债对利润的影响是完全不同的，前者不直接减少利润，后者可以通过财务费用减少利润；因此，公司在降低负债率方面，应当重点减少有息负债，而不是无息负债，这对于利润增长或扭亏为盈具有重大意义。在揭示公司偿债能力方面，100%是国际公认的有息负债对资本的比率的资本安全警戒线。

3. 经营效率分析

净资产调整系数＝(调整后每股净资产－每股净资产)/每股净资产

调整后每股净资产=(股东权益−3 年以上的应收账款−待摊费用−待处理财产净损失−递延资产)/普通股股数

减掉的是 4 类不能产生效益的资产。净资产调整系数越大说明该公司的资产质量越低。特别是如果该公司在系数很大的条件下，其净资产收益率仍然很高，则要深入分析。

营业费用率=营业费用/主营业务收入×100%

财务费用率=财务费用/主营业务收入×100%

反映企业财务状况的指标。

3 项费用增长率=(上期 3 项费用合计−本期 3 项费用合计)/本期 3 项费用合计

3 项费用合计=营业费用+管理费用+财务费用

3 项费用之和反映了企业的经营成本如果 3 项费用合计相对于主营业务收入大幅增加(或减少)则说明企业产生了一定的变化，要提起注意。

存货周转率=销货成本×2/(期初存货+期末存货)

存货周转天数=360 天/存货周转率

存货周转率(天数)表达了公司产品的产销率，如果和同行业其他公司相比周转率太小(或天数太长)，就要注意公司产品是否能顺利销售。

固定资产周转率=销售收入/平均固定资产

该比率是衡量企业运用固定资产效率的指标，指标越高表示固定资产运用效果越好。

总资产周转率=销售收入/平均资产总额

该指标越大说明销售能力越强。

主营业务收入增长率=(本期主营业务收入−上期主营业务收入)/上期主营业务收入×100%

一般当产品处于成长期，增长率应大于 10%。

其他应收账款与流动资产比率=其他应收账款/流动资产

其他应收账款主要核算与生产经营销售活动无关的款项来往，一般应该较小。如果该指标较高则说明流动资金运用在非正常经营活动的比例高，就应该注意是否与关联交易有关。

4. 赢利能力分析

营业成本比率=营业成本/主营业务收入×100%

在同行之间，营业成本比率最具有可比性，原因是原材料消耗大体一致，生产设备及工资支出也较为一致，发生在这一指标上的差异可以说明各公司之间在资源优势、区位优势、技术优势及劳动生产率等方面的状况。那些营业成本比率较低的同行，往往就存在某种优势，而且这些优势也造成了赢利能力上的差异。相反，那些营业成本比率较高的同行，在赢利能力不免处于劣势地位。

营业利润率=营业利润/主营业务收入×100%

销售毛利率=(主营业务收入−主营业务成本)/主营业务收入×100%

税前利润率=利润总额/主营业务收入×100%

税后利润率=净利润/主营业务收入×100%

这几个指标都是从某一方面反应企业的获利能力。

资产收益率=净利润×2/(期初资产总额+期末资产总额)×100%

资产收益率反映了企业的总资产利用效率，或者说是企业所有资产的获利能力。

净资产收益率=净利润/净资产×100%

又称股东权益收益率，这个指标反应股东投入的资金能产生多少利润。

经常性净资产收益率=剔除非经常性损益后的净利润/股东权益期末数×100%

一般来说资产只能产生“剔除非经常性损益后的净利润”所以用这个指标来衡量资产状况更加准确。

主营业务利润率=主营业务利润/主营业务收入×100%

一个企业如果要实现可持续发展，主营业务利润率处于同行业前列并保持稳定十分重要。但是如果该指标异乎寻常地高于同业平均水平也应该谨慎了。

固定资产回报率=营业利润/固定资产净值×100%

总资产回报率＝净利润/总资产期末数×100%

经常性总资产回报率＝剔除非经常性损益后的净利润/总资产期末数×100%

这几项都是从某一方面衡量资产收益状况。

5. 投资收益分析

市盈率＝每股市场价/每股净利润

净资产倍率＝每股市场价/每股净资产值

资产倍率＝每股市场价/每股资产值

6. 现金保障能力分析

销售商品收到现金与主营业务收入比率＝销售商品、提供劳务收到的现金/主营业务收入×100%

正常周转企业该指标应大于1。如果指标较低，可能是关联交易较大、虚构销售收入或透支将来的销售，都可能会使来年的业绩大幅下降。

经营活动产生的现金流量净额与净利润比率＝经营活动产生的现金流量净额/净利润×100%

净利润直接现金保障倍数＝(营业现金流量净额－其他与经营活动有关的现金流入＋其他与经营活动有关的现金流出)/主营业务收入×100%

营业现金流量净额对短期有息负债比率＝营业现金流量净额/(短期借款＋1年内到期的长期负债)×100%

每股现金及现金等价物净增加额＝现金及现金等价物净增加额/股数

每股自由现金流量＝自由现金流量/股数

(自由现金流量＝净利润＋折旧及摊销－资本支出－流动资金需求－偿还负债本金＋新借入资金)

7. 利润构成分析

为了让投资者清晰地看到利润表里面的利润构成，我想在这里对由股份有限公司会计制度规定必须有的损益项目(含：主营业务收入、其他业务收入、折扣与折让、投资收益、补贴收入、营业外收入、主营业务成本、主营业务税金及附加、其他业务支出、存货跌价损失、营业费用、管理费用、财务费用、营业外支出、所得税、以前年度损益调整。)对净利润的比率列一个利润构成表。

2) 制作风险清单

制作风险清单是商业银行识别风险的最基本、最常用的方法。它是指采用类似于备忘录的形式，将商业银行所面临的风险逐一列举，并联系经营活动对这些风险进行深入理解和分析。

3) 风险树图解法

风险树图解法是将商业银行的风险以图解的形式逐层分解，以便顺藤摸瓜，找出银行所承受风险的具体形态。这种方法可以使银行清晰准确地判明所承受风险的具体形态和性质，迅速认清所处的风险环境并作出准确科学的决策。

4) 德尔菲法

德尔菲法又称专家意见法，商业银行风险管理人员将制定出的调查方案和调查内容，连同反映银行经营状况的有关资料，以发放调查表的方式一起发给若干专家，专家们采用匿名发表意见的方式，即专家之间不得互相讨论，不发生横向联系，通过多轮次调查专家对问卷所提问题的看法，经过反复征询、归纳、修改，最后汇总成专家基本一致的看法，作为预测的结果。这种方法具有广泛的代表性，较为可靠。

5) 筛选—监测—诊断法

筛选是风险分析人员对商业银行内部和外部的各种潜在风险因案进行分类，确定哪些因素明显地会引起风险，哪些因素需要进一步研究，哪些因素明显的不大重要。通过筛选使管理者排除干扰，将注意力集中在一些可能产生重大经济风险的因素上。

监测是指对筛选出来的结果进行观测、记录和分析，掌握这些结果的活动范围和变动趋势。诊断是根据监测的结果对潜在的风险因素进行评价、判断和分析，以判明风险的具体形态。

2. 风险计量

风险的计量是现代风险管理的核心内容，也是商业银行进行风险管理的难点之一。它是指通过一定的数理技术手段，将风险的可能性进行量化，得到由于某些风险因素而导致在给定收益条件下损失的数额或在给定的损失条件下收益的数额的过程。

准确的风险计量结果是建立在卓越的风险模型基础上的，而开发一系列准确的、能够在未来一定时间限度内满足商业银行风险管理需要的数量模型，任务相当艰巨。

银行风险估算或计量主要方法如下所述。

1) 客观概率法

在大量的试验和统计观察中，一定条件下某一随机事件相对出现的频率是一种客观存在，这个频率被称为客观概率。商业银行在估计某种经济损失发生的概率时，如果能够获得用于反映当时经济条件和经济损失发生情况的足够的历史资料，则可以利用统计的方法计算出该种经济损失发生的客观概率。这种方法被称为客观概率法。

客观概率的计算方法：

设 A 代表商业银行一种业务发生某种经济损失的随机事件，N 代表统计观测次数，M 代表 A 发生的次数，$P(A)$代表 A 的概率，则：

$$P(A)=M/N$$

设 B_i(i=1，2…，n)代表 A 赖以发生的经济条件。当且仅当 A 与 B_i 同时发生时，有全概率公式：

$$P(A)=\sum P(B_i)P(A/B_i)$$

假定根据商业银行掌握的历史资料，存在 B_1、B_2 两种经济条件,根据公式进行计算的结果，随机事件 A 在两种经济条件下各自发生的概率为

$$P(A/B_1)=0.2 \qquad P(A/B_2)=0.3$$

两种经济条件发生的概率为

$$P(B_1)=0.1 \qquad P(B_2)=0.4$$

根据公式进行计算，随机事件 A 在历史上发生的概率为：$P(A)=0.14$

2) 主观概率法

主观概率法是商业银行拟定出几种未来可能出现的经济条件提交给所选定的一些专家，由各位专家利用有限的历史资料，根据个人经验对每种经济条件发生的概率和在每种经济条件下商业银行某种业务发生经济损失的概率做出主观估计，再由商业银行汇总各位专家的估计数值进行加权平均，根据平均值计算出该种经济损失的概率。

假定某商业银行选定 5 名专家，拟出 B_1、B_2 两种本来可能出现的经济条件，由各位专家对未来每种经济条件发生的概率和在每种经济条件下该商业银行某种业务发生损失的概率做出主观估计，并据以制表(表 9-1)。

表 9-1 专家主观估计表

随机事件	每位专家的主观概率估计值					主观概率估计值的平均值
	1	2	3	4	5	
B_1	0.09	0.11	0.11	0.10	0.09	0.1
B_2	0.38	0.40	0.40	0.40	0.41	0.4
A/B_1	0.20	0.19	0.19	0.20	0.20	0.2
A/B_2	0.29	0.30	0.30	0.31	0.29	0.3

根据公式，主观概率估计值的平均值，可以求出该银行某种业务在未来风险中经济损失发生的概率为 $P(\text{A})=0.14$。

3) 统计估值法

利用统计得来的历史资料，可以确定在不同经济条件下某种风险发生的概率，或是在不同风险损失程度下某种风险发生的概率。这种相关关系可以用直方图或折线图来表达，如图 9.1 所示

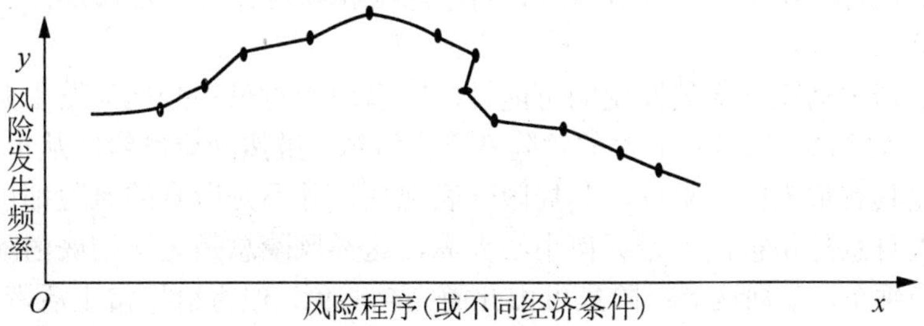

图 9.1　风险发生概率折线图

利用统计方差和样本资料，可以估计风险平均程度 (样本期望值)和风险分散程度(样本方差)。估计方法可以采用点估计或区间估计。点估计是利用样本来构造统计量，再以样本值代入估计量求出估计值。但是由于样本的随机性，这样的估计值不一定就是待估参数的真值。那么，它的近似程度如何？误差范围有多大？可信程度如何？这些问题就要采用区间估计来解决。区间估计用来表达在某种可信程度上某种风险发生的条件区间。

4) 假设检验法

对未知参数的数值提出假设，然后利用样本提供的信息来检验所提出的假设是否合理，这种方法被称为假设检验法。和统计估计法一样，假设检验法适用于统计规律稳定、历史资料齐全的风险概率估计。假设检验法是概率性质的反证法。

对风险参数假设检验的基本思想是：首先提出假设 H_0，然后构造一个事件 A，使它在假设 H_0 成立的条件下概率很小。再做一个实验，如果 A 在一次实验中居然发生了，则拒绝接受 H_0。这是因为“小概率原理”认为：概率很小的事件在一次实验中是几乎不可能发生的。如果发生了，也就是说导出了一个不合理的现象。而这一现象的出现源于假设 H_0，因此应该拒绝接受假设 H_0。否则，不应拒绝假设 H_0。

5) 回归分析法

回归分析法是通过找出间接风险因素和直接风险因素的函数关系来估计直接风险因素的方法。例如，利率风险的直接风险因素是利率水平的变动，而影响利率水平的有货币市场供求状况、中央银行利率政策等多种间接风险因素。如果设直接风险因素为 Y，间接风险因素为 x_1，x_2，…，x_n，则回归模型为

$$Y=b_0+b_1x_1+b_2x_2+\cdots+b_nx_n+u$$

其中，b_0，b_1，…，b_n 为回归系数，u 为随机扰动项。回归系数可以根据历史资料用最小二乘原理求出。利用回归方程即可通过点估计和区间估计来进行风险估计。

回归分析可以是一元的，也可以是多元的；可以是线性的，也可以是非线性的。在间接风险因素与直接风险因素之间存在非线性相关关系的情况下，可以采用直接代换或间接代换的方法将非线性形式转化为线性形式来处理。

此外还有涉险值法(value at risk，VaR)、压力试验与极值分析、相关预测法等。

3. 风险处理

风险的处理也即风险控制，商业银行必须根据风险管理的不同阶段和各种风险的不同特点，以及风险发生概率和其对收益影响的不同程度，采取采取分散、对冲、转移、规避和补偿等措施，据此消除化解和补偿风险，尽可能减少损失，进行有效管理和控制的过程。

对风险的处理有回避风险、分散风险、转移风险和风险补偿等方法。

1) 回避风险

回避风险是指主动避开损失发生的可能性。它适用于对付那些损失发生概率高且损失程度大的风险，如考虑到游泳时有溺水的危险就不去游泳。虽然回避风险能从根本上消除隐患，但这种方法明显具有很大的局限性。其局限性表现在，并不是所有的风险都可以回避或应该进行回避，如人身意外伤害，无论如何小心翼翼，这类风险总是无法彻底消除。再如，因害怕出车祸就拒绝乘车，车祸这类风险虽可由此而完全避免，但将给日常生活带来极大的不便，实际上是不可行的。

2) 分散风险

分散风险是指商业银行通过实现资产结构多样化，尽可能选择多样的、彼此不相关或负相关的资产进行搭配，以降低整个资产组合的风险程度。商业银行分散风险的具体做法包括以下方面。

(1) 资产状态多样化，即力求银行资产的形态、种类等各方面都有所差异。

(2) 授信对象多样化，即银行的授信对象既有企事业单位，也要有各级政府和个人，既有大企业，也要有中小企业；既有中低收入阶层，也要有高收入阶层，同时，还要兼顾到各个地区和各个行业。

(3) 信贷资金分量化，即对单一客户的授信额度要控制在一定范围之内，将单项资产在总资产中的份额限制在极小的比例之内。若有巨额的贷款需求或证券筹资，则尽量邀请其他银行组成银团共同贷款或投资。在国际业务中，还要注意货币种类的多样化和授信国别的多样化等。

3) 转移风险

转移风险是指通过某种安排，把自己面临的风险全部或部分转移给另一方。通过转移风险而得到保障，是应用范围最广、最有效的风险管理手段。商业银行转嫁风险的具体做法包括以下几个方面。

(1) 提前或推后结算结汇，即当预计本币将要贬值、外币将要升值时，国内销货商要设法提前收款，出口商要设法推迟收汇。当预计本币将要升值，外币将要贬值时，则国内购货商要设法提前付款，进口商要设法推迟付汇。这种提前或推后的做法应当符合交易规则，为交易对方所承认或接受。调整合同契约条件，如进口商将进口原料卖给生产厂家时要求以外币计价，就将外汇风险转嫁给了生产厂家。

(2) 对于因汇率变动而造成的风险损失，可以通过提高国内本币销售价格的方式将风险转嫁给消费者。

(3) 多头与空头，即银行在预计外汇将要升值时做多头，预计外汇将要贬值时做空头，从而把风险转嫁给交易对手。这种做法的前提是对汇率变动方向的预测十分准确，否则就会遭受双倍的风险损失。

4) 风险补偿

风险补偿是指商业银行采取各种措施对风险可能造成的损失加以弥补。商业银行常用的风险补偿方法如下所述。

(1) 合同补偿，即在订立合同时就将风险因素考虑在内，如将风险可能造成的损失计入价格之中，订立抵押条款和担保条款等。

(2) 保险补偿，即通过存款保险制度来减少银行风险。存款保险制度要求所有经办存款的机构(投保机构)根据存款额大小按一定的费率将保险费交给某一保险机构。当投保机构无力支付存款时，该保险机构在一定限度内代为支付。商业银行可以利用存款保险制度来降低或消除因挤兑风潮而使银行倒闭的危险。

(3) 法律补偿，即利用法律手段对造成银行风险损失的法律责任者提起财产清理诉讼，尽可能地挽回一部分损失。

知识链接 9-3

巴克莱银行的风险管理

巴克莱银行是英国的四大银行之一，在英国设有 2 100 多家分行，在全球 60 多个国家经营业务。近十几年以来，巴克莱银行十分注重不断拓展其业务的广度和深度，资产和业务规模不断扩大。在巴克莱银行各项业务快速拓展的过程中，成功的风险管理为其提供了有力保证。

1. 构造风险管理系统——结构清晰，权责明确

与大多数西方国家银行一样，巴克莱银行具有较为完善的风险管理系统。不仅如此，在这一系统内，对风险的管理分工非常明确，而且职责清晰。具体来说，董事会负责内部控制系统的有效性；业务条线负责人负责识别和管理业务线条的风险；风险总监负责进行风险管理和控制；分类风险主管及其团队负责风险控制框架的建立与监控；业务风险团队负责协助业务条线负责人识别并管理其总体业务风险；内部审计独立地检查风险管理和内部控制环境。完善清晰的结构与权责明确的分工为防范风险布下了大罗地网，为巴克莱银行成功进行风险管理奠定了坚实的基础。

2. 运用风险偏好体系——保证业绩，控制风险

自 20 世纪 90 年代中期以来，巴克莱银行一直在内部使用风险偏好体系。风险偏好体系的具体方法是，通过未来 3 年的业务规划，估计收益波动的可能性及实现这些业务规划的资本需求，将这些与目标资本比率、红利等因素相对比，并将这些结果转化为每个主要业务板块规划的风险容量。风险偏好的数值要通过估计集团对宏观经济事件的敏感性来进行验证 (这种估计是利用压力测试和情景模拟来完成的)。巴克莱银行集团信用风险总监安德鲁·布鲁斯认为，巴克莱银行风险管理成功的最主要原因就是最近十几年来通过建立风险偏好体系，加强限额管理，强化了经济资本在集团内部的运用。而风险偏好体系的运用也是国际活跃的银行风险管理成功的普遍经验。

3. 加强信用风险管理——手段先进，数据充分

与其他银行一样，信用风险是巴克莱银行最大的风险。据统计，巴克莱银行大约有 2/3 的经济资本被配置到各业务条线的信用风险上。对于信用风险的管理，巴克莱银行主要利用五步风险管理程序(即指导、评估、控制、报告、管理和分析)以及基于 COSO 的内部控制体系来进行。巴克莱银行的内部风险管理体系较为成熟，主要利用自己的历史数据和其他外部信息，通过银行内部风险评级系统来对借贷者、交易对手以及零售客户进行评级。与此同时，巴克莱也采用一些外部开发的模型和评级工具，当然这些外部开发的模型及评级工具必须经过巴克莱银行的相关验证。

知识链接 9-4

银监会发布《商业银行风险监管核心指标(试行)》

日前，中国银行业监督管理委员会发布《商业银行风险监管核心指标(试行)》(以下简称《核心指标》)。

银监会有关负责人指出，在监管实践中，银行监管者需要依据科学标杆评估银行风险。1996 年施行的《资产负债比例管理监控、监测指标和考核办法》包括了若干指标，对加强银行监管、促进银行资产负债协调发展曾经发挥了积极作用。随着近年来银行监管理论和实践的不断发展，特别是银监会成立后提出了新的管理念和良好监管标准，出台了一系列部门规章和监管指引，原有办法已不能适应银行监管要求，迫切需要建立一套新的、更科学的监管指标。

为更好地依法履行监管职责，提高审慎和风险监管水平，适应当前监管发展并逐步与国际惯例接轨，银监会制定了《核心指标》。

《核心指标》共四章二十三条，包括了风险水平、风险迁徙和风险抵御的三大类指标及指标值，其中一级指标 15 个、二级指标 8 个。《核心指标》覆盖了我国银行业最为重要的信用、市场、操作和流动性四种风险。《核心指标》还规定了相应的检查监督措施，明确了对商业银行的具体要求。

银监会有关负责人表示，《核心指标》从 2006 年 1 月 1 日起试行，在总结试行情况并重新修订后将于 2007 年正式施行。

商业银行风险监管核心指标核心指标

分为三个层次，即风险水平、风险迁徙和风险抵补。

风险水平类指标包括流动性风险指标、信用风险指标、市场风险指标和操作风险指标，以时点数据为基础，属于静态指标。

(1) 流动性风险指标衡量商业银行流动性状况及其波动性，包括流动性比例、核心负债比例和流动性缺口率，按照本币和外币分别计算。

① 流动性比例为流动性资产余额与流动性负债余额之比，衡量商业银行流动性的总体水平，不应低于 25%。

② 核心负债比例为核心负债与负债总额之比，不应低于 60%。

③ 流动性缺口率为 90 天内表内外流动性缺口与 90 天内到期表内外流动性资产之比，不应低于－10%。

(2) 信用风险指标包括不良资产率、单一集团客户授信集中度、全部关联度三类指标。

① 不良资产率为不良资产与资产总额之比，不应高于 4%。该项指标为一级指标，包括不良贷款率一个二级指标；不良贷款率为不良贷款与贷款总额之比，不应高于 5%。

② 单一集团客户授信集中度为最大一家集团客户授信总额与资本净额之比，不应高于 15%。该项指标为一级指标，包括单一客户贷款集中度一个二级指标；单一客户贷款集中度为最大一家客户贷款总额与资本净额之比，不应高于 10%。

③ 全部关联度为全部关联授信与资本净额之比，不应高于 50%。

(3) 市场风险指标衡量商业银行因汇率和利率变化而面临的风险，包括累计外汇敞口头寸比例和利率风险敏感度。

① 累计外汇敞口头寸比例为累计外汇敞口头寸与资本净额之比，不应高于 20%。具备条件的商业银行可同时采用其他方法(如在险价值法和基本点现值法)计量外汇风险。

② 利率风险敏感度为利率上升 200 个基点对银行净值的影响与资本净额之比，指标值将在相关政策出台后根据风险监管实际需要另行制定。

(4) 操作风险指标衡量由于内部程序不完善、操作人员差错或舞弊以及外部事件造成的风险，表示为操作风险损失率，即操作造成的损失与前三期净利息收入加上非利息收入平均值之比。

(资料来源：http://www.china-cba.net/bencandy.phy? fid = 60&id = 2967)

9.3　商业银行各种风险的具体管理对策

风险管理是商业银行经营管理的组成部分，其根本目标是以尽量小的成本保证商业银行处于足够安全的经营状态，尽可能地追求最大的利润。《巴塞尔协议》将银行风险主要分为信用风险、市场风险和操作风险等。商业银行风险管理重点是实现 3 个转变：即从现实的风险向潜在的风险转变，从风险的事后处置向风险的前期控制转变，从风险资产的管理向资产风险的管理转变。

9.3.1 商业银行信用风险的防范与化解

世界银行对全球银行危机的研究表明，导致银行破产的最常见的原因就是信用风险。客户因为种种原因不能按合同偿还本息会给银行造成巨大的损失。商业银行信用风险防范与化解对策主要有以下几种。

1. 提高银行内部经营人员的风险意识

防范信用风险首先应从提高银行内部风险意识做起，这是基础。商业银行应加强对经营人员的风险意识的警示教育，培养经营人员识别防范风险的能力，使经营人员了解风险控制目标，规范银行经营人员的信贷行为。

2. 完善信用风险信息系统建设

利用现有客户资源和历史数据，构建商业银行的风险管理信息系统。

建立信用风险基础数据库。2005 年 8 月 18 日，中国人民银行发布 2005 年第 3 号令公布了《中国人民银行个人信用信息基础数据库管理暂行办法》，明确了中国人民银行组织商业银行建立全国统一的个人信用信息共享平台，对防范和降低商业银行信用风险、维护金融稳定、促进个人消费信贷业务的发展提供了有力的制度保障。

加大投入，加快风险管理的信息化建设进程，使商业银行风险管理信息系统涵盖风险监测、风险分析和不良资产处置等风险管理环节，构建全过程风险管理网络体系，为提高信用风险管理水平提供技术支撑。

3. 建立科学的信用风险管理制度

(1) 要建立起全面风险管理模式。将信用风险及其他风险全部纳入到风险管理体系中，统一核算、控制和管理。

(2) 建立以信用风险管理为主要内容的，全方位、全过程的银行风险管理组织体系。建立董事会管理下的纵向风险管理架构，明确风险管理部门的职责和权限，通过制度建设和监督检查，统筹规划，充分发挥风险管理部门的职能作用，如建立审贷分离制度和分级审批制度、行长负责制等。

(3) 完善内部控制机制，建立健全科学的决策体系，保障公司治理机制的运行，这是控制银行信用风险最主要、最基本的防线，如建立审贷委员会制度等。

4. 完善企业信用评级体系建设

在信用评级体系建设方面，首先，应积极建立健全有关社会信用的法律体系。其次，建立起以商业银行为主体、各类征信公司和评级公司为辅助的征信和评级架构。最后，加强政府主管部门对征信和信用评级行业的监管，发挥征信和信用评级行业协会的自律和协调作用，为征信和信用评级体系的发展创造良好的宏观环境。

9.3.2 商业银行市场风险的防范与控制

商业银行的市场风险可以分为利率风险、外汇风险和商品价格风险。这里主要介绍利率风险与外汇风险的防范对策。

1. 利率风险的防范对策

防范利率风险，主要有3个方面要做好。

1) 认识利率变动因素

利率变动的因素有多种，认识并把握利率变动的各种因素，对于商业银行准确地预测利率的变动趋势，即使调整利率政策，规避利率风险有重要作用。影响利率变动的因素有社会的平均利润率、接待资金供求关系、通货膨胀预期、中央银行的货币政策、经济周期、国际利率水平、资本市场状况及其他各种因素。

2) 预测利率变动趋势

通过一定的方法和技术来分析把握利率变动因素，从而预测利率变动趋势，为银行变更和调整利率政策提供依据。利率预测也有着多种方法，可以根据经济周期的波动规律来预测，可以根据货币供需关系来预测等。

3) 表内外综合控制利率风险

(1) 表内资产负债结构调整。商业银行可以通过对资产和负债的共同控制和调节，来有效地控制银行的整体利率风险，主要采取的方法是缺口管理，即在对利率变动趋势预测的基础上，通过在一定时期(如距分析日1个月或3个月)以内将要到期或重新确定利率的资产和负债之间的差额，如果资产大于负债，为正缺口，反之则为负缺口。当市场利率处于上升通道时，正缺口对商业银行有正面影响，因为资产收益的增长要快于资金成本的增长。若利率处于下降通道，则又为负面影响，负缺口的情况正好与此相反。要保持正缺口，具体可以采取以下措施：增加浮动利率贷款、增加长期浮动利率债券，减少长期固定利率债券，增加短期固定利率债券等。

(2) 表外利用衍生金融工具。商业银行控制利率风险的另一个办法是利用衍生金融工具控制利率风险。调整表内资产负债结构是一种事前控制，其成功的前提是对利率走势的准确预测。利用衍生金融工具控制是一种事后控制，是对利率风险头寸进行套期保值交易，从而有效地控制利率风险对银行损益的影响。常用的金融衍生工具主要有4种：远期利率协议、利率期货、利率期权和利率互换。

2. 外汇风险的防范对策

对外汇风险的防范具体包括以下方面的管理。

(1) 对外汇交易风险的管理，商业银行要制定和完善外汇交易风险控制制度。其中额度控制是外汇交易风险控制的主要方法。意识要限定外汇交易部门整体交易额度。二是要限定和分配交易人员的额度。

(2) 对外汇信用风险的管理，银行首先要根据交易对象的资本实力，经营作风、财务状况等情况，制定出银行能够给予的最高限额。此外，银行应当建立同业拆解制度，确定与其他银行同业拆出、拆入的最大额度。

(3) 对外汇借贷风险的管理。商业银行必须严格执行外汇贷款的审批、审查制度，随时了解和掌握借款人的情况。此外，在外汇借贷过程中，银行一般应选择借入利率较低的货币，贷出利率较高的货币，并结合汇率的变动趋势进行综合考虑。

9.3.3 商业银行操作风险的防范与控制

中国银监会于2007年5月14日发布了《商业银行操作风险管理指引》(以下简称《指引》),

在《指引》中，规定了银行操作风险管理的组织架构和各部门的相应职责，操作风险管理的政策、方法和程序，以及加强对商业银行操作风险的监管。

商业银行操作风险防范控制主要有如下对策。

1. 通过内部控制加强商业银行操作风险的防范控制

内部控制是商业银行为实现经营目标，通过制定和实施一系列制度、程序和方法，对风险进行事前防范、事中控制、事后监督和纠正的动态过程和机制。操作风险通常被认为是一种可控的内部风险，因此内部控制是操作风险控制的最佳方法。良好的内部控制可以降低重大人为错误以及过程和系统方面违规行为发生的可能性，即使错误和违规发生，良好的内控也有助于及时发现。

商业银行通过内部控制防范控制操作风险主要体现在以下几个方面。

(1) 建立防范操作风险的组织架构，不断完善对操作风险的识别、评估、监测、咨询和报告机制，并建立与银行内部法律部门、其他分专业风险管理部门的合作机制，协助银行高层有效防范操作风险。另外，风险管理部门还应针对不同岗位分别制定罗列式的、简明的操作风险管理手册，涵盖相应岗位全部现行的业务流程，风险点等，使员工能根据手册速查，了解某项业务的具体办理方法、依据，以及发生某种操作风险后，应该如何处理和向上汇报。

(2) 应当制定适用于全行的操作风险管理政策。操作风险管理政策应当与银行的业务性质、规模、复杂程度和风险特征相适应，主要内容包括操作风险的定义，适当的操作风险管理组织架构、权限和责任，操作风险的识别、评估、监测和控制、缓释程序以及操作风险报告程序。

(3) 选择操作风险防范与控制的方法。具体的方法可包括评估操作风险和内部控制、损失事件的报告和数据收集、关键风险指标的监测、新产品和新业务的风险评估、内部控制的测试和审查以及操作风险的报告。业务复杂及规模较大的商业银行，应采用更加先进的风险管理方法，如使用量化方法对各部门的操作风险进行评估，收集操作风险损失数据，并根据各业务线操作风险的特点有针对性地进行管理。

2. 通过内外监管加强商业银行操作风险的防范控制

利用审计监督手段控制操作风险。国内外商业银行管理的实践证明，内部审计是减少或避免商业银行操作风险的重要手段。通过实施内部审计，便会不断揭露商业银行业务上的不足以及管理制度上的缺陷，从而完善商业银行的内部控制制度，达到降低操作风险的目的。

此外，商业银行的操作风险管理政策和程序应报银监会备案。商业银行应按照规定向银监会或其派出机构报送与操作风险有关的报告。委托社会中介机构对其操作风险管理体系进行审计的，还应提交外部审计报告。

银监会要对商业银行有关操作风险管理的政策、程序和做法进行定期的检查评估。

3. 提高业务及管理人员素质

统计表明，操作风险的发生绝大部分与人的因素有关，要将对人的管理纳入到操作风险管理的范畴。市场经济的发展对商业银行的业务及管理人员提出了优化要求，提高业务及管理人员素质是降低商业银行操作风险的一个重要途径。此外还要把人员的聘用、考评、奖惩等作为提升人员素质的内容。

4. 完善相关的法律、法规及商业银行的规章制度

我国商业银行的操作风险案件以及经济损失大约 90%来自内部及外部欺诈，这主要原因是由于我国的法律、法规不健全，以及商业银行的规章制度尚未有效发生作用的结果。因此，完善法律、法规及商业银行的规章制度是目前亟待解决的一个重要任务。随着这一对策的逐步实施，必将会起到降低操作风险的作用。防范商业银行操作风险的对策是多方面的，只要商业银行的决策层和管理层能够从以上这些主要策略入手积极开展操作风险控制，并以此为基础向相关的方面扩展控制，就会逐步提高控制效率，实现不断降低操作风险的目的。

案例分析

20 世纪 90 年代日本银行赤字危机

20 世纪 90 年代以来，素有世界第二经济大国之称的日本，陷入了金融风险与危机不断的困境，第二次世界大战后 50 年苦心经营的财政金融体系在经济萧条、金融危机与社会丑闻的多重打击下，岌岌可危。尤其是银行赤字危机所产生的破坏力之大，影响之深远，远远超过了人们的想象。银行业曾经是日本经济增长的强大后盾，但到了 1996 年底，却出现了连连亏损，20 家主要银行中的 16 家银行赤字飘红，而这 20 家银行的总资产占全国 147 家银行总资产的 74%。其中 10 家银行的经营收益与上年同期相比，除樱花银行略有增长外，其余 9 家均为赤字，平均每家亏损 16 139 亿日元(折合人民币 700 多亿元)；3 家长期信用银行如日本兴业、日本长期和日本债券则家家亏损，平均每家亏损 5 200 亿日元；7 家信托银行中的 3 家，如三井信托、安田信托和日本信托也是赤字，亏损金额分别为 133 亿、151 亿和 40 亿日元。

赤字危机导致日本城市银行中历史悠久的阪和银行破产，它与在此之前破产的兵库银行分别成为日本战后第一家倒闭的城市银行和地方银行，开了战后日本大银行破产历史先河，令整个日本金融界震惊。

20 世纪 90 年代日本的银行赤字危机，可以说是日本社会经济矛盾发展的必然结果，主要根源在于：

(1) 20 世纪 80 年代资产价格的恶性膨胀和泡沫经济的异常“繁荣”，为 90 年代的银行赤字危机埋下了隐患。1986 年开始以地价、股价连续暴涨为代表的泡沫经济诱使日本的银行业纷纷涉足房地产和股市。据日本银行统计，泡沫经济破裂对日本金融界的直接危害仅银行无法收回的贷款的呆账就高达 50 万亿日元。

(2) 日本高速增长时期形成的旧经济体制不适应经济发展的新要求。

(3) 超低利率和高干预是促使日本银行危机的政策因素。1986 年连续 5 次下调利率，1987 年 2 月降低到历史上乃至国际上的最低水平(2.5%)成为 20 世纪末的超低利率。与此同时，政府还 9 次调低贴现率，从 6%降低到 90 年代的 0.5%，这在世界经济史上是绝无仅有的。超低利率引起金融的扩张，对金融的高度集权和经济的过度管制在政策上有意无意地导致了这场深刻的银行危机。

日本银行赤字危机的影响是十分深远的。从国际因素看：它是世界范围市场经济竞争及国际经济和金融形式变化的结果；从国内因素看；它是日本工业化进入成熟阶段逐步向工业社会过度的过程中产业结构和经济发展失衡，是日本的产业结构调整过分追求高技术化、高服务化，过度朝着日益脱离物质生产的方向发展所造成的，其形式之复杂、危害之大、持续时间之长，超过历次危机而呈现严重的综合性萧条症状，从而使日本经济复苏乏力，摆脱危机困境无策。据国际清算银行的统计，在扣除汇率变动的因素后，日本的银行资产余额 1991—1992 年共减少了 4 000 亿美元，1993 年又减少了 5 000 亿美元，呈连续递减的趋势。另据世界著名的穆迪投资服务公司 1997 年 6 月发布全球 61 个国家和地区的银行体系和检测报告，61 个国家和地区的银行按信誉度和资信的优劣依次为 A 至 E 级在多达 58 家 E 等劣迹银行中，发达国家 18 家，而日本的银行竟占了一半，以往以 A 级占主导的日本银行，1995 年仅一家银行进入 B 级，多数竟沦为 D 级和 E 级。

日本的赤字危机值得我国经济和金融部门的深思：

(1) 加快金融管理体制改革，强化维护金融安全的监督体系。日本在 20 世纪 70 年代末就开始了金融自由化、国际化的进程，但在这一过程中，政府没有及时进行金融管理体制改革，没有及时建立起“新的

规矩”。因此在金融机构营业状况的透明度、金融机构的内部监管和贷款的审查制度等方面都落后于其他欧美发达国家，管理上存在很多漏洞。正是这些漏洞为金融机构的违规操作、投机牟利提供了方便，并为最后引发泡沫经济、银行赤字危机埋下了伏笔。

(2) 正确认识金融政策的时滞效应和宏观调节作用。从日本银行赤字危机的产生来看，日本金融政策对经济发展的时滞效应是导致日本金融界危机的不可忽视的重要因素。如日本的投资或减税政策须先获得大藏省的首肯，调整银行利率也需要日本银行与大藏省之间就时间、幅度往返扯皮，历时2～3个月；再如，1986—1990年日本泡沫经济的后期膨胀是在日本已经提高法定利率之后出现的，这是早期超低利率政策扩张效应对经济活动的延续反映，这种延续即为政策后果与政策执行的时滞效应，政策的时滞往往给人们的心理预期造成错误的影响。

(3) 鼓励竞争进取，抑制金融投机，建立和健全金融机构的自律性风险机制。从日本金融危机的因果关系中不难看出，泡沫经济固然是赤字风暴的罪魁祸首和金融危机的主要诱因，而银行超低利率的扩张政策也为泡沫经济的膨胀起了推波助澜的作用。但是金融业务自身尤其接受存贷业务的商业银行抑制金融投机的自律性风险机制的欠缺也是一个重要因素。在市场经济条件下，无论市场是繁荣还是萧条，金融机构内部必须有一个严格的风险防范机制，机构的决策者应保持清醒的头脑超前意识，要有足够能力应付各种风险和危机，以利于在激烈的市场竞争中立于不败之地。

小　结

商业银行风险是指商业银行在经营中由于各种因素而导致经济损失的可能性，或者说是商业银行的资产和收入遭受损失的可能性。

巴塞尔协议将商业银行风险分为信用风险、市场风险、 流动性风险、利率风险、操作风险和国家风险等。

商业银行风险的管理程序包括风险的识别、风险的计量和风险的控制处理。

商业银行的信用风险的防范提高银行内部经营人员的风险意识、完善信用风险信息系统、建设建立科学的信用风险管理制度、完善企业信用评级体系建设。

商业银行市场风险的防范包括利率风险的防范和外汇风险的防范。

商业银行操作风险的防范主要有通过内部控制加强商业银行操作风险的防范控制、通过内外监管加强商业银行操作风险的防范控制、提高业务及管理人员素质、完善相关法律法规等。

习　题

一、单项选择题

1．下列(　　)是贷款风险的预警信号。

A．企业的应收款项的数额剧增　　B．企业的短期负债

C．企业的长期负债　　D．企业贷款担保单位不愿续保

2．在商业银行的经营管理中，最直接最方便的风险识别工具就是(　　)，对它的分析是商业银行实行风险管理的重要内容。

A．银行的财务报表　　B．银行的风险报告

C．企业的信用记录　　D．企业的财务报表

3. 商业银行的风险按风险的主体构成可分为(　　)、负债风险、中间业务风险和外汇风险。

A. 资金风险　　B. 信用风险　　C. 利率风险　　D. 资产风险

4. 操作风险包括(　　)。

A. 因贷款管理不严产生的风险　　B. 因借款人违约形成的风险

C. 因贷款决策失误产生的风险　　D. 因财政政策变化形成的风险

二、多项选择题

1. 市场风险，是指由于(　　)的不利变动而使商业银行遭到业务风险的可能。

A. 利率　　B. 汇率　　C. 股票价格　　D. 商品价格

2. 下列属于商业银行风险识别的方法有(　　)。

A. 财务报表分析法　　B. 风险树图解法

C. 德尔菲法　　D. 筛选—监测—诊断法

3. 商业银行利率风险的防范对策主要有(　　)。

A. 认识利率变动因素　　B. 预测利率变动趋势

C. 调整资产结构，平衡利率风险　　D. 加强信用监管

三、名词解释

信用风险　　操作风险　　风险转移　　内部控制

四、判断分析题

1. 在经济处于危机和繁荣阶段时，社会投资欲望强烈，商业银行信贷规模扩大，经营利润增加，风险较小。(　　)

2. 贷款利率与一定的市场利率存在固定的联系，即执行通常所说的“固定利率”，但这只是一定时间内的固定，在到期时就变成了可变利率，而“可变利率”在两个调息日之间又是固定的。(　　)

3. 商业银行的风险是由于不确定因素的存在而使银行遭到损失。(　　)

五、简答题

1. 简述几种主要的风险处理方法。
2. 如何利用统计估值法进行风险估计？
3. 试述各类银行风险的成因及其防范措施？
4. 联系实际，谈谈化解我国商业银行风险的途径？

实训项目

1. 实训内容

选择当地某家银行，通过其财务报表分析法识别其潜在的风险。

2. 实训要求

(1) 实训项目以协作小组形式完成。
(2) 事先制订调研计划。计划内容要详细周密、切实可行。
(3) 实地调研，掌握第一手资料。
(4) 撰写调研报告。报告内容要体现出调查分析的过程，提出切实可行的建议。

参 考 文 献

[1] 王红梅，王建华．商业银行经营管理[M]．北京：中国人民大学出版社，2009．

[2] [德]贡德・弗兰克．白银资本——重视经济全球化中的东方[M]．刘北成，译．北京：中央编译出版社，2001．

[3] [美]罗斯，赫金斯．商业银行管理(7 版)[M]．刘园，译．北京：机械工业出版社，2007．

[4] 韩宗英．商业银行经营管理[M]．北京：清华大学出版社，2010．

[5] 庄毓敏．商业银行业务与经营[M]．北京：中国人民大学出版社，2010．

[6] 贾春新．国有银行与股份制银行资产组合配置的差异研究[J]．经济研究，2007(7)．

[7] 王聪，谭正勋．我国商业银行效率结构研究[J]．经济研究，2007．

[8] 王曼怡，郭海婷．从中外银行成功案例看商业银行风险管理[J]．首都经济贸易大学学报，2007(3)．

[9] 戴国强．商业银行经营学[M]．北京：高等教育出版社，2004．

[10] 俞乔，刑晓林，曲和磊．商业银行管理学[M]．上海：上海人民出版社，1998．

[11] 李志辉．商业银行业务经营与管理[M]．北京：中国金融出版社，2004．

[12] 王红梅，刘金波．商业银行实务案例精编[M]．哈尔滨：黑龙江教育出版社，2004．

[13] 巴曙松．金融监管框架的演变趋势和商业银行的发展空间[J]．当代财经，2004，1．

[14] 巴曙松．分立的金融监管：不能是“各管一段”[J]．杭州金融研修学院学报，2005(4)．

[15] 唐旭．多层次金融市场与金融脱媒[J]．中国金融，2006(14)．

[16] 张国辉．中国金融通史：第 2 卷[M]．北京：中国金融出版社，2003．

[17] 殷孟波．商业银行经营管理[M]．北京：中国人民大学出版社，2001．

[18] 张杰．经济变迁中的金融中介与国有银行[M]．北京：中国人民大学出版社，2003．

[19] 巴曙松．金融风险监管框架中的巴塞尔新资本协议[J]．国际经济评论，2003(2)．

[20] 盖锐，潘家芹，李艳红．商业银行经营管理[M]．北京：高等教育出版社，2005．

[21] 宋鸿兵．货币战争 3：金融高边疆[M]．北京：中华工商联合出版社，2010．

[22] CSSCI 学术论文网，http://www.lvse.com/site/csscipaper-com-1136.html．

[23] 中国银行业监督管理委员会，http://www.cbrc.gov.cn/index.html．

北京大学出版社高职高专经管类规划教材书目

财务会计类

序号	书　名	标准书号	主　编	定价	出版年月	配套情况
1	统计学基础	978-7-81117-756-5	阮红伟	30	201101 第 2 次印刷	ppt
2	统计学原理	978-7-81117-825-8	廖江平	25	201111 第 3 次印刷	ppt
3	统计学原理与实务	978-7-5038-4836-0	姜长文	26	201007 第 5 次印刷	ppt
4	实用统计基础与案例	978-7-301-20409-2	黄彬红	35	201204	ppt
5	经济法实用教程	978-7-81117-675-9	胡卫东	39	201111 第 3 次印刷	ppt
6	经济法原理与实务	978-7-5038-4846-9	孙晓平	38	200905 第 3 次印刷	ppt
7	财经法规	978-7-81117-885-2	李　萍	35	201202 第 2 次印刷	ppt
8	会计基本技能	978-7-5655-0067-1	高东升	26	201109 第 2 次印刷	ppt
9	会计基础实训	978-7-301-19964-0	刘春才	29	201201	ppt
10	会计基础实务	978-7-301-21145-8	刘素菊，潘素琼	27	201208	ppt
11	企业会计基础	978-7-301-20460-3	徐炳炎	33	201204	ppt/浙江省重点教材建设项目网站
12	基础会计	978-7-5655-0062-6	常　美	28	201008	ppt
13	基础会计教程	978-7-81117-753-4	侯　颖	30	200907	ppt
14	基础会计教程与实训	978-7-5038-4845-2	李　洁	28	201008 第 5 次印刷	ppt
15	基础会计教程与实训（第 2 版）	978-7-301-16075-6	李　洁	30	201109	ppt
16	基础会计实训教程	978-7-5038-5017-2	王桂梅	20	201106 第 3 次印刷	ppt
17	基础会计原理与实务	978-7-5038-4849-0	侯旭华	28	200908 第 3 次印刷	ppt
18	财务管理	978-7-5655-0328-3	翟其红	29	201107	ppt
19	财务活动管理	978-7-5655-0162-3	石兰东	26	201101	ppt
20	财务会计	978-7-5655-0117-3	张双兰	40	201101	ppt
21	财务管理教程与实训	978-7-5038-4837-7	张　红	37	200911 第 3 次印刷	ppt
22	财务会计（第 2 版）	978-7-81117-975-6	李　哲	32	201003	ppt
23	财务会计	978-7-301-20951-6	张严心，金敬辉	32	201208	ppt
24	财务会计实用教程	978-7-5038-5027-1	丁增稳	36	200805	ppt
25	财务管理	978-7-301-17843-0	林　琳	35	201108	ppt
26	Excel 财务管理应用	978-7-5655-0358-0	陈立稳	33	201108	ppt
27	中小企业财务管理教程	978-7-301-19936-7	周　兵	28	201201	ppt
28	成本会计	978-7-5655-0130-2	陈东领	25	201101	ppt
29	成本会计	978-7-81117-592-9	李桂梅	28	201207 第 3 次印刷	ppt
30	成本会计实训教程	978-7-81117-542-4	贺英莲	23	201101 第 3 次印刷	ppt
31	成本费用核算	978-7-5655-0165-4	王　磊	27	201101	ppt
32	成本会计	978-7-301-19409-6	徐亚明	24	201108	ppt
33	成本会计实务	978-7-301-19308-2	王书果	36	201108	ppt
34	审计业务操作	978-7-5655-0171-5	涂申清	30	201101	ppt
35	审计业务操作全程实训教程	978-7-5655-0259-0	涂申清	26	201204 第 2 次印刷	ppt
36	审计学原理与实务	978-7-5038-4843-8	马西牛	32	201007 第 2 次印刷	ppt
37	税务会计实用教程	978-7-5038-4848-3	李克桥	37	200808 第 2 次印刷	ppt
38	涉税业务核算	978-7-301-18287-1	周常青	29	201101	ppt
39	企业纳税实务	978-7-5655-0188-3	司宇佳	25	201101	ppt
40	企业纳税与筹划实务	978-7-301-20193-0	郭武燕	38	201203	ppt
41	纳税申报与筹划	978-7-301-20921-9	李英艳，黄体允	38	201207	ppt

42	企业纳税计算与申报	978-7-301-21327-8	傅凤阳	30	201210	ppt
43	会计电算化实用教程	978-7-5038-4853-7	张耀武	28	200802	ppt
44	会计电算化实用教程（第2版）	978-7-301-09400-6	刘东辉	20	200806	ppt
45	电算会计综合实习	978-7-301-21096-3	陈立稳，陈　健	38	201208	ppt
46	会计英语	978-7-5038-5012-7	杨　洪	28	200908 第2次印刷	ppt
47	财经英语阅读	978-7-81117-952-1	朱　琳	29	201101 第2次印刷	ppt
48	行业特殊业务核算	978-7-301-18204-8	余　浩	30	201101	ppt
49	预算会计	978-7-301-20440-5	冯　萍	39	201205	ppt

金融贸易类

序号	书　名	标准书号	主　编	定价	出版年月	配套情况
1	资产评估	978-7-81117-645-2	董亚红	40	201107 第2次印刷	ppt
2	国际结算	978-7-81117-842-5	黎国英	25	201207 第2次印刷	ppt
3	国际结算	978-7-5038-4844-5	徐新伟	32	200907 第2次印刷	ppt
4	国际贸易结算	978-7-301-20980-6	罗俊勤	31	201207	ppt
5	货币银行学	978-7-5038-4838-4	曹　艺	28	201206 第4次印刷	ppt
6	货币银行学	978-7-301-21181-6	王　菲，李松华	37	201209	ppt
7	国际金融基础与实务	978-7-5038-4839-1	冷丽莲	33	200708	ppt
8	国际贸易概论	978-7-81117-841-8	黎国英	28	201204 第4次印刷	ppt
9	国际贸易理论与实务	978-7-5038-4852-0	程敏然	40	200708	ppt
10	国际贸易实务	978-7-301-19393-8	李湘滇	34	201108	ppt
11	国际贸易实务操作	978-7-301-19962-6	王言炉	37	201201	ppt
12	国际贸易实务	978-7-301-20929-5	夏新燕	30	201208	ppt
13	国际商务谈判	978-7-81117-532-5	卞桂英	33	201001 第2次印刷	ppt
14	国际商务谈判（第2版）	978-7-301-19705-9	刘金波	35	201112	ppt
15	国际商法实用教程	978-7-5655-0060-2	聂红梅	35	201204 第2次印刷	ppt
16	进出口贸易实务	978-7-5038-4842-1	周学明	30	200805 第2次印刷	ppt
17	金融英语	978-7-81117-537-0	刘　娣	24	201009 第3次印刷	ppt/省级精品课程网站
18	财政基础与实务	978-7-5038-4840-7	才凤玲	34	201001 第2次印刷	ppt
19	财政与金融	978-7-5038-4856-8	谢利人	37	200808 第2次印刷	ppt
20	外贸单证	978-7-301-17417-3	程文吉	28	201109	ppt/浙江省重点教材建设项目网站
21	新编外贸单证实务	978-7-301-21048-2	柳国华	30	201208	ppt
22	商务英语学习情境教程	978-7-301-18626-8	孙晓娟	27	201109	ppt/浙江省重点教材建设项目网站
23	国际贸易实务	978-7-301-20192-3	刘　慧	25	201203	ppt
24	国际商务单证	978-7-301-20974-5	刘　慧，杨志学	29	201207	ppt
25	国际投资	978-7-301-21041-3	高田歌	33	201208	ppt
26	国际金融	978-7-301-21097-0	张艳清	26	201208	ppt
27	商业银行会计实务	78-7-301-21132-8	王启姣	35	201208	ppt
28	保险实务	978-7-301-20952-3	朱丽莎	30	201208	ppt
29	商业银行经营管理	978-7-301-21294-3	胡良琼，李远慧	27	201209	ppt

营销管理类

序号	书 名	标准书号	主 编	定价	出版年月	配套情况
1	电子商务实用教程	978-7-301-18513-1	卢忠敏	33	201102	ppt
2	网络营销理论与实务	978-7-5655-0039-8	宋沛军	32	201112 第 2 次印刷	ppt
3	电子商务项目式教程	978-7-301-20976-9	胡 雷	25	201208	ppt
4	电子商务英语	978-7-301-17603-0	陈晓鸣	22	201111 第 2 次印刷	ppt
5	市场营销学	978-7-5038-4859-9	李世宗	28	200807 第 2 次印刷	ppt
6	市场营销	978-7-81117-957-6	钟立群	33	201207 第 2 次印刷	ppt
7	市场调查与预测	978-7-5655-0252-1	徐 林	27	201105	ppt
8	市场调查与预测	978-7-301-19904-6	熊衍红	31	201112	ppt
9	市场营销理论与实训	978-7-5655-0316-0	路 娟	27	201107	ppt
10	市场营销项目驱动教程	978-7-301-20750-5	肖 飞	34	201206	ppt
11	市场调查与预测情景教程		王生云	33（估）	201210	ppt
12	市场调研案例教程	978-7-81117-570-7	周宏敏	25	201101 第 2 次印刷	ppt
13	营销策划技术	978-7-81117-541-7	方志坚	26	201012 第 2 次印刷	ppt
14	营销策划	978-7-301-20608-9	许建民	37	201205	ppt/国家级精品课程网站
15	现代推销技术	978-7-301-20088-9	尤凤翔，屠立峰	32	201202	ppt
16	推销与洽谈	978-7-301-21278-3	岳贤平	25	201009	ppt
17	商务沟通实务	978-7-301-18312-0	郑兰先	31	201112 第 2 次印刷	ppt
18	商务礼仪	978-7-5655-0176-0	金丽娟	29	201207 第 2 次印刷	ppt
19	商务礼仪	978-7-81117-831-9	李 巍	33	201205 第 3 次印刷	ppt
20	现代商务礼仪	978-7-81117-855-5	覃常员	24	201206 第 3 次印刷	ppt
21	商务谈判	978-7-5038-4850-6	范银萍	32	200908 第 2 次印刷	ppt
22	商务谈判	978-7-301-20543-3	尤凤翔	26	201205	ppt
23	管理学基础	978-7-81117-974-3	李蔚田	34	201204 第 3 次印刷	ppt/教学参考资料
24	管理学原理	978-7-5038-4841-4	季 辉	26	201007 第 3 次印刷	ppt
25	管理学原理与应用	978-7-5655-0065-7	秦 虹	27	201207 第 2 次印刷	ppt
26	企业管理	978-7-5038-4858-2	张 亚	34	201007 第 3 次印刷	ppt
27	现代企业管理	978-7-81117-806-7	于翠华	38	200908	ppt
28	现代企业管理	978-7-301-19687-8	刘 磊	32	201204 第 2 次印刷	ppt
29	通用管理实务	978-7-81117-829-6	叶 萍	39	201101 第 2 次印刷	ppt
30	中小企业管理	978-7-81117-529-5	吕宏程	35	201108 第 4 次印刷	ppt
31	企业管理实务	978-7-301-20657-7	关善勇	28	201205	ppt
32	连锁经营与管理	978-7-5655-0019-0	宋之苓	37	201208 第 3 次印刷	ppt
33	企业经营管理模拟训练（含记录手册）	978-7-301-21033-8	叶 萍，宫恩田	29	201208	ppt
34	管理信息系统	978-7-81117-802-9	刘 宇	30	200907	ppt
35	现代公共关系原理与实务	978-7-5038-4835-3	张美清	25	201003 第 2 次印刷	ppt
36	公共关系实务	978-7-301-20096-4	李 东	32	201202	ppt
37	人力资源管理	978-7-5038-4851-3	李蔚田	40	200802	ppt
38	人力资源管理实务	978-7-301-19096-8	赵国忻	30	201107	ppt/浙江省重点教材建设项目网站
39	消费心理学	978-7-81117-661-2	臧良运	31	201205 第 5 次印刷	ppt
40	消费心理与行为分析	978-7-301-19887-2	王水清	30	201112	ppt

41	广告原理与实务	978-7-5038-4847-6	郑小兰	32	201007 第 2 次印刷	ppt
42	零售学	978-7-81117-759-6	陈文汉	33	201111 第 2 次印刷	ppt
43	商品学概论	978-7-5038-4855-1	方凤玲	20	201008 第 3 次印刷	ppt
44	秘书理论与实务	978-7-81117-590-5	赵志强	26	200812	ppt
45	广告实务	978-7-301-21207-3	夏美英	29	201209	ppt
46	营销渠道开发与管理	978-7-301-21214-1	王水清	34	201209	ppt
47	商务统计实务	978-7-301-21293-6	陈晔武	29	201209	ppt
48	秘书与人力资源管理	978-7-301-21298-1	肖云林，周君明	25	201209	ppt

物流管理类

序号	书　名	标准书号	编著者	定价	出版时间	配套情况
1	现代物流概论	978-7-81117-803-6	傅莉萍	40	201010 第 2 次印刷	ppt
2	现代物流管理	978-7-301-17374-9	申纲领	30	201205 第 2 次印刷	ppt
3	现代物流管理	978-7-5038-4854-4	沈　默	37	200908 第 3 第印刷	ppt，答案
4	现代物流概论	978-7-301-20922-6	钮立新	38	201207	ppt，答案
5	企业物流管理	978-7-81117-804-3	傅莉萍	32	201208 第 3 次印刷	ppt
6	物流专业英语	978-7-5655-0210-1	仲　颖	24	201205 第 2 次印刷	ppt
7	现代生产运作管理实务	978-7-301-17980-2	李陶然	39	201011	ppt
8	物流案例与实训	978-7-301-17521-7	申纲领	28	201201 第 2 次印刷	ppt
9	物流市场调研	978-7-81117-805-0	覃　逢	22	201102 第 2 次印刷	ppt
10	物流营销管理	978-7-81117-949-1	李小叶	36	201205 第 2 次印刷	ppt
11	采购管理实务	978-7-301-17917-8	李方峻	28	201205 第 2 次印刷	ppt
12	采购实务	978-7-301-19314-3	罗振华	33	201108	ppt
13	供应链管理	978-7-301-20639-3	杨　华	33	201205	ppt，答案
14	采购与供应链管理实务	978-7-301-19968-8	熊　伟	36	201201	ppt
15	采购作业与管理实务		李陶然	33（估）	201212	ppt
16	仓储管理技术	978-7-301-17522-4	王　冬	26	201007	ppt
17	仓储管理实务	978-7-301-18612-1	李怀湘	30	201209 第 2 次印刷	ppt
18	仓储与配送管理	978-7-81117-995-8	吉　亮	38	201207 第 3 次印刷	ppt
19	仓储与配送管理实训教程	978-7-81117-886-9	杨叶勇	24	201209 第 2 次印刷	ppt
20	仓储与配送管理实务	978-7-5038-4857-5	郭曙光	44	201009 第 2 次印刷	ppt
21	仓储与配送管理实务	978-7-301-20182-4	李陶然	35	201203	ppt
22	仓储与配送管理项目式教程	978-7-301-20656-0	王　瑜	38	201205	ppt
23	仓储配送技术与实务		张建奇	33（估）	201212	ppt
24	物流运输管理	978-7-301-17506-4	申纲领	29	201109 第 2 次印刷	ppt
25	物流运输实务	978-7-301-20286-9	黄　河	40	201203	ppt
26	运输管理项目式教程	978-7-301-19323-5	钮立新	30	201108	ppt
27	物流信息系统	978-7-81117-827-2	傅莉萍	40	201205 第 2 次印刷	ppt
28	物流信息系统案例与实训	978-7-81117-830-2	傅莉萍	26	200908	ppt
29	物流信息技术与应用	978-7-301-17212-4	谢金龙	30	201107 第 2 次印刷	ppt，答案
30	物流成本管理	978-7-301-20891-5	傅莉萍	28	201207	ppt
31	第三方物流综合运营	978-7-301-21213-4	施学良	32	201209	ppt，阅读
32	物流市场营销	978-7-301-21249-3	张　勤	36	201209	ppt
33	国际货运代理实务		张建奇	34（估）	201212	ppt

请登录 www.pup6.cn 免费下载本系列教材的电子样书(PDF 版)、ppt 和相关教学资源。

欢迎免费索取样书，并欢迎到北京大学出版社来出版您的大作，您可在 www.pup6.cn 在线申请样书和进行选题登记，也可下载相关表格填写后发到我们的邮箱，我们将及时与您取得联系并做好全方位的服务。

联系方式：010-62750667，sywat716@126.com，linzhangbo@126.com，欢迎来电来信咨询。